Verena von der Heyden-Rynsch
Christina von Schweden

SERIE
PIPER

Zu diesem Buch

Als Tochter des »Schwedenkönigs« Gustav II. Adolf musste Christina (1626–1689) schon früh die Regierungsverantwortung übernehmen, obwohl sie eher künstlerisch und wissenschaftlich als politisch interessiert war. Ihrem Beinamen »Minerva des Nordens« machte sie alle Ehre: Sie unterstützte Künstler und Gelehrte, begeisterte sich für spanische Literatur und Malerei, und es gelang ihr sogar, den französischen Philosophen Descartes an den schwedischen Hof zu holen. Ihre Umwelt irritierte sie durch ihre Launenhaftigkeit, ihr skandalumwittertes Liebesleben und ihr Freidenkertum, vor allem aber durch ihre Abdankung, ihre Konversion zum katholischen Glauben und ihren Umzug nach Rom. Dort war sie Mittelpunkt gelehrter Kreise, gründete eine philosophische Akademie und unterhielt bedeutende Kunstsammlungen. Verena von der Heyden-Rynsch schildert das faszinierende Leben einer selbstbewussten und gebildeten Monarchin vor dem politischen, religiösen und geistigen Hintergrund des 17. Jahrhunderts.

Verena von der Heyden-Rynsch schloss ihr Studium der Musik, Philosophie und Romanistik mit der Promotion ab und ist heute als Verlagsagentin, Übersetzerin, Herausgeberin und Autorin tätig. Sie lebt in Paris und München. Von ihr erschienen unter anderem »Europäische Salons« und »Belauschtes Leben. Frauentagebücher aus drei Jahrtausenden«.

Verena von der Heyden-Rynsch
Christina von Schweden

Die rätselhafte Monarchin

Mit zehn Abbildungen

Piper München Zürich

Für Wolfgang und Melsene

Ungekürzte Taschenbuchausgabe
Piper Verlag GmbH, München
Juni 2002
© 2000 Verlag Hermann Böhlaus Nachfolger, Weimar
Umschlag / Bildredaktion: Büro Hamburg
Isabel Bünermann, Julia Martinez, Charlotte Wippermann
Umschlagabbildung: Sebastien Bourdo
(»Christine, Königin von Schweden«, Museo
del Prado, Madrid; akg-images)
Foto Umschlagrückseite: Isolde Ohlbaum
Satz: Grafik-Design Fischer, Weimar
Druck und Bindung: Clausen & Bosse, Leck
Printed in Germany   ISBN 3-492-23383-X

www.piper.de

Inhalt

Einleitung

Über Christina von Schweden, die selbstbewusste »nordische Minerva«, wie sie aufgrund ihrer Gelehrsamkeit und ihres Interesses für die Schönen Künste bezeichnet wurde, gibt es viele sich widersprechende Legenden. Die Tochter Gustav II. Adolfs spiegelt die politischen, religiösen und geistigen Strömungen ihres Jahrhunderts wider. Ihre politische Ausstrahlung im Zeitalter des Absolutismus und des Barock war groß, die kulturelle übertraf sie um vieles. Die einzige, abgöttisch geliebte Tochter des Militärgenies und unerbittlichen Vorkämpfers des Protestantismus in Skandinavien war eine ungewöhnliche Königin. Zwischen Macht, Kunst, Liebe und Religion bahnte sie sich einen eigenen, oft eigentümlichen Weg, der ihre Zeitgenossen unweigerlich irritieren musste.

Die Widersprüche im Charakter und Verhalten der exzentrischen, meist verkannten Monarchin, ihre Rätselhaftigkeit und Wissbegier, spiegeln die Paradoxe ihres Jahrhunderts wider und enthüllen den komplexen Charakter des sich brechenden Bewusstseins der Moderne. »Es war der protestantischen Schwedin bestimmt, im lateinischen Europa der Gegenreformation zu einer (…) der sichtbaren Erscheinungen dessen zu werden, was wir heute als Barock begreifen: ein Wesen schillernder Übergänge und Wechsel, grandioser Gesten und ekstatischer Empfindungen, trotziger Selbstüberhöhung und schonungslos-luzider Erkenntnisse der eigenen Widersprüche.«[1]

Als protestantische Herrscherin setzte sie sich unermüdlich für das Bündnis Schwedens mit dem katholischen Frankreich ein. Als *Padrona di Roma*, wie sie nach ihrer Niederlassung in der Ewigen Stadt genannt wurde, irritierte sie ihre italienischen Gastgeber – nicht weniger als die französischen während ihrer Besuche in Frankreich – mit einer gezielt blasphemischen Haltung, die teils freidenkerische, teils lutherisch-kritische Elemente an den Tag legte. Die *nordische Minerva* erregte unentwegt Aufsehen durch Provokation – sie war übrigens in dieser Hinsicht kein Einzelfall im 17. Jahrhundert. Krasse Gegensätze charakterisierten auch den französischen Sonnenkönig, der besonders im Alter neben seiner Lasterhaftigkeit eine unleugbare religiöse Neigung an den Tag legte. Er verstand sich zwar als Herrscher der »ältesten Tochter der Kirche«, verriet aber ohne jede moralische Hemmung das Christentum durch seine Intrigen mit den Türken.[2]

Christinas skandalumwittertes, rastloses Leben, das ihr den Beinamen »die ambulante Königin« eintrug, wirft immer wieder Fragen auf: Welche Bedeutung hatten die allen Herrschern ihrer Zeit unverständliche Abdankung und Konversion der lutherischen Monarchin? War die »Minerva des Nordens« ein *Libertin érudit* oder ein religiöser Vorkämpfer, ein Zwitter oder eine unerfüllte, unglückliche Frau? Förderte sie die Künste oder bediente sie sich ihrer, um kulturelles Prestige zu erlangen? In ihrer Epoche erntete diese schillernde Gestalt, die scharfen Verstand mit starkem Willen verband, sowohl Bewunderung als auch Verachtung in ganz Europa.

Bereits in jungen Jahren war Christina ein Bildungswunder: als kleines Mädchen beherrschte sie acht Sprachen, disputierte auf lateinisch, schrieb Aphorismen und korrespondierte mit vielen europäischen Gelehrten. Das humanistische Bildungsideal stellte in von Kriegen und politischen Spaltungen gerüttelten Zeiten das geistige Potential dar, das Länderabgrenzungen überwand.[3] Unerschrocken trat Christina von Schweden für die Autonomie des Gewissens und die Freiheit des Individuums im erasmischen Sinne ein. Ganz Europa blickte gebannt auf die junge Schwedenkönigin, die 1654 die Krone niederlegte und den Leitsatz *Fata viam invenient* zur Devise ihres Lebens wählte. Ein Jahr später trat sie zum katholischen Glauben über. Sie tauschte die politischen Zwänge gegen die Freiräume eines Künstlerlebens, den sittenstrengen Protestantismus gegen einen mystisch-glühenden Katholizismus ein.

Der Westfälische Friede, ein Meilenstein der europäischen Einheit, an der Schweden maßgeblichen Anteil hatte, war auf das Bemühen zurückzuführen, eine umfassende Lösung aller Streitfragen und Auswüchse der schwedisch-französischen Koalition mit den deutschen Reichsständen und dem Kaiser zu suchen. In der von Kriegen von bisher unbekannten Dimensionen gerüttelten Welt des Barock war der europäische Friede Christinas vorrangiges Ziel. Die Internationalisierung Schwedens gehörte auch nach ihrer Abdankung zu ihren vordringlichsten Anliegen. Trotz ihres Machtwillens – das Politische war ihr eigentliches Element – setzte sie sich immer wieder von neuem für Toleranz und Demokratie ein, wie ihre umfangreiche politische Korrespondenz und ihr Engagement für Religionsfreiheit beweisen. Zu einer Zeit, als Reformation, Gegenreformation und Inquisition zu gefährlich totalitären Urteilen und mörderischen Taten führten, setzte sich Christina von Schweden kompromisslos für die Hugenotten und die Juden ein.

Nach ihrem Tod wurde die schwedische Monarchin Jahrhunderte lang durch Schmähschriften und gefälschte

Briefe entweder verzerrt dargestellt oder romanhaft idealisiert. Ihre vermeintlichen Ausschweifungen erregten die Phantasie, entsprachen aber nicht den Tatsachen. Sie fügte sich zwar der barocken sinnentrunkenen Manier, war aber im Innern stets unruhig und gebrochen. Lange Zeit haben die Historiker die politische Rolle Christinas von Schweden beinahe unbeachtet gelassen. Auch die Geistesgeschichte hat ihr als Förderin der Kultur und Wissenschaften kaum Rechnung getragen, obwohl bereits Gabriel Naudé, der enzyklopädisch gebildete Bibliothekar Mazarins und später Christinas, sie 1652 für »den einzigen Gelehrten Schwedens« hielt.[4] Frankreich, das im 17. Jahrhundert die strahlende Gegenwart und Zukunft Europas verkörperte, diente der Königin als Vorbild. Nach der Unterzeichnung des Friedens mit Spanien, der Restauration der Stuart-Herrschaft in England und den nordischen Friedensverträgen war Frankreich in politischer und kultureller Hinsicht die einzige europäische Großmacht. Dank der einflussreichen Pariser Salons mischten sich damals die Kultur der Höfe und die der intellektuellen *république des lettres* zu einem neuen Bildungsphänomen, das auf die junge Schwedin große Faszination ausübte.

Kaum an die Macht gelangt, ersetzte Christina die mittelalterlichen Turniere und die barbarischen Sitten des Nordens durch geistvolle Konversation, wissenschaftliche Disputation und prachtvolle Musikaufführungen. Die wissbegierige Königin berief den in Frankreich nicht anerkannten und in den Niederlanden verfolgten Philosophen René Descartes nach Stockholm, um mit ihm Gespräche über philosophische und praktische Probleme zu führen. Ihre viel zitierte Maxime: »Die Leidenschaften sind das Salz des Lebens, wir sind glücklich oder unglücklich je nach ihrer Heftigkeit«, bezeugt, wie groß der Einfluss des

Philosophen auf sie war. Auch Pascal unterhielt eine Korrespondenz mit ihr und widmete ihr sogar seine berühmte Rechenmaschine. Christina liebte die Macht, aber mehr noch den geistigen Ruhm. Ihr gelang es, schon während ihrer Regierungszeit in Schweden eine Brücke zwischen dem »barbarischen« Norden und dem hoch kultivierten Süden zu schlagen.

Aufgrund ihrer unersättlichen Sehnsucht nach Freiheit, ihrer Einmischung in politische Belange – auch nach der Abdankung –, passte sie in kein bestehendes Raster. Sie plädierte aber auch nicht für radikale Umwälzungen, vielmehr wagte sie, mit diesen Extremen zu experimentieren und sie ihrer eigenen komplexen Veranlagung gemäß auszuleben. Mit ihrer unkonventionellen Lebensart und Denkweise nahm die schwedische Königin vieles vorweg, was die selbstbewusste Frau unseres Jahrhunderts anstrebt. In ihren *Maximen*, ihrem geistigen Testament, bekannte sie denn auch: »Die Einsamkeit ist das Element der außergewöhnlichen Menschen.« Ihre Einsamkeit war zeitlebens groß.

Christinas Neurosen, die größtenteils teils auf Kindheitserfahrungen zurückgingen, ihre fast pathologische Unruhe, ihre inneren Ängste standen ihr gewiss immer im Weg. Die unerfüllte Liebe zum römischen Kardinal Decio Azzolino fügte ihr Wunden zu, ein erfülltes Liebesleben war ihr nie vergönnt. Am Ende ihres Lebens notierte die viel Umschmeichelte und oft Verlassene: »Alles, was sichtbar und greifbar ist, hat einen bitteren Geschmack, den manche früher, manche später merken.« Dennoch ist die Königin von Schweden ihrem persönlichen Glücksanspruch, der sie aus verhassten Pflichtbindungen trieb, bis zum Schluss nachgegangen. »Niemand gehorchen zu müssen, ist ein größeres Glück, als der ganzen Erde zu gebieten«, schrieb sie.[5] Glücklich im geläufigen Sinne war sie gewiss nie, aber sie war ihrem Freiheitsbedürfnis stets treu. Ihren Wahlspruch »libero io nacqui e vissi e morrò sciolto«, ließ sie sogar auf eine Münze prägen.[6]

Das Zeitalter Christinas, »il Seicento di Christina«, wie es später in Rom hieß[7], wird oft als ein Jahrhundert dargestellt, das den politisch-militärischen Verbindungen den Vorrang einräumte; die eigenwillige Schwedin nahm jedoch mit ihren wissenschaftlichen und künstlerischen Vorlieben bereits einiges voraus, was die Aufklärung später kennzeichnen sollte.

Der Einfluss der Königin als Kulturtragende und - schaffende war groß, ihr Beitrag zur intellektuellen Erneuerung Schwedens unbestritten: In ihrem noch ungehobelten Land setzte sie sich unter anderem für die *libertas philosophandi* im griechischen Sinne ein. Im Bereich der europäischen Kultur schuf sie Bleibendes. Der Stockholmer Hof war nicht allein dank der teilweise ruinösen Großzügigkeit seiner Herrscherin bekannt, sondern galt als Schutzraum jeder Form von philosophischer wie religiöser Skepsis.[8] Unersättliche wissenschaftliche Neugier und spöttisches Aufbegehren gegenüber unkritisch Überliefertem bestimmten dank der Monarchin den Ton. In Rom führte sie später umwälzende Innovationen im Bereich des Theaters, insbesondere der Oper, ein. Auch die Gründung der *Accademia Reale*, die sich der Illustration kühner Erkenntnisse und Deutungsansätze widmete, ist auf Christina von Schweden zurückzuführen. Die Schriften der »Minerva des Nordens«, literarische Versuche im Stil der zeitgenössischen französischen Gattungen, sind als Zeitdokument ebenso fesselnd wie als Selbstanalyse einer sich stets selbst Suchenden. Christinas Aphorismen und ihre Autobiographie, die allerdings nur die Jugendjahre umfasst, bezeugen eine ungewöhnliche Menschenkenntnis. Ebenso lapidar und humorvoll sind ihre Kommentare zu den *Maximen* von La Rochefoucauld.

Die »Annäherung der Religionen«, eine für ihr Jahrhundert kaum vorstellbare Ökumene, wurde von der ehemaligen Lutheranerin verteidigt und vorgelebt. Bis zum Ende ihres Lebens blieb sie dem Katholizismus treu, ohne jedoch auf scharfe, zuweilen bissige Kritik zu verzichten. Christina war überall ein Stein des Anstoßes, eine Gestalt, die für Irritationen sorgte, ein für die christlichen Konfessionen wichtiger Widerspruchsgeist.

Bezeichnend für die Modernität der schwedischen Königin ist auch ihre »amazonenhafte Maßlosigkeit«, eine nicht unwesentliche Variante der weiblichen Aufklärung im 17. Jahrhundert. Christina verkörperte ein Frauenideal, das in der damaligen Literatur, vornehmlich in der französischen, gepriesen wurde: »Mit ihrer Person verband sich zumindest indirekt die Hoffnung auf den Fortschritt, der Entwurf einer Zukunft, in der die Frauen, befreit von Vormündern und Schranzen, in unverbildeter Eigenart sich darstellen würden.«[9]

Kaum eine andere Frau ihrer Zeit hat den Heroinenkult als neues Weiblichkeitsideal so überzeugend vertreten wie die schwedische Königin. »Das Hitzige ihres Temperamentes und das Feurige ihres ganzen geistigen Wesens war und blieb die Hauptquelle ihrer Fehler, sowie ihrer meisten Vorzüge. Ihr ganzes Leben und ihre gesamten Eigentümlichkeiten des Geistes und des Charakters, ja selbst ihrer Schriften, sind zu viel Brückstück. Die Königin Christine ist ein großartiger Torso«,[10] bemerkt einer ihrer ersten Biografen, W. H. Grauert. Christina wusste nur zu gut um die eigene Ungewöhnlichkeit, wie ihre Memoiren verraten. Ihre Erkenntnisse und ihr Leben vermochte sie nie in Einklang zu bringen: ihr zunächst so gewichtiger politischer Einsatz endete schließlich in bloßer Geschäftigkeit, ihre geistigen Interessen und Obsessionen zersplitterten sich weitgehend, ihre komplexe emotionale Anlage führte zu einem unbefriedigten Liebesleben. Immer blieb sie aber eine Ausnahmegestalt, auch in den letzten vergeblichen Versuchen, Politisches in Bewegung zu setzen, oder in der resignierten religiösen Einkehr des Alters.

Ein Zeitalter voller Spannungen

Christina von Schweden ist eine typische Gestalt des Barockzeitalters, eines Abschnitts der europäischen Geschichte, der einen Bruch mit den tradierten Denkgewohnheiten zur Folge hatte. Das »Abenteuer des Geistes« stellte damals, wenn auch nicht immer erfolgreich, einen tief verwurzelten Konservativismus in Frage, der teilweise mittelalterliche Züge aufwies. Das sich ausbreitende Bestreben, die mathematischen Gesetzmäßigkeiten des Weltalls zu erfassen und die Natur in den Griff zu bekommen, sprengte das aristotelische System, das die westliche Philosophie bestimmte. Diese alles umwälzende Bewegung begann 1637 mit René Descartes' *Discours de la methode* und erreichte ihren Höhepunkt in Newtons *Philosophiae Principia* von 1687. Zu den bedeutenden Gestalten und Gestalter der barocken Gedankenwelt gehörte auch der sephardische Philosoph Baruch Spinoza mit seinen Hauptschriften *Ethica* und *Tractatus Theologico-Politicus*. Die damals beginnende Revolution des philosophischen und wissenschaftlichen Denkens stand zwar noch lange in krassem Gegensatz zur Starre der Formen wirtschaftlichen, sozialen und politischen Lebens, aber sie entwarf bereits die Umrisse einer weltweiten geistigen wie materiellen Entwicklung, wie sie in den darauf folgenden Jahrhunderten verwirklicht werden sollte. Ein verworrenes Geflecht unterschiedlichster Tendenzen kennzeichnet das 17. Jahrhundert, eine »Epoche zerbrechender Ordnungen«[1], in der die Gesellschaft von einem dumpfen Gefühl der Bedrohung und Instabilität beherrscht wurde. Gleichzeitig kristallisierte sich hauptsächlich in Frankreich Gegenläufiges: der Übergang zum Absolutismus im Bereich der Politik und die Ausformung des Klassizismus in der Literatur und Architektur.

In den Bildenden Künsten sah es ganz anders aus, wie es u. a. das Werk von Pietro da Cortona, dem Meister barocker Illuminationen, zeigt. Spätmanieristische Verklemmungen wurden hier durch einen dionysischen Lebensbegriff und einen grenzenlosen Sensualismus befreit. Die Ekstase der barocken Impulsivität sprengte bisweilen den überlieferten Rahmen. Salvator Rosa, der universal geschulte Maler und Dichter mit ausgeprägtem Hang zur Exzentrik, einer der Lieblingskünstler Christinas von Schweden, liefert ein weiteres Beispiel dafür.

Das Nebeneinander von klassischer Dichtung und barocker Kunst ist ebenso bezeichnend für den Kontrastreichtum dieses Zeitalters wie auch die enge Verbindung von voraufklärerischem intellektuellem Sprengstoff und glühender Religiosität. Die darauf folgende »Krise des europäischen Geistes«[2] wurzelt in diesem explosiven Nebeneinander. Spätmittelalterliche Relikte, mörderische Bürgerkriege und ein Getümmel sich befehdender politischer Nachbarn, die bislang fast brüderlich miteinander ausgekommen waren, gehörten zu dieser Epoche ebenso wie eine dramatische soziale Wirklichkeit und ein unbezähmbarer Drang zu Neuem und zum Aufruhr, wie die überall in Europa zunehmenden Spannungen zwischen der Zentralmacht und die örtlichen Gemeinden, die auflodernden Steuerrevolten und die nie endenden nordischen Kriege zeigten.

Dieses Zeitalter war Schauplatz der Religionskriege, die Ausdruck und Ursache nationalstaatlicher Konflikte waren, so des Dreißigjährigen Kriegs, der mit dem Aufstand der böhmischen Protestanten wegen kaiserlicher Verletzung der ihnen zugesicherten Religionsfreiheit begann und große Teile Europas in ein Schlachtfeld verwandelte. Der Gegensatz zwischen Katholiken und Protestanten und der Aufstand der Reichsstädte gegen den Herrschaftsanspruch des Kaisers mündete schließlich in den Kampf um die europäische Vorherrschaft. Gustav II. Adolf, Schwedens Monarch und Vater der zukünftigen »Minerva des Nordens«, besiegte damals den im Dienste des Kaisers stehenden belgischen General Johann von Tilly, den Anführer der katholischen Liga, und drang bis tief in den Süden des Deutschen Reichs ein. Sogar der Freistaat Bayern lag plötzlich in nordischer Hand. Dank seiner Siege stieg das lutherische Schweden – obwohl der Krieg die Staatskasse ruinierte – zur führenden Macht im Ostseeraum auf. Bezeichnend ist, dass Christina von Schweden nach dem Tod ihres Vaters entscheidend am Abschluss des Westfälischen Friedens, des europäischen Friedenswerks, mitgewirkt hat.

Zu den Gegensätzen des 17. Jahrhunderts gehörte ferner das Nebeneinander von dem aufkommenden Anspruch des Naturrechts und der tradierten Verherrlichung der absoluten Macht. Richelieu, Mazarin, Johan de Witt, Olivares und Cromwell entwarfen eine Theorie zukünftiger Staatskunst und versuchten, sie in die Tat umzusetzen, aber es war kein Leichtes, die bestehenden Strukturen zu durchbrechen. Die Hingabe an den Mythos des Königtums, »die Hassliebe zwischen dem monarchischen Staat und der Gesellschaft«, wie es Emmanuel Le Roy Ladurie formuliert, bestand ungebrochen weiter. Nur langsam entfaltete sich der bürgerliche Individualismus. Der Widerruf des Edikts von Nantes und die blutigen Hugenottenverfolgungen, der Beginn des französischen Absolutismus unter Ludwig XIV., der den Adel entmachtete und dem Parlament nur noch die Rechtsprechung einräumte, die Revolte und die Niederlage der regierungsfeindlichen *Fronde* kennzeichnen diese turbulente Zeit ebenso wie das Bündnis des katholischen Frankreich mit dem protestantischen Schweden gegen den römischen Kaiser. Es war auch die Zeit des Spanischen Erbfolgekriegs, der unter der Herrschaft des vom Herzog von Olivares manipulierten Philipp IV. zum Verlust der Niederlande und damit der europäischen Vormachtstellung Spaniens führte. Die verheerenden Statuten über die Reinheit des Blutes – eine frühe Form des europäischen Antisemitismus – wurden dort erlassen und eisern durchgeführt. In England loderte der Bürgerkrieg unter Oliver Cromwell auf, der gefangene König Karl I. wurde hingerichtet, die Glorreiche Revolution begann. In den Niederlanden blühte die Wirtschaft, in Polen wurde nach Erfolgen gegen die Osmanen Johann III. Sobieski zum neuen König ernannt, in Russland bestieg Peter der Große den Thron. Prägend für dieses Jahrhundert war auch der Bruch zwischen christlicher und slawischer Welt, den das Vordringen der Türken mit ihren lang andauernden Kriegen in Südosteuropa verursachte. Über das Schicksal Europas entschieden der Papst und Venedig, Spanien, Frankreich, das Deutsche Reich, Polen, England und Schweden. Germanische und romanische Elemente, Protestantismus und Katholizismus bestimmten die Politik entlang der Nord-Süd-Achse.[3]

Die Krönung, Abdankung und Konversion Christinas von Schweden gehören in dieses Jahrhundert scharfer Trennungslinien zwischen dem Norden und dem Süden, zwischen den ehemals römischen bzw. an den Limes angrenzenden Territorien und den früheren Gebieten der

Barbaren. Die im Mittelalter durch einheitlichen Glauben bewirkte geistige und kulturelle Einheit Europas war geschwunden. Das Bemühen, strenge Kriterien im kulturellen Kontext aufzustellen, ist als Antwort auf diesen Verlust zu verstehen. Eine kluge Königin, die über die Religionen diskutiert, um die beste für ihr Land zu wählen, ist nicht nur ein mittelalterlicher Topos, sondern erinnert auch an die Herrscher, die Katholizismus, Orthodoxie und Islam miteinander verglichen, um ihre Krieger zu zwingen, die von ihnen gewählte Konfession anzunehmen. Das 17. Jahrhundert hat zweifelsohne viele Elemente vom Mittelalter und vom 16. Jahrhundert übernommen. Die Spannungen dieser Zeit sind aber notwendige Etappen zur Erlangung eines höheren sozialen und politischen Gleichgewichts. Die auf kreativem und intellektuellem Gebiet überall spürbare Aufbruchstimmung, die »beschleunigte Veränderung«[4] der Epoche ist in gewisser Hinsicht der unserer Zeit ähnlich.

In der Frühen Neuzeit griff man hauptsächlich auf Denkmuster der Renaissance zurück, die eine wahre Leidenschaft für das Entdecken und Erfinden, für Kritik und Auseinandersetzung entfaltet hatte. Das Bemühen um ein universelles, uneingeschränkt mittelbares und damit allen Menschen verständliches Wissen kennzeichnete das 16. Jahrhundert. Das 17. Jahrhundert übernahm aus der vorangegangenen Epoche die Einsicht, dass Erkennen nicht nur Theorie und Kontemplation ist, sondern auch Anwendung und sogar Manipulation. Die Methoden, die Mechanismen, die technische Sprache stellten fortan ein vorrangiges Anliegen dar.

Die Idee, dass die Erkenntnis der Welt etwas mit ihrer Veränderung zu tun habe, durchzieht die Wissenschaften ebenso wie die Kultur des Zeitalters Christinas von Schweden. Namhafte Wissenschaftler und Denker prägten dieses Jahrhundert: Francis Bacon, der englische Philosoph und Staatsmann, der zum Wegbereiter des naturwissenschaftlichen Denkens und Begründer des Empirismus wurde; Galileo Galilei, der toskanische Mathematiker und Philosoph, der die neuere mechanistische Naturphilosophie begründete; René Descartes, der Begründer des von der Souveränität der Vernunft überzeugten modernen Rationalismus; Johannes Kepler, der kaiserliche Mathematiker und Hofastronom Rudolfs II., der aus einer mystischen Naturphilosophie und einer pantheistischen Stimmung den Gedanken einer Weltharmonie entwickelte; Isaak Newton, der das Gesetz der Schwerkraft entdeckte; William Harvey, der Anatom und Arzt, der den großen Blutkreislauf entdeckte; John Locke, der Hauptvertreter des Empirismus und Verfasser des Essays *Concerning Human Understanding*. Bezeichnend für die Experimentierfreudigkeit dieses Jahrhunderts ist, dass dennoch an der hermetischen Tradition festgehalten wurde, die einen krassen Gegensatz zum aufkommenden Rationalismus bildete: Newton beschäftigte sich unter anderem mit der Alchimie, ansatzweise auch Descartes in den *Regulae*, später widmete sich Christina von Schweden geradezu hingebungsvoll dieser »geheimen Kunst«. Mit ihrer unerschöpflichen Neugierde gehörte sie zweifelsohne zu den gebildetsten Frauen ihrer Epoche. Ein stets wacher Verstand, eine ungewöhnliche Geistesgegenwart zeichneten sie aus.

Die religiösen Bewegungen, ausgehend vom spanischen Mystizismus bis hin zum französischen Jansenismus, der eine von den Jesuiten abweichende Auffassung der Prädestinationslehre des Augustinus vertrat, prägten ebenfalls dieses kontrastreiche Jahrhundert. Zugunsten der Gelehrsamkeit befreite man sich entschieden von den einengenden Fesseln der theologischen Dogmen und Disputationen. Ein paradoxes Gleichgewicht zwischen den sich widersprechenden Elementen zeichnete sich ungefähr um die Mitte des Barockzeitalters ab. Der Geist der Kritik war ebenso wenig erloschen wie die scharfen Kontraste, die man aber meisterhaft auszugleichen verstand. Die Schaffensfreude, deren berühmteste und zugleich umstrittenste Vertreter Lope de Vega, Calderón, Velázquez, Gracián, Corneille, Racine, Molière, La Bruyère, John Donne, Milton, Grimmelshausen, Gryphius, van Ruisdael, Rubens, Rembrandt, Lorrain, Purcell, Monteverdi, Frescobaldi, Scarlatti und Bernini waren, erreichte in dieser Zeit ihren Höhepunkt. Auch die Oper feierte einen ungeahnten Triumph wie die legendären römischen Aufführungen Christinas von Schweden bezeugen. Die Gründung von Akademien nach dem römischen Muster der *Accademia dei Lincei* von 1603, die sich entweder der Sprache oder der Wissenschaft widmeten – 1635 in Frankreich, 1663 in England, 1674 in Rom die *Accademia Reale* von Christina von Schweden, 1681 in Russland – liefert einen weiteren Beweis dafür.

Das sich allmählich vollziehende Ineinanderfügen oder teilweise noch Aufeinanderprallen politischer, religiöser und ästhetischer Ideen bildete die Folie für das Verständnis der Epoche wie auch der widersprüchlichen Haltung ihrer Repräsentanten. Auch Christina lässt sich nur in diesem Nebeneinander von Klassizismus und Barock, Wahrheitsliebe und Verstellungskunst, Sinnlichkeit und Mystizismus, Aberglauben und Rationalität, Verherrlichung der absoluten Macht und Bekräftigung des Naturrechts deuten. Bis zur berüchtigten Hinrichtung ihres Günstlings Monaldesco verkörperte sie das Sinnbild einer aufgeklärten Monarchie, die Hoffnung auf den Fortschritt, den Ent-

wurf einer Zukunft, in der die Frauen befreit von Vormundschaft und Tabus sich einem neuen Weiblichkeitsideal
verschrieben. Das erwachende Bewusstsein der Demokratie der Vernunft, das 1649 zur Hinrichtung des wegen
Tyrannei und Anzettelung eines Bürgerkriegs angeklagten englischen Königs Karl I. führte, spiegelte sich im frei-
willigen Thronverzicht der schwedischen Königin wider,
die dem Privatleben den Vorrang vor dem Königsamt einräumte. *Paris vaut bien une messe*, lautete die Devise Heinrichs IV., des Führers der Hugenotten, der, um Frankreichs
Krone zu erlangen, seine Religion der Macht opferte und
zum katholischen Glauben übertrat.

Bei Christina war es genau das Gegenteil; um konvertieren zu können, verzichtete sie auf den Thron, opferte
die lutherische Krone dem katholischen Glauben. Auch
das radikale In-Frage-Stellen der traditionellen Rollenver-
teilung zwischen Mann und Frau, das Marie Le Jars de
Gournay, die glühende Verehrerin und geistige Tochter
Montaignes, zu Beginn des Jahrhunderts unerschrocken
verteidigte und das das Große Jahrhundert vornehmlich
in seiner Salonkultur charakterisierte, fand Christinas
uneingeschränkte Zustimmung. In diesem von Kriegen
heimgesuchten Jahrhundert dominierten in den kollekti-
ven Wunschträumen sowie in Kunst und Literatur kriegerische Tugenden und Ideale, auch beim weiblichen Geschlecht, das der mythischen Vorstellung der Amazone
schrankenlose Bewunderung zollte. Ein bestechendes Beispiel dafür war die Grande Mademoiselle, Anne-Marie-
Louise d'Orléans, die im Bürgerkrieg der *Fronde* selbst zur
Waffe griff und ihrem Idol Condé folgend, auf der Seite
des aufrührerischen Adels kämpfte. Auch die zeitgenössische Romanliteratur fügte sich diesem Muster: überall
traten mutige, kriegerische Frauen auf, die das Bild der

Jacob Heinrich Elbfas (Werkstatt),
Christina von Schweden als Kind (um 1634).
Staatliche Porträtsammlung Schloss Gripsholm

femme forte verkörperten. Das Werk der preziösen, die Ehe verachtenden Schriftstellerin Madeleine de Scudéry wimmelt von solchen Frauen. Der Ausbau des Heeres und die zahlreichen militärischen Konflikte des Jahrhunderts förderten auch das Bild der Frau in Männerkleidern. Diese aus Not und Elend handelnden Amazonen wurden aber oft statt dem Idealbild der androgynen Tugendheldin eher den Angst einflößenden Hermaphroditen, den Wahnsinnigen oder den Huren, zugerechnet.

Anders sah es bei der zur Herrschaft erzogenen Christina von Schweden aus, deren Vorliebe für männliche Kleidung offenkundig war. Den Zeitgenossen galt sie als strahlendes Beispiel für die männlichen Tugenden adliger Frauen. Ihre ungewöhnliche Erscheinung, ihr männliches Auftreten lieferten späteren Jahrhunderten einen Vorwand für vernichtende und teilweise groteske Schmähschriften.

Im Hinblick auf Christina von Schweden ist die Anthropologie, die an die antike Tradition des Stoizismus knüpfte und sich im 17. Jahrhundert in ganz Europa verbreitete, von großer Bedeutung. Sowohl in den gebildeten protestantischen als auch katholischen Kreisen begann man, eine Lebensphilosophie jenseits konfessioneller Grenzen anzustreben. Diese Bewegung hatte im 16. Jahrhundert zunächst auf spanischem und italienischem Boden eingesetzt, wo sie vornehmlich von Luis Víves und Bernardino Telesio vertreten wurde. In Montaignes *Essays* erreichte das erneute Aufleben des Stoizismus seinen Höhepunkt und schuf sich eine spezifisch moderne Form. Die humanistische Interpretation der Stoa wurde dort zum ersten Mal durch eine rein »humane« Deutung ersetzt.[5] Die Beschränkung auf das eigene Ich scheint zunächst einem skeptischen Verzicht den Vorrang einzuräumen, aber im ethischen Sinne beugt sich gerade dieser dem Ich als eigentliche Grundkraft der Erfahrung und der Erkenntnis. Das stoische Ideal in der französischen Variante – »l'être d'exception à l'âme forte et généreuse«, die *große Seele*, deren einzige Pflicht es ist, sich selbst treu zu sein und ihren Willen ganz dem Ziel der inneren Freiheit und der Tugend im römischen Sinne der virtù zu unterstellen – wurde zur allgemeinen Richtlinie philosophischer Praxis. Heitere Erhabenheit und unerschütterliche Gelassenheit im Durchschauen der menschlichen Natur, die sich eher der Philosophie als der Religion verpflichtet wusste, gingen aus diesen Optionen hervor.

Christina von Schweden war seit ihrer frühen Jugend mit der Lehre der Stoiker vertraut: Epiktet, Seneca, vor allem Marc Aurel, der »Stoiker auf dem Kaiserthron«, gehörten zu ihren Lieblingsautoren. Ihr Leben und ihr Werk waren von den Leitgedanken dieser antiken Weisheitslehre bestimmt. Die sich daraus ergebenden Ideale der großen Seele, die heroischen Werte, das Erhabene der Freiheit, die Kühnheit des aristokratischen Ichs, die eine neue Deutung des Individuums wie des Liebesverständnisses bestimmt haben, wurden im politischen Bereich von der französischen *Fronde*, die sich unerschrocken dem Absolutismus widersetzte, radikal vertreten. Was die Liebe betrifft, spiegeln die Tragödien Corneilles am besten diese Tendenz wider. Das pathetische Drama des 16. Jahrhunderts wurde im 17. Jahrhundert zum psychologischen Drama, in dem die Protagonisten sich zwar ihren Leidenschaften hingeben, sie aber zugleich auch analysieren. Die Anatomie der Leidenschaften erreichte in *Les Caractères* von La Bruyère einen Höhepunkt.

Die junge schwedische Königin war eine uneingeschränkte Bewunderin der französischen Kultur, las und

schrieb Französisch ebenso fließend wie ihre Mutterspra-
che. Ihre Hingabe an das heroische Ideal und ihr Hang
zum Theatralischen lassen sich ohne den Einfluss Corneilles kaum verstehen. Auch nach ihrer Abdankung und
Konversion verlor sie den Glauben an die Größe des unbezwingbaren Willens und an den Verdienst der heroischen Ausnahmegestalt nicht.

Allmählich wurde aber »das erhabene Ich« Corneille-
scher Prägung von Pascals » hassenswertes Ich« sozusagen
unterminiert. La Rochefoucaulds ätzende *Maximen* trugen
auch einiges zu dieser Zerrüttung bei. Ursachen für die
eintretende Kritik und für die Auflehnung gegen den Stoizismus waren die politische Ernüchterung nach der Niederlage der *Fronde*, der aufkommende Jansenismus mit
seiner Verurteilung des freien Willens und ein gewisser
psychologischer Realismus, der schmerzlich bloßlegte,
dass bei der menschlichen Maskerade die angestrebte
Ehre sich sowohl mit dem Laster als auch mit der Tugend
verbinden ließ. Der Libertinismus als Freidenkertum ohne
moralische Nebentöne begann, sich auf schwedischem
Boden durchzusetzen. Descartes' *Die Leidenschaften der
Seele* – eine auf die Bitte Christinas von Schweden hin verfasste Abhandlung – steht noch in der stoischen Tradition
und bricht zugleich eine Lanze für das leidenschaftliche
Begehren. Das Problem der Freiheit, die dem Willen unterstellt wird, bildet das Herzstück seiner Philosophie. Sein
Cogito, ergo sum erhebt das Bewusstsein, das die eigenen
Leidenschaften kritisch beobachtet, um sie zum ersehnten
Ziel zu bringen, zur absoluten Richtschnur. Seine Ein-
schätzung der Affekte ist radikal anders als die des Stoizismus, denn Descartes' ethische Begründung geht von
präzisen naturphilosophischen Voraussetzungen aus. Leidenschaft war für die mittelalterliche Ethik eine Sünde,

für den Stoizismus eine Krankheit, für Descartes ein Naturgeschehen, mit dem die Vernunft als Mittel umgehen muss, ohne sie auszuschalten oder zu neutralisieren. Er beobachtet sie mit den Augen des Naturforschers, nicht mit denen des Moralisten, und durchbricht somit das stoische Ideal der Ataraxie, in dem er die Vernunft auffordert, sich das Spiel der Affekte zunutze zu machen. Für den »Optimisten der Vernunft« (Cassirer) bestanden wahres Glück und wahre Freiheit nicht in der Emanzipation der Sinne, sondern in ihrer Beherrschung durch den selbstverantwortlichen Willen.

Die cartesianische Form eines ethischen Idealismus, der nicht im Widerspruch zu den Gegebenheiten der realistischen Natur steht, fesselte Christina von Schweden, denn sie suchte ihren »Archimedischen Punkt« nicht im Bereich der theoretischen, sondern der praktischen Erkenntnis. Descartes' Lehre entsprach ihrem stoischen Ideal hinsichtlich der alles überwindenden Stärke des Willens, der sich die rechten Ziele setzt und sie gegen alle Widerstände verficht, und dadurch teilweise der in ihr tief verwurzelten Verachtung des Ewig-Weiblichen, der mangelnden Virilität. Zugleich – und das war für die Begeisterung der jungen Königin ausschlaggebend – kam sie ihren eigenen Erfahrungen des Emotionalen, der ausufernden Affekte entgegen. Eine weitere Parallele mochte für sie bestechend sein: So wie es für Descartes keine Teile der Wahrheit, sondern nur die Wahrheit als Ganzes gibt, hegte auch die schwedische Monarchin in jungen Jahren ein Einheitsideal, und zwar sowohl auf religiöser Ebene – sie trug sich sogar mit dem Gedanken, eine Theologische Akademie zu gründen, die sich der Vereinigung der Bekenntnisse widmen sollte – als auch auf politischer Ebene, wie ihre Intervention beim Abschluss des Westfälischen

Friedens hinreichend bezeugt. Viel später verstand sie es, sich in Rom virtuos auf dem komplizierten Terrain der Päpste und Kardinäle, des Adels und der Vetternwirtschaft zu bewegen.

Christina von Schweden war ein Wesen abrupter Übergänge, ekstatischer Gesten und Empfindungen, trotziger Selbstüberhöhung und klarsichtiger Erkenntnis der eigenen Widersprüchlichkeit. Das Europa ihrer Zeit wurde von ihrem politischen, gesellschaftlichen, wissenschaftlichen und religiösen Handeln stets in Atem gehalten. Ihr extravagantes Auftreten und ihre legendäre Unbeherrschtheit, die Ausdruck ihrer psychischen Zerrissenheit ist, spiegeln ein gespaltenes Bewusstsein und einen bisweilen verwirrenden Kontrast zum klassischen Ideal der inneren Freiheit, Selbstgenügsamkeit und Formenstrenge wider, die sie in der Theorie vertrat.

Die letzte Wasa-Monarchin

»Ich war ein Sonntagskind, hatte eine rauhe, kräftige Stimme, und der ganze Körper war behaart. Auf all das hin glaubten meine Hebammen, die mich in Empfang nahmen, ich sei ein Knabe. Sie füllten das Schloss mit ihren falschen Freudenrufen, die eine Zeitlang sogar den König betrogen. Wunsch und Hoffnung verbanden sich, um alle zu täuschen, und höchst verlegen wurden die Frauen, als die dann sahen, dass sie sich geirrt hatten. Sie waren in großer Bedrängnis, wie sie dem König die Wahrheit sagen sollten. Prinzessin Katharina, des Königs Schwester, übernahm es. Sie trug mich so in ihren Armen, dass der König selbst bemerken konnte, was sie ihm nicht zu eröffnen wagte. (...) doch dieser große Fürst zeigte keine Überraschung und nahm mich so liebevoll in Empfang, als wären seine Hoffnungen nicht enttäuscht worden. Und er sagte zu der Prinzessin: »Lass uns Gott danken, meine Schwester. Ich hoffe dieses Mädchen wird mir ebenso taugen wie ein Junge. Ich bitte Gott, dass er sie bewahre, da er sie mir gegeben hat. (...) Sie wird schlau werden, denn sie hat uns alle genarrt.«[1]

Die Autobiographie Christinas von Schweden, eine Gott gewidmete Selbstbeschreibung, die bis zu ihrem zehnten Lebensjahr reicht, steht in der christlichen Tradition der Bekenntnisse des Augustinus und ist zugleich ein Vorläufer der romantischen *Bekenntnisse* von Jean-Jacques Rousseau. Zu Recht haben diese von der alternden Königin 1668 während ihres einsamen, unglücklichen Aufenthalts in Hamburg verfassten Aufzeichnungen das Interesse der Nachwelt erregt. Die ausführliche Schilderung der ungewöhnlichen Geburt und die Symbole, die bereits den Begründer der modernen schwedischen Monarchie, Gustav I. Wasa, ausgezeichnet hatten – die »Siegerhaube auf dem Kopf« und das »rote Kreuz auf der Brust« – sollten die göttliche Bestimmung der Empfängnis Christinas von Schweden legitimieren. Die Beweisführung der eigenen Souveränität lag der ehemaligen Monarchin bei der Niederschrift genauso am Herzen wie die *captatio benevolentiae* des italienischen Klerus, dessen Gewogenheit ihr sehr wichtig war, da sie ihren Wohnsitz nach Rom verlegt hatte. Christinas Vorfahre Gustav I. Wasa hatte 1527 schrittweise in Schweden die Reformation eingeführt und von der Abhängigkeit von Rom befreit – Christinas Konversion zum Katholizismus im Jahr 1654, eine der größten Provokationen der Zeit, brachte andere Verpflichtungen mit sich und widerrief sozusagen die konfessionelle Eigenständigkeit Schwedens. Für Rom war dies ein ungeahnter Sieg, für Schweden fast ein Verrat. In der Beschreibung der Geburt der Prinzessin klingen bereits Motive an, die sie zeitlebens begleitet haben. Die »Meisterin der Verstellung« begann früh, die Menschen zu täuschen. Der ersehnte Erbprinz war ein Mädchen, dessen Äußeres aber bestimmte männliche Merkmale trug. Das »Zwitterwesen«, wie Christina häufig klischeehaft bezeichnet wurde, irritierte seine Umgebung von Anfang an. Obwohl der männliche Erbe ausblieb, zeigte sich ihr Vater, Gustav II. Adolf, über ihre Geburt sehr erfreut – und dies dankte ihm die Tochter ihr Leben lang. Das militärische Interesse, das Christinas Autobiographie kundtut, ist als Huldigung an den über alles geliebten Vater zu verstehen, den sie zum bedeutendsten Krieger seiner Zeit erhebt.

Ein kurzer historischer Exkurs in die Heimat Christinas erleichtert das Verständnis der rätselhaften Königin. Die skandinavische Halbinsel, ein ausgesprochenes Bauernland – nicht einmal fünf Prozent der Bevölkerung lebten damals in den Städten – hatte sich seit etwa 1350 sichere Grenzen erkämpft. Die in der Kalmarer Union von 1397 vereinigten Reichsteile Dänemark (mit Norwegen, Island, Grönland) und Schweden hatten eine Vorrangstellung gegenüber den anderen nordischen und slawischen Staaten. Erich von Pommern (1392–1459), ein Neffe der dänischen Königin Margarete I., wurde zum König der Union der Nordischen Länder gekrönt, wobei er vor allem im Interesse des dänischen Kernlandes regierte. Schweden blieb ein Bauernvolk, und seine Bauern waren immer kampfbereit – ein armes, aber auf seine Freiheit stolzes Volk. Im 15. Jahrhundert fanden die schwedischen Bauernkriege stets unter nationalen und sozialen Vorzeichen statt. Leibeigenschaft und feudale Abhängigkeit, damals in Europa weit verbreitet, traten dort kaum auf.

Die moderne schwedische Monarchie wurde von Gustav I. Wasa (1496 oder 1497–1560) begründet. Er führte 1523 einen Aufstand gegen den dänischen König Christian II. an und brachte dadurch die Kalmarer-Union zu Fall. Anlass dieser Auflehnung war das von Dänemark angestiftete Blutbad in Stockholm, bei dem 600 der Union feindlich gesonnene schwedische Adlige ermordet wurden. Gustav I. Wasa zerstörte die dänische Vorherrschaft im nordischen Bündnis, eine absolutistische Vorherrschaft, die durch die Heirat des blutrünstigen Christian II. mit der Schwester von Kaiser Karl V. untermauert worden war. Im gleichen Jahr wurde Gustav I. Wasa gewählt und regierte bis zu seinem Tod im Jahre 1560.

Dem Haus Wasa gelang es, Schweden in seiner Außenpolitik und Verwaltung zu modernisieren und der Wirtschaft zu neuem Aufschwung zu verhelfen. Schrittweise
wurde auch die Reformation eingeführt: der Reichstag
von Västeras beschloss 1527 die Säkularisation des Kir-
chenguts und erließ eine Kirchenordnung. Der katholische Kirchenbesitz wurde konfisziert, die Klöster wurden
der Gerichtsbarkeit des Adels unterstellt. Dafür verpflichtete sich dieser zum Militärdienst. Bereits 830/31 hatte
Kaiser Ludwig der Fromme den pikardischen Mönch Ans-
gar nach Schweden geschickt, um das Land zu missionie-
ren. Der Erfolg war nicht ausgeblieben: jahrhundertelang
hatte sich dort der katholische Glaube erhalten.

Die vom Haus Wasa eingeführte Reformation verursachte nicht nur einen religiösen sondern auch einen
radikal kulturellen Bruch, wie unter anderem die im
17. Jahrhundert zunehmende Einbuße an internationalem
Ansehen der 1477 gegründeten Universität von Uppsala
dokumentiert.

Eine Linie des Hauses Wasa bekannte sich vor Christina von Schweden wieder zum katholischen Glauben:
Sigismund III. (1566–1632), ein Enkel Gustavs I. Wasa, war
der prominenteste Vertreter dieser Linie, die die Könige
Polens stellte. Nach dem Tod von Stephan IV. Bathory
wurde er zum König von Polen gewählt, 1595 jedoch von
seinem Onkel Karl IX., dem Vater Gustav II. Adolfs, vom
schwedischen Thron gestoßen. Das Haus Wasa herrschte
also gleichzeitig in Schweden und Polen. Politische wie religiöse Spannungen zwischen beiden Ländern führten
aber zu heiklen Auseinandersetzungen und Kriegen. Dieser Konflikt zerstörte die gewaltigen europäischen Pläne
des französischen Königs Heinrich IV., der, den *Memoiren*
des Herzogs von Sully zufolge (*Economie Royale* 1638–1662),

eine christliche Republik mit acht europäischen Staaten, darunter Schweden, ins Leben rufen wollte. Um diesen Plan zu verwirklichen, versuchte Frankreich immer wieder, eine Versöhnung zwischen Polen und Schweden herbeizuführen und seine Position gegenüber den Habsburgern zu stärken. Die enge Verbindung zwischen Frankreich und Schweden, die bereits zwischen Gustav I. Wasa und Franz I. bestand, und die Gustav II. Adolf durch seine Allianz mit Richelieu fortsetzte, gehören zum europäischen Bild des 16.–18. Jahrhunderts. Stets hat sich Frankreich, die »älteste Tochter der Kirche«, mit dem protestantischen Vorkämpfer verbündet, wenn es galt, die Macht des habsburgischen Reichs zu schmälern.

Die schwedische Konzentration auf den Protestantismus als Staatsreligion stand den damaligen Bestrebungen in Europa entgegen. Heinrich IV. hatte 1598 mit dem Edikt von Nantes einen konfessionellen Pluralismus eingeleitet. Schweden hingegen setzte sich entschieden gegen die Gegenreformation ein und ließ ausschließlich den lutherischen Glauben zu. Eine zunehmende Abkapselung des Landes wäre unvermeidlich gewesen, wenn die *peregrinatio academica* nicht neue philosophische und religiöse Strömungen und deren Vertreter nach Skandinavien geführt hätte, so den französischen Calvinisten Pierre de La Ramée (1515–1572) und den von Rudolf II. in Prag protegierten dänischen Astrologen Tycho Brahe (1546–1601), mit dem Johannes Kepler (1571–1630) zusammengearbeitet hatte. Sie alle vertraten den Standpunkt, dass nur die intellektuelle Entwicklung zur Integration Schwedens in die europäische Gemeinschaft führen könnte.

Gustav II. Adolf (1594–1632), der legendäre Schneekönig, war ein Enkel Gustavs I. Wasa. Sein Erzieher, Johann Skytte (1577–1645), Kanzler der Universität von Uppsala, ein Humanist im Geiste des Erasmus von Rotterdam, übte großen Einfluss auf ihn aus. Gustav II. Adolfs religiöse Grundanschauung war zu Beginn seiner Regierungszeit tolerant: er weigerte sich die Calvinisten zu verfolgen und ließ sogar den Katholizismus zu, der bis dahin noch unter Todesstrafe stand, denn »keine Obrigkeit hat das Recht, über das Gewissen zu herrschen«.[2] Zeitlebens hatte er selbst ein starkes religiöses Interesse, las den deutschen protestantischen Mystiker Johann Arndt und berief bisweilen am Abend seine Feldprediger zu sich, um Glaubensfragen zu diskutieren. Unter dem Einfluss seiner Ratgeber betrachtete er aber zunehmend die religiöse Frage ausschließlich politisch – wie in England war der schwedische König zugleich Staats- und Kirchenoberhaupt. Darum ließ er verlautbaren, dass keine andere Religion neben der lutherischen Staatsreligion bestehen durfte, die Schwedens Einheit gewährleistete. Auf dem Reichstag von Örebro im Jahre 1617 verurteilte der Monarch aufs schärfste den katholischen Glauben: »Diese Religion, wenn man sie schon als eine solche bezeichnen will, ist nicht nur an sich Götzendienst und menschliche Erfindung, die dem Worte Gottes und der Heiligen Schrift widerspricht, in der der Weg zu unserer Seligkeit vorgezeichnet ist, sondern sie lehrt uns auch besonders verwerfliche Dinge.«[3] Die Jesuiten bezeichnete er nunmehr als »Teufelsbrut, die die Ursache der abscheulichen Tyrannei in Spanien, Frankreich und anderswo ist«. Wieder einmal wurden die Katholiken als Landesverräter angesehen und mit der Todesstrafe bedroht. Die Hinrichtung des Ratsherrn Anthelius und des königlichen Sekretärs Ursinus, die gewagt hatten, sich dem katholischen Glauben anzuschließen, beweist dies hinreichend. Es war gewiss das politische Verantwortungsbewusstsein,

GVSTAVVS ADOLPHVS D.G.
SVECORVM, GOTHORVM, ET VANDALORVM REX,
MAGNVS PRINCEPS FINLANDIÆ, DVX ESTHONIÆ ET CARELIÆ,
NEC NON INGRIÆ DOMINVS, etc.

Gustav II. Adolf (1594–1632).
Kupferstich von Willem Jacobszon (1633)

das Gustav II. Adolf bewogen hatte, diese Maßnahmen zu ergreifen. Das schwedische Reich zu schützen und zu erhalten, betrachtete er als die ihm von Gott aufgetragene Pflicht. Der König erfreute sich großer Beliebtheit, besonders als er bei seinem Regierungsantritt die Mitbestimmungsrechte der Stände in der sog. »Königsversicherung« anerkannte und sich verpflichtete, ohne ihre Bewilligung weder einen Krieg zu beginnen noch zu beenden. Dank engster Zusammenarbeit mit dem 1612 zum Reichskanzler ernannten Axel Oxenstierna (1583–1654), unter dessen Leitung die Zentralverwaltung im hocharistokratischen Sinn modernisiert wurde, konnte Gustav II. Adolf ruhmreich regieren. Dem »schwedischen Richelieu« gelang die Befriedung seines Landes mit Dänemark (1613), Russland (1617) und Polen (1629). In Gustav II. Adolf verband sich evangelische Frömmigkeit und persönliche Tapferkeit mit militärischem Geschick und politischem Ehrgeiz. Sein Eingreifen in den Dreißigjährigen Krieg verlieh seinem Land eine wahrhaft europäische Rolle – unter seiner Herrschaft wurde Schweden zu einer anerkannten Staatsmacht. Aber auch Wissenschaft und Kunst wurden von ihm gefördert: Die Landesuniversität Uppsala wurde neu dotiert und privilegiert. Sie sollte nicht nur Theologen, sondern auch Beamte und Offiziere ausbilden.

Nicht so glanzvoll war das Privatleben des »re d'oro«, wie ihn die Italiener wegen seiner blonden Locken nannten. Gustav II. Adolfs große Liebe war Ebba Brahe, die spätere Frau des schwedischen Reichsmarschalls Jakob de La Gardie. Eine Ehe mit ihr wurde aber von seiner strengen Mutter unterbunden. Die Tochter eines holländischen Kriegslieferanten, Margarethe Kabeljau, schenkte ihm einen Sohn, den späteren Grafen von Wasaburg, den er kaum wahrnahm. Politische Gründe, vor allem in Anbetracht des Kriegs, den er mit Polen führte, sowie die lutherische Konfession und die Schönheit der Tochter des Kurfürsten Johann Sigismund von Brandenburg, bewogen Gustav II. Adolf, Maria Eleonora zu heiraten. Diese hat, wie ihre Briefe an die deutsche Verwandtschaft kundtun, Schweden nie besonders geliebt, dafür umso besitzergreifender ihren Gemahl. Groß war aber ihr Interesse an der Musik: 1621 ernannte sie den aus Deutschland eingewanderten Musiker Andreas Düben (1597–1662), der als Orgelspieler zu großem Ansehen gekommen war, zum Hofkapellmeister in Stockholm. Später komponierte er das Werk *Pugna triumphalis* im Stil der venezianischen Schule, das bei der Beerdigung Gustav II. Adolfs aufgeführt wurde. Die Schwärmerei der Königin für ihren Gemahl wies schon bald nach der Hochzeit pathologische Züge auf. Jede auch nur kurze Trennung gestaltete sich zur Katastrophe. Uneinsichtig versuchte sie, ihn mit Jammertiraden und Vorwürfen an sich zu fesseln.

Die emotionale Unausgeglichenheit Maria Eleonoras hatte verhängnisvolle Folgen für Christina von Schweden, die zwar nicht das erstgeborene, jedoch das einzig überlebende Kind des Königspaares war und die Erwartungen auf einen männlichen Erben enttäuscht hatte. Nach einer Fehlgeburt 1621 hatte Maria Eleonora 1623 eine Tochter zur Welt gebracht, die auf den Namen Christina getauft wurde und bald darauf starb. 1624 folgte eine weitere Fehlgeburt, ein tot geborener Sohn. 1626 wurde ein stark behaartes Mädchen geboren, das dem König den erhofften Thronfolger ersetzen sollte. Im 4. Kapitel ihrer *Memoiren* schreibt Christina von Schweden: »Ich danke Dir, Herr, dass Du mich als Frau geschaffen hast. Dies umso mehr, weil Du mir die Gnade bezeigtest, meiner Seele die Schwächen meines Geschlechts fernzuhalten: Du hast sie, wie auch mein sonstiges Wesen, ganz männlich geschaffen.«

Dem schwedischen Recht zufolge war die weibliche Thronfolge mit den vollen Rechten eines männlichen Erben ausgestattet. Gemäß Christinas Autobiographie war Gustav II. Adolf über ihre Geburt erfreut, während ihre Mutter diese erneute »Niederlage« nicht zu verkraften vermochte. Am liebsten hätte sie das Kind ums Leben gebracht. Die Hofdamen der Königin ließen es einmal sogar absichtlich auf den Boden fallen. Eine verwachsene Schulter, die Christina zeitlebens plagte, war die Folge dieser Lieblosigkeit. Die abweisende Haltung der Mutter wurde aber vom liebenden Vater ausgeglichen – zu sehr vermutlich, denn er wurde ihr uneingeschränktes Vorbild.

Eine Anekdote aus Christinas Autobiographie verrät die innige Vertrautheit zwischen ihr und dem Vater, der sie ohne Rücksicht auf Alter und Geschlecht wie einen Soldaten ausbilden ließ: »Dann nahm mich der König auf eine Reise nach Kalmar mit. Bei seiner Ankunft dort unterzog er mich einer kleinen Prüfung, die seine Zuneigung zu mir sehr erhöhte. Ich war damals noch keine zwei Jahre alt. In Kalmar ließ man fragen, ob die Garnison, wie üblich, des Königs Ankunft mit Gewehrsalven und Kanonenschüssen anzeigen solle, denn man fürchtete, ein Kind meines Ranges zu erschrecken. Nachdem er einen Augenblick überlegt hatte, antwortete der König: ›Lasst schießen! Als Tochter eines Soldaten muss sie sich daran gewöhnen!‹ Statt wie die meisten Kinder eines so zarten Alters zu erschrecken, lachte ich und klatschte in die Hände. Diese kleine Begebenheit steigerte des Königs Zärtlichkeit für mich sehr, denn er hoffte, ich sei furchtlos wie er.«[4]

Als die »Petition of Right« in England zustande kam und in Frankreich die Hugenotten ihren wichtigsten Stützpunkt in La Rochelle verloren, taucht Christinas Name zum ersten Mal in einer deutschen Zeitung, der Hamburger *Wöchentlichen Zeitung,* auf.[5] Berichtet wird, wie der schwedische Reichstag sich mit der kaum zweijährigen Prinzessin beschäftigte, um nach Ausbruch des schwedisch-polnischen Kriegs die Erbfolge sicherzustellen. Gustav II. Adolfs Vorliebe für Waffenrock und Kanonengetöse war nicht zu verhehlen. War seine Begeisterung für Kriegshandlungen, die ständige Flucht in den Kriegsalltag eine verkappte Flucht vor Maria Eleonora, seinem »malum domesticum«, wie der König sie Oxenstierna gegenüber bezeichnete? Maria Eleonora verfolgte ihren Gatten und folgte ihm sogar nach Pommern, als er 1630 dort in den »deutschen Krieg«, wie der Dreißigjährige genannt wurde, zog.

Die kleine Christina wurde indes in die Obhut ihrer Tante Katharina von der Pfalz-Zweibrücken (1584–1638) gegeben, der Halbschwester Gustav II. Adolfs und Gemahlin des Pfalzgrafen Johann Kasimir, der auf Geheiß des Schneekönigs auf Schloss Stegeberg bei Norrköping residierte. Als der geliebte Vater nach seiner großen Stockholmer Rede nach Deutschland aufbrach, war Christina untröstlich. Wie Zeugen später berichteten, soll sie drei Tage ununterbrochen geweint haben, »bis meine Augen beinahe erblindeten, denn sie waren gleich denen des Königs sehr schwach. Man sah in meinen Tränen ein böses Vorzeichen, da ich von Natur aus selten und wenig weinte.«[6] Vor seiner Abreise hatte Gustav II. Adolf die Stände seiner Tochter die Treue schwören lassen und sie für den Fall seines Ablebens als einzige Erbin und Königin von Schweden eingesetzt. Ferner hatte er eine Instruktion erteilt, in der die Befugnisse des Rats und der übrigen Regierungsorgane während seiner Abwesenheit und der Minderjährigkeit Christinas festgelegt waren. Darin bestimmte er ausdrücklich, Maria Eleonora dürfe unter keinen Umständen an der Regierung des Landes teilhaben. In einem Brief an seinen Kanzler Oxenstierna hielt er fest: »Sollte mir etwas Menschliches begegnen, so werden die Meinigen, sowohl meinetwegen, als auch aus vielen anderen Betrachtungen Mitleid verdienen. Es sind ohnedem nur Frauenzimmer. Eine Mutter ohne Rat und eine unerzogene Tochter. Beide sind unglücklich wenn sie alleine regieren, und beide sind in Gefahr, wenn sie von anderen regiert werden.«[7] In weiser Voraussicht hatte Gustav II. Adolf resolute Pläne für die Zukunft gefasst, denn die katholische Linie des Hauses Wasa in Polen-Litauen hatten noch lange nicht die Hoffnung aufgegeben, ihre verlorenen Erbrechte auf die Krone Schwedens wiederzuerlangen.

Zwei kurze Briefe, die Christina undatiert, wahrscheinlich im Alter von etwa sechs Jahren, in deutscher Sprache an den fernen Vater schrieb, sind die ersten schriftlichen Zeugnisse der künftigen schwedischen Monarchin:

»Gnädigster Hertzvielgeliebter Herr Vater. Ewr. Königl. Majestäten sey mein gehorsamer kindlicher Dienst mit Wünschen von Gott dem Allmächtigen vieler Gesundheit, mir als Eure getreue Dochter zum Trost. Bitte E. M. wollen bald wieder kommen und mir auch etwas hübsches schikken. Ich bin Gott lob gesund und befleisse mich im beten, viel alzeit wacker lehrnen und verbleib E. K. M. gehorsame Dochter Christina.«

Der zweite lautet: »Gnädigster Hertzlieber Herr Vater. Wie ich das glück nicht ha ietz bey E. K. M. zu seyn, so schick E. M. ich mein demüthiges Contrefay. Bitte E. M.

wolle meiner dabey gedencken und bald zu mir wieder kommen, mich unterweil was hübsch schicken. Ich will alzeit from seyn und fleissig beten lernen. Gott lob bin ich gesund. Gott gebe uns gute Zeitung von E. M. Demselben befele E. M. alzeit und ich werde verbleiben E. K M. gehorsame Dochter Christina.«[8]

Sicher halfen ihr Höflinge bei der Niederschrift dieser Briefe, die Christinas innige Liebe zu ihrem Vater widerspiegeln. Stets brachte er ihr jene Zuneigung entgegen, die ihr die Mutter versagte. Das frühreife, begabte Mädchen war von Anfang an mit einer Frau konfrontiert, die ihre Launen nicht zu kontrollieren vermochte. Die Ablehnung, die Maria Eleonora ihre Tochter spüren ließ, führte bei Christina zu einer Geringschätzung der eigenen wie der Weiblichkeit schlechthin. Oft wird in diesem Zusammenhang die im 17. Jahrhundert verbreitete Theorie der »heißen, trockenen Frau« angeführt, die auf der Lehre des Aristoteles und den medizinischen Schriften Galens beruhte. Den Medizinern ihrer Zeit zufolge war Maria Eleonora »heiß und trocken« und litt an einer Störung ihrer Körpersäfte, auf die ihre häufigen Fehlgeburten und ihr pathologisches Verhalten zurückzuführen waren. Ein »heißes, hysterisches Temperament« war gewiss keine gute Voraussetzung, um Schwedens Erbfolge zu sichern.

Christina schien in diesem Punkt ihrer Mutter zu ähneln, denn der französische Arzt Pierre Bourdelot (1610–1685) sprach später in seinem Gutachten über den Gesundheitszustand Christinas auch von »glühend heißen Säften«. Christina selbst wusste Bescheid über ihre problematische Gemütsverfassung, denn 1679 vertraute sie ihrem langjährigen Arzt an, ihr Temperament sei »Feuer und Flamme« und charakterisierte sich als »aufbrausend, hochfahrend und ungeduldig«. In ihren *Memoiren* klingen ähnliche Töne an, denn sie dankt darin Gott, sie vor dem Unglück bewahrt zu haben, »in das meine freie Stellung und mein heißes Blut mich leicht hätten stürzen können. Ich würde mich ohne Zweifel verheiratet haben, wenn Du mir nicht die Kraft verliehen hättest, auf die Freuden der Liebe verzichten zu können.«[9]

Christinas Jungfräulichkeitswahn und Begeisterung für die Ehelosigkeit könnten in dieser mit negativen Vorzeichen versehenen Beziehung zur eigenen Konstitution begründet sein. Namhafte Wissenschaftler haben nämlich im widersprüchlichen Temperament der schwedischen Königin weibliche und stark männliche Züge aufgedeckt. Der schwedische Arzt Elis Essen-Möller spricht von »intersexuellen Formen«, Margreth Goldschmidt von Homosexualität als »sexueller Abnormität«. Unbestritten ist, dass Christinas exzentrisches Verhalten Zeitgenossen sowie spätere Forscher irritiert hat. Die bekannten »Anomalien« des Wasa-Geschlechts verbürgten sogar Christinas psychopathisches Temperament, das sich durch ungewöhnliche Intelligenz, emotionale Unausgeglichenheit und Exzentrizität auszeichnete.

Was damals als »Anomalie« bezeichnet wurde, gilt seit Sigmund Freud als Bisexualität; im Lichte dieser Deutung wird auch Christinas »Andersartigkeit« verständlich. 1654 schrieb ein Zeitgenosse und Zeuge ihrer Reise durch Flandern: »Sie hatte nur das Geschlecht einer Frau, ihre Haltung, ihre Allüren, sogar ihre Stimme waren ganz und gar männlich.«[10] Auch in einem Amtsblatt des Senats von Bologna wird sie eher als Mars denn als Venus beschrieben. Heinrich II., Herzog von Guise notiert: »Sie hat die Stimme und die Haltung eines Mannes.«[11] Die Cousine des Sonnenkönigs, die Herzogin von Montpensier, die Christina von Schweden sehr verführerisch fand, spricht in ihren *Memoiren* von ihr als einem »hübschen Knaben«.[12] Stets wurde ihre Stimme als männlich bezeichnet oder als wechselhaft, wie es bei pubertierenden Knaben der Fall ist.

Christina hatte eine Vorliebe für männliche Kleidung, die ihr viriles Auftreten betonte. »Gerade die Vorliebe für männliche Verkleidung ist ein wohlbekannter Zug, der bei psychopathischen Frauen den konträren Geschlechtscharakter, das Intersexe ihres geistigen Fühlens verrät. Und diesen mann-weiblichen Einschlag finden wir ebenso bei großen Frauen der Geschichte, wie bei Elisabeth von England oder der Kaiserin Katharina, besonders ausgeprägt bei Christina von Schweden wieder«,[13] schrieb Kretschmer viel später. Phantasievolle Erklärungsversuche, um die Eheunfähigkeit der schwedischen Königin zu rechtfertigen, schlossen sich diesen Vermutungen an. In einem medizinisch-biologischen Essay wird sie als »anormal in ihrer sexuellen Konstitution« bezeichnet, und um dies zu untermauern, werden Texte über »physische Fehler« und »unbekannte körperliche Gründe« zitiert, die eine Heirat verhinderten.[14] Sogar Oxenstierna äußerte sich 1646 in diesem Sinne in einem Gespräch mit brandenburgischen Abgeordneten in Stockholm: die Ablehnung einer Verbindung liege in der Scheu der Siebzehnjährigen vor der Ehe oder »sive alia causa«. Dennoch berichtete der italienische Arzt Cesare Macciati, der Christina auf ihren europäischen Reisen begleitete, an den Kardinal Decio Azzolino über die »natürlichen Gegebenheiten«, sprich die monatlichen Unpässlichkeiten, die Christina wie jede andere Frau hatte.[15] 1668, als die 42-jährige Christina sich um die polnische Krone bemühte, schrieb sogar Kardinal Azzolino an den Nuntius in Warschau »Das Alter der Königin schließt keineswegs die Möglichkeit aus, Kinder zu gebären, denn ihre Körperbeschaffenheit ist so blühend, dass man noch 10 Jahre Fruchtbarkeit erwarten könnte, wobei früher die übertriebene Glut sie daran gehindert hätte.«[16]

Christina von Schweden hingegen bekannte in ihren *Memoiren* hinsichtlich ihrer »heißen, heftigen Natur«: »Sie neigt ebenso zur Liebe wie zum Ehrgeiz. In welches Unglück hätte mich eine solche Veranlagung stürzen können, wenn Deine Gnade sich nicht meiner Schwäche bedient hätte, um mich in solchen Dingen zu schützen. Mein Ehrgeiz und mein Stolz verboten mir, mich jemandem zu unterwerfen, mein maßloser Hochmut war mein wunderbarer Schutz ... Wäre ich nicht als eine Frau geboren worden, hätte mich mein Temperament zu furchtbaren Ausschweifungen verleiten können ...«[17] Sie wusste um die widersprüchlichen und hämischen Deutungen, zu denen sie Anlass gab. Als sie einmal aus einer Kalesche herausgeschleudert wurde und dabei ihren Rock hochwirbelte, meinte sie spöttisch, sie sei nicht böse, »dass man mich gesehen, wie mich die Natur geschaffen hat, denn so wissen die Leute (...), dass ich weder eine Mannesperson noch ein Zwitter bin, wie man von mir laut aussprengen wolle.«[18] Die weit verbreitete Behauptung, Christina sei ein Zwitterwesen, wurde von Strindberg in dem Drama *Königin Christina* aufgegriffen und in Schmähschriften, besonders von der Prinzessin Murat, hervorgehoben.

In ihren *Memoiren* gesteht Christina Gott gegenüber ein: »Obschon Du mich dazu verurteiltest, dem schwächeren Geschlecht anzugehören, hast Du mir doch seine gewöhnlichen Unzulänglichkeiten erlassen.«[19] Frauen waren in ihren Augen unfähig, einen Staat zu regieren: »Es ist fast unmöglich für eine Frau, den Pflichten dieses

Amtes würdig zu genügen, gleichgültig, ob sie in eigener Person oder für einen minderjährigen Erben regiert. Die Unwissenheit der Frauen, ihre seelische, geistige und körperliche Schwäche taugt nicht für den Fürstenberuf (...) Ich selbst bin keine Ausnahme von dieser Regel und will meine Unzulänglichkeit künftig hervorheben, falls man solche an mir bemerkt (...). Jedenfalls hat meine eigene Erfahrung mich gelehrt, in der Schwäche des Geschlechtes die größte aller Schwächen zu sehen.«[20] Diese Geringschätzung der Frau ist auch ein Leitmotiv ihrer später verfassten *Maximen*: »Das salische Gesetz, welches die Frauenpersonen von dem Thron ausschließt, ist sehr gerecht: die Frauenzimmer sollen billig nie regieren: und wo es einige gibt, woran ich zweifle, die auf dem Throne Wunder getan haben, so muss man nicht darauf bauen.«[21] Lapidar stellt Christina fest, dass regierende Frauen »sowohl sich selbst als auch ihre Regierung lächerlich machten«. Ähnliches vertraute sie dem englischen Botschafter Bulstrode Whitelocke an, als sie ihre Abdankung plante: »Der Grund, der mich zu einem solchen Entschluss geführt hat, ist, dass ich eine Frau und darum ungeeignet bin zu regieren.«[22]

Die Ablehnung ihrer Weiblichkeit musste zwangsläufig zu unüberwindlichen Spannungen führen. Auf emotionaler sowie auf politischer Ebene traten auffällige Widersprüche auf. Nach der spektakulären Abdankung erhob Christina Ansprüche auf den Thron Polens, Neapels und später sogar auf den von ihr verschmähten Schwedens. Zeitgenossen berichteten, sie sei im politischen wie im privaten Bereich stets »doppelzüngig« gewesen – aber ist dies bei einer bisexuellen Veranlagung verwunderlich?

Als 1689 eine Obduktion des königlichen Leichnams vorgenommen wurde, berichteten die Ärzte, es sei keinerlei »Abnormität in den äußeren Genitalien« vorhanden. Jahrhunderte später, als 1965 ihre zeitlichen Überreste im Petersdom umgebettet wurden, widmete sich wiederum eine medizinische Kommission der Untersuchung des angeblichen Zwitterwesens der Königin.[23] Das Ergebnis war genauso ernüchternd. Dennoch bleibt Christina von Schweden ein Faszinosum.

Eine ungewöhnliche Begeisterung für das Lernen zeichnete Christina in ihrer Kindheit aus. Ihr Lehrer Johan Matthiäe (1593–1670), der spätere Bischof von Strägnäs, den sie liebevoll ihren zweiten Vater nannte, förderte die intellektuelle Neugier seines Zöglings. Der als tolerant geltende Theologe hatte an deutschen Universitäten studiert und nach Reisen durch England und Frankreich von 1625 bis 1629 die Adelsakademie in Stockholm als Rektor geleitet. Nach dem Tod Gustav II. Adolfs wurde er 1635 vom schwedischen Reichsrat offiziell zum Präzeptor der jungen Königin ernannt.

»Meinem Lehrer Johan Matthiäe machte mein Unterricht ebensoviel Freude. Ich liebte gute Bücher und las sie mit Vergnügen. Ich hatte einen grenzenlosen Wissensdurst, war in allen Disziplinen bewandert und begriff alles mühelos. Mein Lehrer war mein Vertrauter. Ich weihte ihn in alle meine kleinen Schmerzen ein und schloss Betrachtungen an, die ihn mit dem größten Staunen erfüllten«,[24] schrieb die Frühreife. Unterrichtet wurde sie in Philosophie, Geschichte, Theologie, Mathematik, Astronomie und Geographie. Aber auch Griechisch, Latein, Französisch, Deutsch, Spanisch und Italienisch gehörten zum Lehrstoff. Jeden Tag wurde sie etwa 12 Stunden unterwiesen. Für seine unersättliche Schülerin konzipierte Johan Matthiäe sogar ein spezielles Handbuch der lateinischen Sprache, das aus pädagogisch-didaktischer Sicht noch

Axel Oxenstierna /1583–1654).
Kupferstich von Jeremias Falck (1652)
nach einem Gemälde von David Beck

heute Gültigkeit hat. Einen gewissen Widerwillen gegen die strengen Regeln dieser Sprache konnte Christina dennoch nicht verhehlen, denn 1636 schrieb sie – selbstverständlich auf Lateinisch – ihrem Lehrer: »Wir versprechen, uns künftig mit unserem Lehrer auf Latein zu unterhalten. Schon früher hatten wir dieses versprochen, aber nicht eingehalten. Jetzt wollen wir mit Gottes Hilfe unser Versprechen einlösen. Ab nächsten Montag werden wir mit dieser Übung beginnen.«[25] Ab 1639 erteilte Axel Oxenstierna ihr zudem täglich drei bis vier Stunden Unterricht in der Staatskunst. Christinas Vorliebe galt schon früh den Klassikern der Antike, den Kirchenvätern und der Bibel. Trotz Schwedens Abwendung vom Katholizismus blieb Rom mit seiner humanistischen Tradition auch für den reformierten Norden weiterhin das Zentrum der europäischen Bildung.

Kennzeichnend für Christinas frühe Auseinandersetzung mit dem Glauben ist ein Disput, den die Neunjährige mit ihrem Präzeptor hatte: »Wie üblich besuchte ich die Predigt und hörte zum ersten Mal vom Jüngsten Gericht sprechen; der Pfarrer schilderte diese Endkatastrophe höchst lebendig und erfüllte mich mit solchem Schrecken, dass ich meine letzte Stunde gekommen glaubte. Ich begann, bitterlich zu weinen, denn ich war überzeugt, dass das Ende nahe bevorstehe. Als wir hinausgingen, rief ich meinen Lehrer und fragte ihn: ›Was war das, wovon er sprach, Vater? Warum haben Sie mir niemals von diesem fürchterlichen Tag erzählt? Wie wird es mir gehen, wenn er kommt? Wird es heute Nacht geschehen?‹ ... Ein Jahr darauf hörte ich wieder dieselbe Predigt, der Gedanke an das Jüngste Gericht erregte mich wieder, doch bedeutend weniger als das vorige Mal. Ich weinte nicht mehr, und beim Hinausgehen fragte ich meinen Lehrer noch einmal:

›Wann kommt das Jüngste Gericht, von dem alle so viel reden?‹ Er antwortete: ›Es kommt, es kommt. Mach Dir keine Gedanken. Gott allein weiß den Zeitpunkt, doch man muss sich vorbereiten.‹ Nicht sehr zufrieden mit dieser Antwort, begann ich auf meine Art zu grübeln und zweifelte immer mehr … als ich im dritten Jahr merkte, dass man noch immer am gleichen Text kaute, kümmerte ich mich nicht länger darum und glaubte nicht mehr an die Worte des Pfarrers. Ich begann, an allem zu zweifeln. Einmal, als ich mit meinem Lehrer beisammen saß und las, bat ich: ›Sagen Sie mir die Wahrheit. Alles, was Sie von der Religion erzählen, sind nur Märchen, geradeso wie das Jüngste Gericht.‹ Doch da wies er mich streng zurecht und erklärte, es sei eine schreckliche Sünde, so etwas nur zu denken, und wenn ich jemals wieder dergleichen äußerte, würde er dafür sogen, dass ich die Rute bekäme. Diese Drohung verletzte mich und ich antwortete: ›Ich verspreche, das nie wieder zu sagen, doch die Rute will ich nicht haben, das würdet Ihr alle bitter bereuen.‹ Ich sagte das so gebieterisch, dass er vor mir erzitterte.«[26] Dieser Zweifel löste später die Suche nach der wahren Religion aus, die zu ihrer Konversion führte. Johan Matthiäes Traum eines konfessionsfreien Christentums, der ihm 1664 von der orthodoxen Partei um Axel Oxenstierna als religiöse Spaltung und damit als Zerstörung der Einheit Schwedens so schwer angelastet wurde – man zwang ihn sogar, das Bischofsamt von Strängäs aufzugeben –, hat gewiss dieser Entwicklung den Weg gebahnt. Christina hielt später die Meriten dieses außergewöhnlichen Geistlichen schriftlich fest und wies ihm aus Rom bis zu seinem Tod im Jahre 1670 eine Pension zu.

Unter der Obhut ihrer Tante Katharina wurde Christina für das Königsamt ausgebildet. Ohne Rücksicht auf ihr

Alter und ihr Geschlecht wurden ihr männliche Disziplinen beigebracht: Reiten, Fechten, Schießen. Christina war
eine hervorragende Reiterin, unermüdlich streifte sie zu
Pferd durch die schwedischen Wälder, Angst oder Er-
schöpfung kannte sie nicht. Die liebevolle Tante, die von
Christina »meine natürliche Mutter« genannt wurde, lies
ihr die Geborgenheit zuteil werden, die die störrische, oft
abwesende Mutter ihr verweigerte. Als Katharina 1638
frühzeitig verschied, war Christinas Kummer groß. Kanzler Oxenstierna schrieb an den Pfalzgrafen Johann Kasimir: »Jetzt hat sie die eigentliche Mutter verloren und die
einzige Frau, die ihre Erziehung hätte vollenden können.«[27]

1631 bezwang zwar Gustav II. Adolf in Breitenfeld Tilly,
doch er fiel in der Schlacht von Lützen beim Sieg über
Wallenstein am 16. November 1632. Der Feldherr hatte
ein besonderes Charisma, wie Oxenstierna dokumentiert:
»Auf der Welt gibt es zur Zeit keinen, der diesem König
gleich wäre. Ein solcher ist in vielen Jahrhunderten nicht
angetroffen worden. So mag er mit Recht bei uns der
weise und große König Gustav heißen – Vater des Vaterlandes. In Schweden hat niemals einer regiert, der ihm
gleich genannt werden dürfte. Wir wissen das. Aber auch
alle fremden Nationen, Freund und Feind, müssen davon
Zeugnis geben.«[28] Sein Tod erschütterte die nordische
Welt, während die katholische sein Hinscheiden feierte.
In Madrid führte man zum Beispiel nach einem feierlichen *Te Deum* in Gegenwart des spanischen Königs das
eilig verfasste, karikierende Theaterstück *Der Tod Gustav
Adolfs* auf.

Kurz darauf wurde die sechsjährige Christina formell
zur »Königin der Schweden, Goten und Wandalen, Groß-
fürstin von Finnland, Herzogin von Estland und Karelien«

ernannt, stand aber aufgrund ihres Alters bis 1644 unter der Vormundschaft Axel Oxenstiernas. Der Wunsch einiger Adliger nach einer Wahlmonarchie und die polnischen Ansprüche auf den schwedischen Thron machten eine rasche Inthronisation nötig, die Gustav II. Adolf schon vor seiner Teilnahme am Dreißigjährigen Krieg bis in die kleinsten Einzelheiten geregelt hatte. Die Regierung des Königreichs und die Weiterführung des Kriegs wurden von einem Regierungskonzil übernommen, das aus fünf hohen Offizieren bestand und von Oxenstierna angeführt wurde. Der Autobiographie der schwedischen Königin zufolge kennzeichneten ihn »Weisheit, hohe Vorsicht, umfassende Begabung und viel Großzügigkeit«[29]

Die sechsjährige Christina wurde umgehend zur designierten Königin und Erbfürstin von Schweden erklärt und nahm kurz darauf am Reichstag teil. Ihr erstes Zeremoniell als Monarchin, der Empfang einer russischen Gesandtschaft, verblüffte ihre Umwelt: Nicht ein verzagtes Kind empfing die mehrköpfige russische Abordnung, sondern eine sich ihrer Würde bereits Sichere, die den Reichstag ohne Umschweife aufforderte: »Sagt mir alles genau und überlasst mir das Weitere.« 1635 bestätigte der Reichstag entsprechend dem Wunsch Gustav II. Adolfs die Vormundschaft von Axel Banér, einem erfahrenen Kavallerieoffizier und »äußerst versierten Hofmann. Er nahm an allen Vergnügungen meines Vaters teil, war sein Vertrauter in Liebesaffären und Ausschweifungen«.[30] Zweiter Vormund war Gustav Graf Horn.

Zur gleichen Zeit fanden auf europäischem Boden politische Verschiebungen von großer Tragweite statt. 1635 schloss Kursachsen mit dem Kaiser den Frieden zu Prag, dem in der Folge fast alle Reichsstände beitraten. In ihm wurden die Bekenntnisse auf dem Stand vor dem Restitutionsedikt fixiert. Der Kaiser erhielt den Oberbefehl über eine Reichsarmee gegen Schweden. Frankreich hingegen meldete sich als Schwedens Verbündeter und erklärte erst Spanien, dann Kaiser Ferdinand den Krieg, der auf dem Territorium des Reichs ausgetragen wurde.

Die Rückkehr der untröstlichen Maria Eleonora nach Schweden 1633 mit dem Leichnam Gustav II. Adolfs brachte nicht nur unermessliche Trauer, sondern auch verwirrende Erfahrungen in das Leben Christinas. Maria Eleonora, die »genüsslich Leidende«[31], weigerte sich eine Zeitlang, den gegen den Willen des Verstorbenen einbalsamierten Leichnam begraben zu lassen. Die Bestattung fand denn auch erst im Juli 1634 statt. Die Witwe bewahrte den Sarg in ihrem mit schwarzen Tüchern verhängtem Gemach auf und ließ sein in einer goldenen Kapsel eingefasstes Herz über ihrem Bett aufhängen. Übermäßig war nun die Zuwendung, die Christina seitens der sonst so distanzierten Mutter zuteil wurde: »Sie ertränkte mich in ihren Tränen und erstickte mich fast mit ihrer Umarmung. Sie weinte fast unablässig, und an manchen Tagen steigerte sich ihr Schmerz auf so eigentümliche Weise, dass man sie nicht ohne innigstes Mitleid betrachten konnte. Ich fühlte große Ehrerbietung und eine recht zärtliche Liebe für sie. Doch diese Ehrerbietung schüchterte mich ein und bedrückte mich, besonders wenn sie sich, gegen den Willen meiner Vormünder, mit mir in ihren Zimmern einschließen wollte. Allein ihre maßlose Liebe brachte mich fast zur Verzweiflung. (...) Ich hatte einen bedrückenden Respekt vor ihr und fürchtete ihre Behinderung meiner Studien und Übungen. Das ärgerte mich sehr, denn ich hatte die unerhörte Lernbegier.«[32]

Die traumatische Erfahrung des frühen Todes des Vaters und die psychische Instabilität der Mutter hinterließen unauslöschliche Spuren bei Christina. Frühkindliche Erfahrungen waren für manche Irrungen und Verwirrungen ihres späteren Lebens verantwortlich. Die schwedischen Reichsräte durchschauten die schädlichen Nachwirkungen des mütterlichen Einflusses und versuchten mittels belastenden Materials Maria Eleonora von ihrer Tochter zu trennen. 1636 befand Axel Oxenstierna, der nach zehnjähriger Abwesenheit aus Deutschland zurückkehrte und die Vormundschaftsregierung übernahm: »Die Gegenwart der Königin-Witwe ist für die richtige Erziehung der jungen Königin mehr schädlich als nützlich, da diese täglich sehen und hören muss, was sie gegen unser Volk aufstachelt und dasselbe bei Ihrer Königlichen Majestät teils verächtlich, teils verhasst macht.«[33] Erneut nahm die Pfalzgräfin Katharina den Platz der Mutter ein. Maria Eleonora zog sich indes nach Schloss Gripsholm zurück, von wo aus sie sich 1640 nach Dänemark, zu Schwedens Erzfeind, und später nach Deutschland absetzte.

Das Vertrauen Christinas zu dem Pfalzgrafen Johann Kasimir, dem ehemaligen Finanzbeauftragten Gustav II. Adolfs und Gemahl ihrer Pflegemutter Katharina, war geradezu schrankenlos. Mit ihm besprach sie die politischen Probleme ihres Landes und gewann Einblick in europäische Zusammenhänge, die sich manchmal anders darstellten als die einzig auf Schwedens Wohl bedachten Pläne Oxenstiernas, der diese Einflussnahme nur ungern sah. Als es 1640 um Schwedens weitere Teilnahme an dem Dreißigjährigen Krieg ging, die Oxenstierna für notwendig erachtete, legte die heranwachsende Christina ihm im Einvernehmen mit ihrem Onkel einen Entwurf für die von ihr erwünschten Friedensverhandlungen vor. Ihr Hauptanliegen war, vor allem als sie 1644 volljährig wurde und die Regierung übernahm, der europäische Frieden. Bereits Christinas Krönung, die nicht in Uppsala stattfand, wie es der Tradition entsprach, sondern in Stockholm, bildete den Auftakt zu einer neuen Ära. Die Monarchin versuchte, sich vom Einfluss des Reichskanzlers und seiner Familie, die die wichtigsten Ämter innehatte, zu befreien und strebte den Frieden mit Dänemark und Deutschland an. Johann Adler Salvius, Hofkanzler von Schweden und Christinas Vertrauensmann, begleitete später Johan Oxenstierna, den Sohn Axel Oxenstiernas, nach Osnabrück, um im Namen der Königin den Friedensschluss voranzutreiben.

Die Verwirklichung der von Gustav II. Adolf eingefädelten Heiratspläne wurde nach seinem Tod immer dringlicher. Friedrich Wilhelm von Brandenburg, der spätere »Große Kurfürst«, war sein bevorzugter Kandidat unter der Bedingung, dass er vom Calvinismus zum Luthertum übertrete. Die Verbindung zwischen den Häusern Wasa und Hohenzollern sollte angesichts der uneingeschränkten Kaisermacht der Habsburger Schwedens Sicherheit stärken. Der schwedische Reichsrat, allen voran Axel Oxenstierna, der mit Widerwillen die Deutschen auf schwedischem Boden sah, lehnte 1642 diesen Heiratsplan ab. Der nahe Verwandtschaftsgrad (über Maria Eleonora war Friedrich Wilhelm Christinas Vetter ersten Grades) und die unterschiedlichen Konfessionen dienten als Vorwand. Darauf folgen Anträge des spanischen Königs Philipp IV., des deutschen Kaisers für seinen Nachfolger Ferdinand IV., König von Ungarn, des Königs von Portugal, des Königs von Polen, des Statthalters der Niederlande und des spanischen Bastards Don Juan de Austria. Christinas »unüberwindliche Abneigung gegen die Ehe«[34] war aber so heftig, dass sie sich all diesen Heiratsplänen widersetzte.

Bei ihrem Vetter Karl Gustav (1622 – 1660), Sohn Katharinas und ihr Spielgefährte auf Schloss Stegeberg, sahen die Dinge allerdings zunächst anders aus. Sieben Jahre lang verband die beiden eine zärtliche Jugendliebe, wie die auf Deutsch verfassten Briefe belegen, in denen die Monarchin versichert: »dass mir keine Zeit zu lang werde sol nach E. L. zu warten« und dem Vetter Treue bis in den Tod gelobt. Frühreif war die kleine Prinzessin allemal, denn sie bittet ihn um Geduld, »bis ich die Kron auf dem Kopf und E. L. besser erfarenheit im krig bekommen«[35] Sie soll sogar ein heimliches Eheversprechen gegeben haben.[36] Diese schwärmerische kindliche Träumerei zeigt, dass Christina in ihrer frühen Jugend sich durchaus vom anderen Geschlecht angezogen fühlte. Johann Kasimir förderte eifrig die Verbindung seines Sohnes mit der damals Heiratswilligen. 1645, kurz nach Christinas Mündigkeitserklärung und als der junge Prinz nach etlichen militärischen Mutproben vom »Kriegstheater« nach Hause kam, veränderte sich aber die Lage blitzartig. Ein plötzlicher Gesinnungswandel sorgte für Empörung. »Das, was ich in der Jugend versprochen, ist aus jugendlichem Unverstand geschehen.«[37] Jetzt gehöre sie dem schwedischen Reich, und jede Entscheidung setze die Zustimmung der Stände voraus. Als ihr Vetter 1648 auf Einhaltung ihres Versprechens bestand, erbat sich Christina weitere Wartezeit und versprach, keinen anderen als ihn zu ehelichen. Kurz darauf erklärte sie ihn als Trost für das gebrochene Versprechen zum Thronfolger und ernannte ihn zum Erbprinzen des Königreichs.

Der Entschluss, keine Ehe einzugehen, stand damit fest – er war von größter politischer Tragweite. Christinas Meinungswechsel ist sicher nicht allein ihrer komplexen Natur zuzuschreiben. Es ist nicht auszuschließen, dass die

Ausschweifungen des Pfälzers Karl Gustav, der einen »Bankert« mit nach Schweden brachte, sie zutiefst enttäuscht haben. Der strahlende Held, dem die junge Königin schwärmerische Liebesbriefe schrieb, hatte sich in einen korpulenten, grob wirkenden Kriegsmann verwandelt, für den sie keine Zuneigung mehr empfand.

Trotz ihrer ablehnenden Haltung der Ehe gegenüber spiegelten im Leben Christinas einige Männer eine wichtige Rolle. Als ihr Günstling galt Graf Magnus Gabriel de La Gardie (1622–1686), der die Königin gegen Karl Gustav, ihre Jugendliebe und seinen späteren Schwager, aufgestachelt haben soll. Graf Magnus verkörperte den Höfling par excellence: gebildet, weltgewandt, gut aussehend und obendrein Sohn von Ebba Brahe, Gustav II. Adolfs großer Liebe, und von Jakob de La Gardie, der dem Schneekönig große Dienste in Russland und Polen geleistet hatte. Die Familie von Magnus Gabriel de La Gardie stammte aus dem französischen Minervois und war seit drei Generationen in Schweden ansässig. Als er 1644 nach seiner Kavalierstour durch Frankreich an den schwedischen Hof kam, gewann er schnell Christinas Zuneigung. Sie überhäufte ihn mit Gunstbeweisen: er avancierte vom Oberst der Leibgarde zum Reichsrat, dann zum einflussreichen Reichsschatzmeister und gehörte bald zu den reichsten Grundbesitzern des Landes. 1646 ernannte sie ihn sogar gegen den Willen Axel Oxenstiernas zum Botschafter in Paris und kam großzügig für seinen aufwendigen Lebensstil auf, obwohl Schweden damals aufgrund der Kriegshandlungen schwere finanzielle Lasten hatte. Der unwiderstehliche Verführer lieh sich überdies 100 000 Taler in Paris aus, was zu scharfer Kritik führte. Um üble Nachreden zum Schweigen zu bringen, versicherte die Königin, Graf de La Gardie habe nie ohne ihren ausdrücklichen

Befehl gehandelt und sie sei »von seiner Treue (...) mehr als von irgend etwas anderem in der ganzen Welt, versichert«.[38] Skeptisch beobachtete der französische Botschafter in Stockholm, Pierre Hector Chanut, wie Christinas Neigung – die »Glut ihrer Leidenschaft« – zum unwiderstehlichen Schönling mit jedem Tag wuchs und sie »ganz offen ihre Liebe« zeigte.[39]

Ihre ambivalente Haltung Männern gegenüber veranlasste sie, die Verlobung des ehrgeizigen, schönen Grafen mit Marie-Euphrosine, der Schwester Karl Gustavs und ihrer Spielgefährtin auf Schloss Stegeberg, zu arrangieren. War das eine Flucht Christinas vor der Unfähigkeit, sich einem Mann hinzugeben oder gar von ihm begehrt zu werden? Bereute sie irgendwann diese Verkuppelung, als ihre Gefühle, deren Reinheit sie immer beteuerte, übermächtig wurden und sie sogar dazu verleiteten, bedenkenlos den Staatsschatz einzusetzen? War körperliche Liebe mit im Spiel? Will man Sven Stolpe Glauben schenken, so soll sich Graf Magnus de La Gardie sogar »vor den Annäherungen dieser seltsamen Frau gegraut haben«.[40] Christina empörte sich hingegen viele Jahre später in ihren Kommentaren zu den Berichten des französischen Botschafters über die Unterstellung, sie hätte jemals einen Favoriten gehabt. Setzte sich die frustrierte Frau oder die beleidigte Königin hier zur Wehr? Bezeichnend ist, dass diese Geschichte einen Fortsetzungsroman in zehn Bänden inspiriert hat, der zu den meistgelesenen Werken des 17. Jahrhunderts gehört: *Artamène ou le Grand Cyrus* von Madeleine de Scudéry (1607–1701). Das Muster des schwedischen Hofs spiegelt sich in diesem Werk wider: Eine Königin verheiratet den ihr nicht zugeneigten Geliebten mit der Schwester eines sie umwerbenden Freiers. Diesen weist sie persönlich zwar ab, verkündet aber gleichzeitig, er solle politisch ihr Nachfolger werden. In Wirklichkeit fiel Magnus Gabriel de La Gardie am Ende ihrer Freundschaft derart in Ungnade, dass seine frisch vermählte Ehefrau als Bittstellerin zu Christina kam. Die Monarchin soll darauf ihrer Jugendgefährtin erzürnt gesagt haben, Magnus habe »ein Geheimnis aufgedeckt, das ich« mein ganzes Leben zu hüten entschlossen war«. Es ist nicht auszumachen, ob es sich dabei um ihre unerfüllte Beziehung zu ihm oder um ihre skandalumwitterte Freundschaft mit Ebba Sparre (1626–1662) ging.[41] Obwohl Christinas ablehnende Haltung der Ehe gegenüber oft als Folge ihrer unglücklichen Liebe zu Magnus de La Gardie ausgelegt worden ist, gibt es keine eindeutigen Hinweise dafür, dass sie der ausschlaggebende Grund war.

Durchaus erotisch gefärbt war ihre Freundschaft zu Ebba Sparre. 1653 ließ die Königin den französischen Maler Sébastien Bourdon die 1644/45 an den Hof gekommene Freundin porträtieren. Trotz der von Christina stets ohne Umschweife bekundeten Ablehnung der Frauen wurde die schwedische Königin beim Anblick der jungen Gräfin von heftiger Leidenschaft erfasst. Zeitgenossen sprachen sogar von einem Skandal.[42] Handelte es sich um eine lesbische Neigung oder um Anbetung der Schönheit schlechthin? Beides ging vermutlich ineinander über. Vor einigen Jahren sprach man noch von »sexueller Anomalie« und »Perversion«[43] oder von Christinas eher intellektuellem als sinnlichem Wunsch, die lesbische Liebe selbst auf den Prüfstein zu stellen, nachdem sie sich im Laufe ihrer Studien mit dem antiken Lesbos-Topos vertraut gemacht hatte.[44] Ob Ebba Sparres Eintritt in die Hofgesellschaft, in der sie schnell von der Kammerfrau zur »Hofrätin« aufstieg, eine entscheidende Zäsur im Leben der Königin war, sei dahingestellt. Sicher ist, dass Christina »Belle« gegenüber, wie sie Ebba Sparre nannte, die zärtlichsten Gefühle entgegenbrachte, und zwar auch nach deren Heirat 1653 mit Jakob de La Gardie, einem Bruder ihres ehemaligen Günstlings, der den Verdacht hegte, die Hofrätin intrigiere gegen ihn und der 1654, als die Königin mit ihr einmal wieder auf Reisen ging, mutmaßte: »Was Ebba Sparre, die bloß schlechte Neuigkeiten weiß, mit Ihrer Majestät auf dieser Reise aufführen wird, kann man leicht voraussagen.«[45] Sven Stolpe, der schwedische Biograph der Königin, sieht in ihrer Haltung der schönen Gräfin gegenüber nur ein »gefährliches Spiel«, das ihrer »voll entwickelten Neurose« entsprang.

Zweifellos kursierten pikante Anekdoten, deren Wahrheitsgehalt nicht überprüft werden kann. Bulstrode Whitelocke, der englische Gesandte Cromwells am schwedischen Hof, soll beispielsweise in Umlauf gesetzt haben, Ebba Sparre sei die »Bettgenossin« der Königin. Im 17. Jahrhundert war das Bett – im Gegensatz zu heute – ein privilegierter Ort freundschaftlicher Gemeinschaftlichkeit ohne erotische Konnotation, wie es auch Voltaire in seinem Buch *Das Jahrhundert Ludwigs XIV.* darstellt. Auch Axel Banér, der Vertraute des Frauenliebhabers Gustav II. Adolf, hatte, dem Brauch der Zeit gemäß, dessen Bettlager geteilt. Das angebliche gemeinsame Bettlager sorgte aber für geringere Provokation als eine »Entkleidungsszene« eigener Art[46], über die der britische Gesandte Whitelocke in seinen Berichten nach London schrieb: Christina soll Ebba Sparre, deren schöne Hände berühmt waren, in Anwesenheit einiger Gäste die Handschuhe ausgezogen haben. Einen Handschuh gab sie dem Engländer, während sie den anderen in vier Teile zerriss und an die Umstehenden verteilte. Lord Whitelocke erwies sich als vollendeter Gentleman und ließ am nächsten Tag Ebba

Sparre ein Dutzend Handschuhe überbringen. Auch eine von Gilles Menage überlieferte Anekdote kennzeichnet die schwedische Königin. Der wegen einer Unpässlichkeit ans Bett gefesselte französische Gelehrte Claude Saumaise (1588–1653) erhielt einen überraschenden Besuch der Monarchin mit »Belle«. Der Kranke las gerade etwas Anzügliches, gab aber vor, eine fromme Lektüre in Händen zu haben. Die Königin durchschaute die Situation blitzschnell und schlug mit sicherem Griff die brisanteste Seite des »schönen Gebetbuchs« auf, das sich als *Le Moyen de parvenir* des berüchtigten Libertins Beroalde de Verville entpuppte, ein Werk voll erotischer Anspielungen und freizügiger Anekdoten. Sie bat alsdann ihre Gefährtin, daraus vorzulesen, die bald betroffen abbrach und von einer sich köstlich ergötzenden Königin zum Weiterlesen gezwungen wurde.

Ebba Sparre, die mit Vorliebe die Rolle der Venus in den prächtigen, am Hof inszenierten Balletten spielte, ist als die »passion de l'âme« der schwedischen Königin in die europäische Geschichte eingegangen. Auch nach der Abdankung schrieb Christina ihr die glühendsten Briefe und bat sie, ihr zunächst nach Hamburg, dann nach Rom zu folgen. Ebbas früher Tod 1662 vereitelte dieses Vorhaben.

Der erste, 1655 aus Brüssel an Ebba Sparre geschriebene Brief verrät eine unendliche Sehnsucht. Die Königin beteuert darin, das Glück der Freiheit sei nur vollkommen, »wenn es mir vergönnt wäre, es mit Ihnen zu teilen«. Die Angst, von der Freundin vergessen zu werden, »die ich am meisten auf der Welt schätze«, überschattete die neuen Erfahrungen. Auch aus Rom klingen 1656 ähnliche Töne: »Was würde ich glücklich sein, wäre es mir vergönnt, Sie zu treffen, Belle, aber ich bin verurteilt, Sie auf ewig zu lieben und anzubeten, ohne Ihnen jemals begegnen zu dürfen; der Neid, den die Gestirne menschlichen Glücks gegenüber kennen, hindert mich, ganz glücklich zu werden, weil ich das nicht kann, solange Sie mir fern sind. Zweifeln Sie nicht (...) glauben Sie mir, wenn ich sage, dass Sie, wo immer auf Erden ich mich auch befinden möge, in mir eine Person haben, die Ihnen stetig ergeben ist.« Und dann fragt sie ängstlich: »Bin ich Ihnen noch immer so teuer, wie ich es früher war? Habe ich mich nicht betrogen, wenn ich so sicher annehme, der Mensch zu sein, den Sie auf der ganzen Erde am meisten lieben? Oh, sollte dies der Fall sein, so enthüllen Sie es mir! Lassen Sie mich nicht in meinem Irrtum beharren, und neiden Sie mir nicht das eingebildete Glück, das ich aus dem Bewusstsein erfahre, von der anbetungswürdigsten Person auf der Welt geliebt zu werden. Gönnen Sie mir, wenn es möglich ist, diesen Vorzug, und lassen Sie nicht zu, dass die Zeit oder die Entfernung mich der Genugtuung berauben, von Ihnen geliebt zu werden, und vertrauen Sie darauf, dass, was immer mir auch zustoßen mag, ich niemals aufhören werde, Sie zu lieben!«[47] In ihrem wohl leidenschaftlichsten Brief vom 27. März 1657 schrieb Christina an »Belle«, sie habe in Rom alles gesehen, »was unser Geschlecht an Charme und an Schönheit hervorbringen kann« und dennoch wolle sie beteuern, »dass es keinen Menschen gibt, der mit Euch wetteifern könne, wenn es um die Vorzüge gelte, die Ihr vor allen in dieser Welt besitzt. Sagen Sie mir nach diesem wie man irgend Trost finden kann, wenn man zur ewigen Scheidung verurteilt ist! Aber ich, der dessen sicher bin, dass ich Euch niemals mehr treffen soll, bin doch genau dessen gewiss, dass ich Euch ewig lieben werde; Ihr wärt grausam, wenn Ihr das bezweifelt.« Die schwedische Königin erinnerte die ferne Geliebte daran, dass sie vor zwölf Jahren das Glück kannte, »von Euch geliebt zu werden, dass ich Euch kurz gesagt, auf eine Art und Weise angehörte, die es Euch unmöglich macht, mich fallen zu lassen. Erst mit dem Tod höre ich auf, Euch zu lieben.«[48]

Der Biograf Sven Stolpe spricht von einer »Art halb literarischer Leidenschaft« und weist auf die Diskussionen über Liebe, Freundschaft und die Würde der Frau hin, wie sie in den französischen Salons der Zeit geführt wurden. Madeleine de Scudéry, der Christina von Schweden zugetan war und der sie sogar eine jährliche Pension bewilligte, gehörte zu den vehementesten Vertreterinnen der »Carte du Tendre«. In ihren Romanen und Briefen kamen Schwärmerei für das eigene Geschlecht und eine Auflehnung gegen die von den Männern ausgeübte Tyrannei zum Ausdruck, die Mode machte und viele Frauen der europäischen Oberschicht des 17. Jahrhunderts ergriff. Auch die Briefe der schwedischen Königin an die »Grande Mademoiselle«, in denen sie ihre glühende Liebe beteuerte, entsprach wohl dieser Gattung. Ordnet man aber Christina nur in diese literarische Kategorie ein, so wird man ihrer komplexen Natur nicht gerecht. Zeitgenossen sagten ihr während ihrer Reise nach Flandern ein Abenteuer mit einem jüdischen Mädchen nach, und in Frankreich gab es einige Beweise ihrer Neigung zum eigenen Geschlecht. Ein Brief Eduards von Bayern an seinen Onkel, den Herzog von Mentone, schildert einen Annäherungsversuch der schwedischen Königin: »Sie liebte sehr die schönen Frauen. In Lyon traf sie eine, die ihr gefiel. Sie küsste sie leidenschaftlich überall und wollte mit ihr ins Bett gehen, aber das Mädchen lehnte ab.«[49] Auch Christinas heftige Zuneigung für die Gräfin de Suze, Tochter eines Hugenotten-Anführers, die während der ersten Frankreich-Reise sich ständig an ihrer Seite aufhielt, bestätigt diese Vermutungen. Das Entzücken Christinas über die schöne Madame de Thianges, die Schwester der berühmten Madame de Montespan, das von der Herzogin von Montpensier in ihren *Memoiren* beschrieben wird, lässt kaum Zweifel zu. Christina bemühte sich leidenschaftlich darum, Madame de Thianges von ihrem Mann zu trennen, um sie nach Rom mitzunehmen. Zu diesem Zweck beteuerte sie, wie sehr sie selbst die Ehe schmähte und es widerwärtig fände, Kinder zu gebären.[50] Dichtung und Wahrheit gehen hier zweifelsohne ineinander über.

In der apokryphen Schrift *Lettres secrètes de Christine, reine de Suède, aux personnages illustres de son siècle* von 1761, werden unter anderen Liebesbriefe der Königin an die ersehnte Dame ihres Herzens gedruckt, die mehr über den Zeitgeist als über verbürgte historische Tatsachen verraten. Wie »Belle« waren die Adressatinnen gewiss keine intellektuellen oder politischen Gesprächspartnerinnen, sie wurden von Christina bewundert oder zärtlich geliebt in der Tradition des 17. Jahrhunderts, d. h. im Überschwang der Gefühle und der Worte, wie es die Heldinnen der preziösen Romane zu tun pflegten. Erotische Untertöne waren dabei nicht zu überhören. Nachgesagt wurden aber der schwedischen Königin ausschweifende lesbische Beziehungen. Heute lässt sich dank der Psychoanalyse der erotische Überschwang der schwedischen Königin aus einer »psychischen Bisexualität« heraus erklären.

Die Minerva des Nordens

Widersprüche gab es im Denken und Handeln der jungen Königin gewiss auch im politischen Bereich, dennoch versinnbildlichte sie lange Zeit das Ideal der aufgeklärten Monarchin. 1644 wurde Christina volljährig und übernahm die Regierung Schwedens im gleichen Jahr, als in Münster und Osnabrück die Verhandlungen über den Westfälischen Frieden begannen. Vor den versammelten Ständen las Axel Oxenstierna den Rechenschaftsbericht des Interregnums vor. Christina saß auf dem Silberthron, den ihr Magnus Gabriel de La Gardie geschenkt hatte, und erklärte, sie sei mit der Amtsführung der Regierung zufrieden. Darauf legte sie den Königseid ab, jedoch ohne die »Regierungsreform« von 1634, d. h. die vom Kanzler entworfenen Verfassungs- und Verwaltungsgesetze anzuerkennen, in denen eine weise Abgrenzung der Macht des Königs, der Stände und der Beamten festgelegt worden war. Sie versprach zwar, diese zu respektieren, sie aber nicht zu einem auf Dauer verbindlichen Gesetz zu erheben. Eine eigenwillige Aussage, die Oxenstiernas Meisterwerk der Staatskunst relativierte und den schwedischen Hof aufhorchen ließ. Sollte der Vertraute Gustav II. Adolfs, der 1633 die Leitung der schwedischen Politik in Deutschland und seit 1636 die Vormundschaftsregierung für Christina übernommen hatte, »neutralisiert« oder gar abgelöst werden? Sicher nicht, denn auch nach Christinas Regierungsübernahme leitete er die Innen- und Außenpolitik Schwedens.

Für den Reichstag, der den Frauen nicht einmal den Zutritt gewährte, war es recht ungewöhnlich, dass Christina nun die Herrschaft übernommen hatte. Kardinal Mazarin beklagte sich diesbezüglich sogar beim spanischen König: »Sie wollen sich in alles einmischen. Eine anständige Frau will nicht mehr mit ihrem Mann schlafen, noch eine Kokotte mit ihrem Liebhaber, wenn sie nicht am Tage mit ihnen über Staatsangelegenheiten gesprochen haben! Sie wollen alles sehen, alles fühlen und, was noch schlimmer ist, alles tun und alles in Ordnung bringen.«[1]

Christina war aber keine »Frauenrechtlerin«, sondern eine hervorragende Realpolitikerin. Als Schwedens Forderungen während des schwedisch-dänischen Kriegs erörtert wurden, vertrat sie die Meinung, es komme darauf an, »das Traktat zu verzögern, bis die Flotte bereit ist und man ihn [den Dänen] prügeln kann«, und setzte bei den Friedensverhandlungen von Brömsebro 1645 die von ihr aufgestellten Bedingungen durch, die Schwedens Führungsrolle im Norden bestätigten. Christina feierte Oxenstierna mit einem triumphalen Einzug in Stockholm und ernannte ihn zum Grafen von Södermöre, obwohl sie seine aggressive Außenpolitik weiterhin skeptisch beurteilte.

Der Kanzler hatte sich Christinas Friedenswillen und Taktik gebeugt, verfolgte aber weiterhin die eigenen politischen Strategien. In seinen Augen konnte jeder zu früh abgeschlossene Friede wegen der ungeheuer belastenden Kriegskosten Schweden nur zu einer finanziellen und damit politischen Katastrophe führen. Die Spannungen zwischen der Königin und dem Kanzler setzten sich bis 1647 unterschwellig fort, als eine erste öffentliche Auseinandersetzung stattfand. Christina wandte sich gegen das von ihrem Vater und Oxenstierna sanktionierte orthodoxe

Luthertum und erklärte ihr Einverständnis mit der von ihrem Lehrer Johan Matthiae veröffentlichten Schrift *Idea boni ordinis in Ecclesia Christi*. Die unionistischen Tendenzen, die darin zum Ausdruck kamen, empörten notgedrungen die Anhänger Gustav II. Adolfs, die darin nur Untreue der eigenen Konfession und damit dem schwedischen Staat gegenüber witterten. Zwistigkeiten zwischen Lutheranern und Calvinisten waren nichts Neues. Christinas Ablehnung der 1577 verabschiedeten Konkordienformel, die zur Klärung von Lehrstreitigkeiten innerhalb der lutherischen Kirche diente und eine Angleichung der protestantischen Kirchen strikt untersagte, kam einem ersten Schritt zur Annäherung aller christlichen Konfessionen gleich. Ihre tolerante Haltung gegenüber allen Abweichungen vom lutherischen Glauben richtete sich entschieden gegen den Beschluss von 1597, der Gustav II. Adolf sogar ermöglicht hatte, schwedische Katholiken aufgrund ihres Glaubens hinrichten zu lassen. Christina bekannte sich damals öffentlich und geradezu umstürzlerisch zu einer Religionsauffassung, die Katholizismus, Calvinismus und Luthertum als gleichwertige Bekenntnisse respektierte – eine Kampfansage an die lutherische Orthodoxie Schwedens.

Die junge Königin hatte selbst die Erfahrung gemacht, dass das Luthertum ihr keine Antwort auf erkenntnistheoretische Fragen geben konnte. Darum begann sie, sich für den katholischen Glauben zu interessieren. Ihr heftigster Widersacher auch in religiösen Fragen war Axel Oxenstierna. Wie in allen anderen Bereichen setzte sich aber Christina auch hier durch. Bald ließ sie den Kanzler spüren, dass die Zeit der Gnade für ihn und seine Familie vorbei war. 1649 »versäumte« die Monarchin wegen »Unpässlichkeit« sogar das Begräbnis der Gattin ihres Ministers.

Ein Jahr vor Beendigung des Dreißigjährigen Kriegs häuften sich verdrießliche Zwischenfälle: Die Monarchin litt unter wiederholten Fieberanfällen, Zusammenbrüchen, einem lebensgefährlichen Sturz ins kalte Wasser während eines Flottenbesuchs in Begleitung von Admiral Flemming. Der gerade noch verhinderte Mordanschlag eines Lektors des Stockholmer Collegiums, die »dilettantische Verschwörung«[2] und die Hinrichtung des schwedischen Reichshistorikers Arnold Messenius und seines Sohnes Johan Arnold, die mit Hilfe führender Oppositioneller aus dem Bürgerstand sich des konspirativen Handelns schuldig gemacht hatten und auf dem Schafott endeten, sorgten für weitere Turbulenzen im Land. Das von Christina dekretierte Todesurteil stellte ihre Kompetenz und ihren Durchsetzungswillen auf die Probe: Zum ersten Mal entschied die junge Monarchin über Leben und Tod.

Obwohl 1634 die kaiserlichen Truppen unter dem Kommando eines Bruders Philipps IV. gesiegt hatten, veränderte das Eingreifen Frankreichs in den Krieg gegen die österreichischen und spanischen Habsburger radikal die Lage. Mit seinem schwedischen Verbündeten errang Ludwig XIV. zahlreiche Siege im Reich. Nach der Niederlage der Kaiserlichen durch die Armee von Henri de Turenne und Carl Gustav Wrangel am 17. Mai 1648 und nach dem Sieg Condés über die Spanier am 20. August in Lens, erklärte sich Kaiser Ferdinand III. endlich zu Friedensverhandlungen bereit. Diese fanden, entsprechend den beiden Konfessionen der Kontrahenten, in Osnabrück für die Protestanten, in Münster für die Katholiken statt. Angesichts Deutschlands war Schweden schon immer die Rolle einer regulativen Macht zugefallen. Das schwedische Lager zeichnete sich nun durch zwei entgegengesetzte Tendenzen aus, die in Christinas Wortführern zum Ausdruck kamen: der franzosenfreundliche, konzessionswillige Adler Salvius stand Johan Oxenstierna gegenüber, einem Neffen des Kanzlers, der seine Abneigung gegen die französische Politik kaum zu verbergen vermochte und im Interesse Schwedens für eine Fortsetzung des Kriegs eintrat. Christina kannte nur zu gut ihre Gegner und ihre Verbündeten und setzte sie dementsprechend für sich ein. Sie bediente sich des jungen Oxenstierna, um den Gesandten Mazarins zu trotzen; Salvius und seine Strategien nutzte sie aus, um den erwünschten Frieden einzuleiten. Mit seiner Hilfe versuchte sie die Partei seines Gegners am französischen Hof »bloßzustellen«, wie ein Brief vom 10. April 1647 an Salvius über Johan Oxenstierna kundtut[3]. Zugleich schrieb sie ihm über den gemäßigten französischen Vermittler Graf von Avaux: »Ich kenne sehr gut die Franzosen und weiß, dass der größte Teil ihrer Umgangsformen aus Komplimenten besteht. Die Höflichkeit geht dabei nicht verloren, und man behandelt sie ebenso wie sie die anderen.«[4]

Die achtzehnjährige Königin war sich ihrer Macht bewusst und kannte die politischen Spielregeln und Strategien, um den erwünschten Frieden zu erlangen. In diesem Sinne schrieb sie wiederum an Salvius am 21. Juli 1648: »Was ich über alles wünsche und anstrebe ist, der Christenheit den Frieden wiederzugeben! Wenn Gott uns den Frieden schenkt, werde ich mein Ziel erreichen.«

Christinas Wunsch war die Versöhnung und Befriedung eines christlichen Europa. Vor dem ersehnten Ziel fand aber ein Zwischenspiel statt, das Schweden zwar unsagbaren Reichtum, aber auch den Tadel aller europäischen Länder einbrachte. Am 26. Juli 1648, kurz vor dem Friedensschluss, eroberte Karl Gustav mit den Truppen von General von Königsmarck die Königsburg auf dem

Christina von Schweden als Minerva.
Kupferstich von Jeremias Falck (1649)
nach einem Gemälde von David Beck und Erasmus Quellinus.
Königliche Bibliothek Stockholm

Hradschin in Prag, die der schwedischen Krone vorbehalten war. Die »Kunst- und Wunderkammer« Kaisers Rudolf II. wurde eilends nach Stockholm verfrachtet.[5] Darunter befanden sich Gegenstände von unschätzbarem Wert: Bronzefiguren, Edelsteine, Münzen, Fayencen, Zeichnungen und zahlreiche Gemälde von Michelangelo, Leonardo da Vinci, Raffael, Tizian, Tintoretto, Veronese, Dürer, Bosch und Brueghel. Immense Bücherschätze kamen hinzu, so die *Gigas librorum*, die sog. Teufelsbibel aus dem 13. Jahrhundert, und der *Codex Argenteus*, die berühmte gotische Bibelhandschrift aus dem frühen 6. Jahrhundert. Diese Kriegsbeute bildete die Grundlage für Christinas spätere Kunstsammlung, die ganz Europa in Erstaunen versetzte.

Am 24. Oktober 1648 wurde der Westfälische Friede ratifiziert, der den Dreißigjährigen Krieg beendete und die Grundlagen einer neuen politischen Ordnung in Europa festlegte. Er bestätigte das Scheitern der habsburgischen Bestrebungen, unter dem Banner des Katholizismus die europäische Gesamtherrschaft zu erringen. Vorpommern, Wismar, Bremen und Verden fielen der schwedischen Krone zu. Dieses Friedenswerk gilt als Apotheose Christinas von Schweden. Es gab ihr endlich auch die Gelegenheit, das Nachfolgeproblem nach ihrer Vorstellung zu regeln. Als 1649 in England der König hingerichtet und die Monarchie abgeschafft wurde, setzte Christina, bevor sie offiziell zur Königin von Schweden gekrönt wurde, der ausschließlichen Herrschaft des Hauses Wasa ein Ende und bestimmte ihren deutschen Vetter Karl Gustav von Pfalz-Zweibrücken zum Thronerben. Die Heiratsscheu der Königin war dem schwedischen Reichstag wohl bekannt. Um ihren Entschluss zu rechtfertigen, bekannte sie 1649 vor ihm: »Die Ehe bringt Abhängigkeiten mit sich, die ich nicht leiden kann, und ich weiß nicht, ob ich jemals diesen Widerwillen werden bezwingen können.«[6] Christinas Widerwille überzeugte die Stände nicht, sondern irritierte sie zutiefst. Es war naheliegend, sich zu fragen. Ob es sich vielleicht um aristokratische Intrigen handelte, um eine Wahlmonarchie einzuführen.

Die Königin stellte aber in diesem Zusammenhang ihre politische Begabung unter Beweis, indem sie für ihre Zeit ungewöhnliche Maßnahmen ergriff. Zunächst legte sie fest, die Privilegien des Adels sollten fortan durch die nichtadligen Stände überprüft werden; ferner kam sie mit den »Reduktionsgesetzen« den Forderungen der Bauern entgegen, die sich weigerten, die Tagewerke für ihre Herren abzuleisten und ihre Äcker unbestellt ließen: der Boden, den die Krone an die Adligen veräußert hatte, sollte diesen abgenommen oder »reduziert«, d. h. dem Staat zurückgegeben werden. Axel Oxenstierna lehnte die Reduktion, die die ökonomische Macht der herrschenden Schicht beschnitt, ab. Die Königin bestand aber auf ihrem Entschluss. Mit ihren großzügigen Versprechen gelang es ihr, die drei nichtadligen Stände für sich zu gewinnen und mit deren Rückendeckung den Widerstand des Adels gegen ihren Thronfolgeplan zu brechen. Ihr designierter Nachfolger Karl Gustav wurde damals nicht einmal um seine Meinung gefragt, er war eher eine »Spielmarke«[7] in der Hand des Politikers und Vertrauten der Königin, Adler Salvius. Später wurde er aber zum gefeierten Kriegsgott Schwedens und konsolidierte damit seine Macht und sein Ansehen.

Christinas kurze Regierungszeit und Privatleben sind der Nachwelt dank der Berichterstattung eines hervorragenden psychologischen und politischen Beobachters, des Botschafters Frankreichs Pierre-Hector Chanut (1601–1662) überliefert worden. Seine verständlicherweise diplomatisch aufbereiteten Berichte an Frankreichs Premierminister Mazarin und seine *Memoiren* sind eine wichtige Informationsquelle über die Haltung der Königin Frankreich und Europa gegenüber.

Die 1674 erschienen *Memoiren* von Chanut stellen eine Mischung aus diplomatischen Berichten mit eingehenden Analysen, überschwänglich bewundernden Äußerungen, Anekdoten und erotischen Pikanterien dar, die vermutlich von seinem Nachfolger, Botschafter Piques, später erfunden und hinzugefügt wurden. Als die schwedische Königin sie 1676 las, versah sie die *Memoiren* mit teils zustimmenden, teils ironisch korrigierenden Kommentaren. Christina fasste ihre Empörung über das linkisch bzw. tendenziös Erfundene in dem Satz zusammen: »Unser Jahrhundert fördert weder Leben noch Freiheit. Ich habe mich seit langem mit Neid und Betrug abgefunden.«[8]

Pierre-Hector Chanut, »der philosophische Diplomat«[9] stammte aus der Auvergne, wo er zunächst als Schatzmeister tätig gewesen war. Eine enge Freundschaft verband die protestantische Königin mit dem strenggläubigen katholischen Gesandten Frankreichs. Die *libido sciendi* wie auch die *libertas philosophandi* war beiden gemeinsam, eine intellektuelle Basis, die bald von einem persönlichen Vertrauensverhältnis untermauert wurde. Chanut war von der Bildung der jungen Christina fasziniert und schrieb 1644 dem französischen König: »Sie spricht Französisch, als sei sie im Louvre geboren, ihr Geist ist lebhaft und schrankenlos wissbegierig, ihre Seele ist weise und zurückhaltend, würde man ihr die Krone nehmen, wäre sie noch eine der empfehlenswertesten Personen, die es gibt.« Bald wurde er nicht nur der politische, sondern auch der persönliche Vertraute der Königin. Trotz ihrer unterschiedlichen Glaubensbekenntnisse und des Verbots, auf schwedischem Boden den katholischen Ritus auszuüben, räumte Christina ihm das Recht ein, in seiner Residenz die Messe lesen zu lassen. Chanut überschätzte bisweilen die schwedische Monarchin: »Ein hohes Ideal der Tugend mit großer Begierde nach Ruhm verbunden erfüllt ganz ihre Seele. Zuweilen spricht sie wie ein Stoiker von der Tugend, die unser höchstes Gut in diesem Leben ausmacht. Mit vertrauten Personen redet sie über den wahren Wert, der auf menschliche Hoheit zu setzen ist, wobei man mit Bewunderung und Freude sieht, wie sie ihre Krone unter die Füße legt.«[10] Besonders rühmte er ihre »bewunderungswerte, leichte Fassungsgabe , ein sehr treues Gedächtnis« und ihre eiserne Konstitution: »Die Natur hat ihr keine Eigenschaft versagt, die einem jungen Ritter Ehre brächte, keine ritterliche Übung kann sie ermüden. Ich habe sie bis zu 10 Stunden auf der Jagd zu Pferd gesehen, Kälte und Frost fallen ihr nicht beschwerlich.«[11]

Der französische Botschafter war aber auch Zeuge von Christinas unerfüllter Leidenschaft zu La Gardie: »Ich kann nicht umhin, mir manchmal zu sagen, dass wir Mitleid mit ihr empfinden würden, wäre uns ihr Innenleben bekannt.« Auch ihre nunmehr freundschaftliche Beziehung zum einst geliebten Vetter Karl Gustav entging ihm nicht: »Sie schätzt ihn und wünscht ihm alles Gute, aber ob es sich um Liebe handelt, ist fraglich.« Pariser Freunde verdächtigten sogar den erfahrenen Diplomaten, selbst in die Königin verliebt zu sein, denn er schrieb viel und stets hingerissen über sie. Darauf entgegnete Chanut eher lakonisch: »Hätten Sie die schwedische Königin einen einzigen Tag lang gesehen, würden Sie niemals glauben, dass ein Mann, so großzügig er auch wäre, es wagen würde, in sie verliebt zu sein. (...) Es ist wahr, dass man sie liebt, aber wie man die Tugend liebt.«[12] Als Staatssekretär de Brienne ihn aufforderte, ein Porträt Christinas zu skizzieren, verheimlichte Chanut keinesfalls, dass ihr Äußeres weniger anziehend war als ihre geistigen Fähigkeiten. Geschickt zog er sich aus der Affäre: »Meine Augen haben sich niemals die Freiheit genommen, in Ruhe und Frieden die Schönheit dieser Fürstin zu betrachten. Was ich sagen kann auf der Basis des Urteils anderer ist, dass man gewöhnlich, wenn man sie zum ersten Mal sieht, nicht die gleiche Schönheit findet, wie wenn man sie bei späterer Gelegenheit sieht.«[13]

Christina bewunderte Frankreich sowohl in intellektueller als auch in politischer Hinsicht. Die *Fronde* mit ihrem Anführer Condé und die Grande Mademoiselle, Tochter des Herzogs von Orléans, die mit einer Kanone auf die königlichen Truppen gezielt hatte, waren ihre Leitbilder. Über diese »Heldentat« schrieb ihr die junge Königin: »Sie sind die einzige, die den Ruhm des weiblichen Geschlechts aufrecht erhält. Sie beweisen, dass Ihr Jahrhundert noch Wunder erzeugen kann, wie die vergangenen.«[14]

Damals begann Christina am Protestantismus zu zweifeln und sich dem Katholizismus zuzuwenden. Bereits 1646 hatte Chanut dem Staatssekretär de Brienne anvertraut, die Königin lehne den Calvinismus wegen der Prädestinationslehre ab, beklage die Zwistigkeiten unter den Protestanten und bewundere das einheitliche Gefüge des katholischen Glaubens. Dazu kam die Einsicht, die katholische Kirche räume trotz der Verbrennung Giordano Brunos und der Zurückweisung Galileis der naturwissenschaftlichen Forschung mehr Freiheit ein als die protestantische. Die Tradition der römischen Kirche mit ihrem starken Bezug zur Antike und ihrer Verehrung der Märtyrer und Heiligen bestach Christina, denn sie entsprach ihrer eigenen, stoisch gefärbten Heldenverehrung.

Ähnlich verhielt es sich mit dem von der katholischen Kirche geforderten Zölibat der Geistlichen. Man darf jedoch annehmen, dass die Begeisterung der Königin für diese Form der Askese eine Übertragung ihres Widerwillens gegen körperliche Liebe war. Schon 1644 hatte sie Chanut anvertraut, sie sei frei geboren und wolle frei sterben.«[15] In ihren Randbemerkungen zu seinen *Memoiren* präzisierte sie später eindringlich, sie habe diesen angeborenen Ekel vor der ehelichen Verbindung nie zu überwinden vermocht.[16]

Ende Februar 1654 schrieb Christina dem französischen Vertrauten, sie sei jetzt im Begriff, ihre »Rolle zu Ende zu spielen, um sich vom Schauplatz zurückzuziehen«, denn sie wusste nur zu gut, dass »die Szene, die ich angeführt habe, nicht nach den gewohnten Theaterregeln gebaut sein konnte.«[17] In diesem Brief bekräftigte Christina ihren 1646 – also bereits vier Jahre vor ihrer Krönung – gefassten Entschluss und dankte dem französischen Botschafter für den stets freundschaftlichen Beistand. Chanut hatte allerdings von Anfang an durchschaut, dass der Thronverzicht mit dem Glaubenswechsel verknüpft war.

Chanut verfasste mehrere Porträtschilderungen der schwedischen Königin. Eine davon versah Christina selbst neunundzwanzig Jahre später, als sie bereits in Rom residierte, mit einem Kommentar.[18] Chanut lobt darin ihren Verstand, ihre Treue dem Christentum gegenüber und ihre Tugendhaftigkeit, zeigt aber auch einige ihrer Schwächen auf, so ihren Hang, andere zu verdächtigen, und ihre tastende Vorsicht beim Aufspüren der Wahrheit.

Dazu schrieb Christina ironisch am Rand: »Sie hat diesen Fehler nie bereut.« Seine Lobhudelei: »Es ist unfassbar, welche Macht sie in der Ratssitzung genießt«, bedachte sie mit dem strafenden Verweis: »Er ist so lächerlich und schlecht informiert.« In einem anderen Porträt aus der diplomatischen Korrespondenz rühmt Chanut besonders »die Ruhe ihres Geistes«. Nichts könne die Königin erschüttern, sogar der Tod sei für sie nicht viel anders als ein tiefer Schlaf. Diese Schilderung stimmt in weiten Teilen mit der auf Lateinisch verfassten von Pater Mannerscheidt überein, dem Beichtvater des spanischen Gesandten Pimentel, ebenfalls einem Vertrauten Christinas.[19]

Zeitlebens blieb Chanut, der Christina oft bei ihren Reisen durch Schweden begleitete, der Vertraute der Königin. Als die von Mazarin in Auftrag gegebenen Pamphlete nach der Abdankung in Umlauf kamen, setzte er sich eifrig für die Verleumdete ein. Bei wichtigen Entscheidungen – wie bei Christinas Konversion zum Katholizismus, bei ihrem Besuch in Paris und der Hinrichtung eines Günstlings auf französichem Boden – erwies sich Chanuts Verbundenheit als unverbrüchlich. Sein größtes Verdienst war es, die Verbindung zwischen der schwedischen Königin und dem Philosophen René Descartes herzustellen.

Seit sechzehn Jahren hielt sich Descartes in Egmond in den Niederlanden auf, wo er, fern von den theologischen und politischen Streitgesprächen, ungestört seinen Forschungen über die »Leidenschaften der Seele« nachging. Seine These, es gebe eine Wechselbeziehung zwischen Seele und Körper, da das denkende Bewusstsein mit dem Körper durch eine Ursachenkette verbunden sei, war ein Stein des Anstoßes für die zeitgenössische Theologie. Descartes strebte danach, seine Lehre einer breiteren Öffentlichkeit zugänglich zu machen und auch die Frauen in den Aufklärungsprozess einzubeziehen. Ebenso legendär wie seine Freundschaft mit Elisabeth von Böhmen, der Tochter Friedrichs V., die ebenfalls in den Niederlanden im Exil lebte, ist seine intellektuelle Beziehung zur schwedischen Königin geworden.

Der Briefwechsel zwischen Descartes und dem französischen Diplomaten entwickelte sich bald nach Chanuts Berufung nach Stockholm zu einem Austausch von Anekdoten über die schwedische Königin und ihre kulturellen Interessen. Chanut nahm eine doppelte Rolle wahr: er führte die Königin in die Philosophie seines Freundes ein und berichtete dem Freund über die ungewöhnlichen Talente und Taten der jungen Schwedin. Allmählich verwandelte sich diese Korrespondenz in heimliche Botschaften des Philosophen an die wissbegierige Königin. Als der Philosoph des radikalen Zweifels sich einmal die Frage stellte, ob sein Werk es überhaupt verdiene, von der viel gepriesenen Königin gelesen zu werden, erwiderte ihm Chanut: »Sie kennt Euch so gut, wie die ganze Welt es tun sollte.«[20]

Der Diplomat, der Philosoph und die Königin sollten kurz darauf ein ungewöhnliches Trio bilden, das sich metaphysischen sowie praktischen philosophischen Fragen eifrigst hingab. Der Dialog zwischen Descartes und Christina wurde durch eine Frage der Königin eröffnet: »Es ging darum, zu wissen, wenn man Liebe oder Hass schlecht gebraucht, welche dieser beiden Unordnungen die verheerendste sei.«[21] In seiner Vermittlerrolle wies der übervorsichtige Diplomat seinen Freund darauf hin, Christina von Schweden meine Liebe »... im Sinne der Philosophen und nicht so wie es oft in den Ohren junger Frauen erklingt.«[22] Descartes antwortete darauf etwas spitz: »Und wenn ich Sie ganz ehrlich fragen würde, ob Sie nicht diese große Königin lieben, könnten Sie zwar erwidern, Sie hätten für sie nichts als Achtung, Verehrung und Bewunderung, ich würde aber dennoch weiterhin meinen, dass Sie auch eine glühende Zuneigung empfinden.«[23] Der Königin erwiderte Descartes mit einer meisterhaften Analyse des Wesens der Liebe, die in der These kulminierte, die Schäden, welche die falsch angewendete Liebe hervorrufe, seien um vieles schlimmer als die, welche der Hass erzeuge. »Wenn man fragt, welche dieser beiden Leidenschaften uns zu den größten Exzessen führt und uns antreibt, den restlichen Menschen das meiste Leid zuzufügen, so muss ich erwidern, dass dies die Liebe ist, umso mehr als sie viel mehr Kraft und Energie besitzt als der Hass. Oft richtet die Zuneigung, die man einem unbedeutenden Menschen entgegenbringt, unvergleichlich mehr Übel an als der Hass, den man für ein viel wertvolleres Gegenüber empfindet. Der Grund, den ich dafür anführe ist, dass das Böse, das vom Hass herrührt, sich nur auf das gehasste Objekt erstreckt, die gestörte Liebe aber verschont nichts, außer ihr Objekt, das so wenig Bedeutung besitzt im Vergleich zu den anderen Dingen, deren Verlust und Ruin sie in Kauf nimmt, um sie der Narrheit ihrer Wut zu opfern.«[24] Über ihren Vermittler Chanut beteuerte die schwedische Königin dem französischen Philosophen ihre Hochschätzung und gab zugleich ihre eigene Unsicherheit in Fragen der Liebe preis. Wie sie Chanut anvertraute, könne sie, da sie diese Leidenschaft nicht erfahren habe, nur schlecht »über ein Gemälde urteilen, dessen Original sie nicht kenne«.[25] In Descartes' Theorien, die die Liebe als eine Leidenschaft des Willens deuten, fand Christina eine Erhellung ihrer eigenen unbewussten, teils widersprüchlichen Regungen. Die von ihr angestrebte Einheit von Körper und Seele fand in der Schrift *Über die Leidenschaften der Seele* die ersehnte Antwort.

Ein direkter Austausch zwischen dem Philosophen und der Königin kam zustande, als sie ihm die Frage nach dem Wesen des »Höchsten Gutes« stellte. Seine Antwort vom 20. November 1647 gipfelte in der Aussage: »Die höchste und stärkste Zufriedenheit mit dem Leben kommt aus dem guten Gebrauch des freien Willens.«[26] Dieser Brief leitete eine intensive Diskussion ein. Die Königin, die sich nie mit dem lutherischen Pessimismus hatte identifizieren können und sich vermutlich darum so eingehend mit der stoischen Philosophie beschäftigte, fand in Descartes' Gedankengängen, die eine Apologie der Tugend und des Willens sind, genau das, was ihrem Ideal der starken Seele entsprach.

Die moralischen Anweisungen des Philosophen, sich der geistigen Fähigkeiten und des Willens zu bedienen, um das eigene Verhalten zu bestimmen, der Vernunft zu folgen und das nicht zu begehren, was nicht erlangt werden kann, begeisterten Christina, die 1649 Descartes nach Stockholm berief. Er selbst hatte, wie sein Brief vom 26. Februar 1649 zeigt, diese Einladung nahe gelegt und zugleich gefürchtet.[27] Die Königin warnte ihn vor der nordischen Winterkälte und schlug einen Besuch im Frühjahr oder Sommer vor.[28] Der Philosoph beschloss aber, erst im Oktober nach Schweden zu reisen. Unmittelbar nach seiner Ankunft am 4. Oktober 1649 wurde er von der Königin empfangen, »mit einer Zuvorkommenheit, die vom ganzen Hofe wahrgenommen wurde und dazu beitrug, den Neid einiger Gelehrter anzustacheln, die seine Ankunft schon befürchtet hatten.«[29] Christina bewunderte ihn dermaßen, dass sie ihn bat, für immer in Schweden zu bleiben, wo er geadelt und Herr über einige deutsche Ländereien werden könne.

Descartes lehnte dieses Angebot höflich ab. Nach der ersten Begegnung und in Anbetracht der politischen Verpflichtungen der Königin standen dem Philosophen vier Wochen zur freien Verfügung, um die schwedische Hauptstadt und die Umgebung kennen zu lernen und sich im fremdem Land einzuleben. Descartes wohnte bei seinem Freund Chanut im »Scharenbergska huset«, nicht weit entfernt vom Königlichen Palast, wo er auch Pascals Aufforderung erhielt, die Variationen des atmosphärischen Drucks zu erforschen.[30] Dreimal in der Woche traf er mit der Königin und dem Königlichen Bibliothekar Freinsheim gegen fünf Uhr morgens in der riesigen, eisigen Bibliothek des Stockholmer Schlosses zusammen. Die Gespräche kreisten um erkenntnistheoretische und moralphilosophische Fragen. Descartes vermittelte der wissbegierigen Königin Erkenntnisse, die den Rahmen sowohl der lutherischen als auch der katholischen Religionsphilosophie sprengten. In diesem Sinne ist Christinas Bemerkung zu verstehen, Descartes und Chanut hätten ihr »die ersten Aufklärungen gegeben«, die später zur Konversion und zu einer eigenwilligen Haltung in der katholischen Kirche führten.[31] Diese Gespräche fanden aber selten statt und wurden kurz darauf für einige Wochen unterbrochen. Die Depeschen Chanuts bezeugen Descartes' Enttäuschung. Erst Mitte Januar wurden die Unterredungen wieder fortgesetzt.

Ein großes Anliegen der schwedischen Königin war auch die Gründung einer Akademie, deren Stifterin und Förderin sie selbst sein sollte mit Descartes als geistigem Leiter. Sie forderte den Philosophen auf, die Statuten dieser Akademie zu entwerfen und – zu seinem großen Befremden – das Libretto für ein von ihr geplantes Ballett zu schreiben. Auf die anfängliche Begeisterung Descartes' für

Dumesnil Louis Michel,
Königin Christina im Kreise berühmter Gelehrter und Zeitgenossen.

Am rechten Tisch zu Christinas Linken sitzend Elisabeth von Bayern, stehend der schwedischen Königin gegenüber der Philosoph und Naturforscher René Descartes; zwischen den beiden Damen der französische Botschafter am Stockholmer Hof, Pierre Chanut. Hinter Descartes steht der Minoritenprediger Marin Mersennes, Gründer einer privaten Akademie in Paris. Am linken Tisch steht der französische Physiker und Religionsphilosoph Blaise Pascal bei der Demonstration seines hydrostatischen Experiments. Zur Rechten Pascals sitzt Prinz Louis II. de Condé, daneben Kardinal de Retz, links daneben der niederländische Naturwissenschaftler Christiaan Huygens. In der Gruppe in der Mitte des Hintergrunds der Philosoph Gottfried Wilhelm Leibniz.

Christina folgte Ernüchterung, wie seine Briefe an Elisabeth von Böhmen darlegen. Seine »Schülerin« hatte ihn letztlich enttäuscht: sie beherrschte zehn Sprachen, hatte alles gelesen und war auf Neues begierig, genau das Gegenteil von dem, was die Erfahrung der *Tabula rasa*, unerlässlich für die Erkenntnis und die Urteilskraft im cartesianischen Sinn, voraussetzte. Dazu kam die eisige Kälte des Nordens.

Am 15. Januar 1650 schrieb Descartes: »Es kommt mir vor, als würden die Gedanken der Menschen hier im Winter zu Eis erstarren ebenso wie das Wasser ...«

Die seltenen, von der Königin jedoch sehr geschätzten Unterredungen mit dem französischen Gast riefen Neid und Missgunst bei den schwedischen Höflingen hervor. Chanut berichtet über »gefährliche Intrigen am Hofe«.[32] Man warf Descartes sogar vor, die Königin mit philosophischen und religiösen Erörterungen von den Regierungsaufgaben abzulenken. So vertraute der Philosoph Elisabeth von Böhmen an: »Ich versichere Ihnen, dass mein Wunsch, in meine Wüste zurückzukehren, jeden Tag zunimmt ...«[33] Zwei Monate später erkrankte er an akuter Lungenentzündung. Zweimal am Tag ließ sich die besorgte Königin von Chanut die neuesten Nachrichten über seinen Gesundheitszustand überbringen. Später wurde sogar behauptet, er sei von den Neidern des schwedischen Hofes vergiftet worden.

Descartes starb am 11. Februar 1650. Christina wollte den Philosophen mit einem feierlichen Begräbnis in der Kirche der schwedischen Könige ehren, doch Chanut riet davon ab. Als sie trotzdem vorschlug, ihm postum die schwedische Staatsangehörigkeit zu verleihen, wurde das Angebot vom französischen Außenministerium zurückgewiesen.

Ohne Descartes ist Christinas Konversion zum Katholizismus nicht zu begreifen. Die Jahre 1647 bis 1650, die Zeit ihrer Freundschaft mit dem französischen Philosophen, waren entscheidend für ihre Biographie.

Am 30. Oktober 1650 fand die Krönung Christinas von Schweden statt, nicht in Uppsala der Tradition folgend, sondern in Stockholm, wo die Herrscherin ihren Hof hielt. Nach der Predigt ihres Präzeptors Johan Matthiae legte Christina das Gelöbnis der schwedischen Könige ab. Kurz davor wurde Karl Gustav offiziell zum Thronfolger erklärt, kurz danach Axel Oxenstierna die Leitung der Kanzlei und des Reichstags entzogen. Der Krönungsakt verlieh nicht nur die politische Autorität, sondern hatte durch die Salbung gleichzeitig eine religiöse Komponente. Ein späterer Verzicht auf die Krone war durchaus möglich, jedoch nicht, nach dem damaligen Verständnis des Gottesgnadentums, die Tilgung der königlichen Weihe – Christina blieb zeitlebens Königin, was für ihre Entscheidungen nach der Abdankung von großer Bedeutung ist. 1651 teilte sie dem von ihr eingesetzten Nachfolger ihre Abdankungspläne mit. Rat und Reichstag erfuhren dies einige Monate später und sprachen sich entschieden dagegen aus. Die Furcht, dieser Entschluss könne kurz nach der Krönung die Kontinuität des Staates gefährden, war zu groß. Christina beugte sich zunächst diesem Einwand und schob ihr Vorhaben hinaus.

Unter Christinas Herrschaft wurde der schwedische Hof zu einem strahlenden Mittelpunkt intellektuellen und künstlerischen Lebens, das ganz Europa fesselte. Bereits ihre Vorfahren hatten die Kultur großzügig unterstützt: Erik XIV. hatte sich mit Dichtern, Johann III. mit Gelehrten und Humanisten umgeben. Auch Gustav II. Adolf hatte deutsche und niederländische Gelehrte nach Schweden geholt und der Universität von Uppsala zu ihrem alten Glanz verholfen. Das Schloss der Königin Christina in Stockholm, das mehr einer Festung als einem Palast ähnelte, verwandelte sich bald in ein Reich der Freiheit und des ästhetischen Genusses. Bereits 1648 hatte Chanut über Schweden geschrieben: »Gott hat jetzt dort ein Mädchen regieren lassen, das eine große Neigung und Intelligenz für die Literatur und Philologie hat, um diese dort einzuführen, denn die kriegerische Nation hätte nicht gebilligt, dass ein König die Wissenschaft schätze.«[34] Christina führte weiterhin ein asketisches, dem Lernen und Forschen verschriebenes Leben, sorgte aber gleichzeitig für rauschende Feste und großartige Theaterinszenierungen, die denen des Sonnenkönigs gleichkamen.

Die französischen Libertins, die sie berief, führten einen neuen Geist am schwedischen Hof ein – Libertins nicht im moralisch-zügellosen Sinne des 18. Jahrhunderts, sondern im Sinne von Freidenkern, die sich jeder Autorität, insbesondere derjenigen der Kirche, widersetzten. Der intellektuelle Libertinismus des 17. Jahrhunderts war teilweise erwachsen aus dem Widerspruch zwischen den blutigen Hugenottenkriegen und der Behauptung des protestantischen und des katholischen Lagers, die einzige von Gott gewollte Religion zu verteidigen. Im Mittelpunkt der Diskussionen dieser Freigeister standen auch Fragen über die Entwicklung der Wissenschaften, die ihnen ein neues Weltbild vermittelten: Bacon, Locke, Newton waren ihre Leitbilder.

Hatte sich das 16. Jahrhundert im Wesentlichen durch humanistisches Bildungsgut ausgezeichnet, so wandte sich das 17. Jahrhundert Naturwissenschaftlern wie Kopernikus, Brahe, Kepler und Galilei zu, deren neue Erkenntnisse, vor allem dank der Buchdruckerpresse, von

Holland aus über Nordeuropa verbreitet wurden. Die »Minerva des Nordens« berief die berühmtesten Humanisten und Naturwissenschaftler nach Stockholm, so den Latinisten Johan Freinsheim (1608–1660), der ihr Historiograph und Bibliothekar wurde, den französischen Philologen Claude Saumaise (1588–1653), der mit dem englischen Dichter John Milton einen akademischen Zwist austrug, die holländischen Philologen Isaac Vossius und Nicolaas Heinsius, der für die Königliche Sammlung in ganz Europa Bücher erwerben sollte, den Physiker und Biologen Olaf Rudbeck (1630–1702), dem die Entdeckung der Lymphgefäße zu verdanken ist, sowie den schwedischen Nationaldichter, Georg Stiernhielm (1598–1672), der Christinas Zeremonienmeister wurde und für sie und Ebba Sparre Ballettgedichte, wie man damals den mit Lyrik untermalten Bühnentanz nannte, komponierte. Auch der Orientalist und frühere Historiograph von Mazarin, Gabriel Naudé, und der Libertin Pierre Bourdelot (1588–1653), Arzt und enzyklopädischer Geist, gehörten zu Christinas Gelehrtenhof. Bourdelot glaubte weder an Gott noch an den Teufel, er war ein überzeugter Agnostiker und vor allem ein Genießer. Später beendete er – auf Christinas Bitte von Mazarin mit einer einträglichen Abtei bedacht – sein Leben als Abbé, was im 17. Jahrhundert keine Seltenheit war. Er hatte maßgeblichen Einfluss auf die schwedische Königin, was ihm den Tadel des Hofes einbrachte.

Es ist anzunehmen, dass Bourdelot schon bald Christinas neurotische Verachtung des Weiblichen erkannt hatte, die sie zu einer preziös-platonischen Erotik führte.[35] Seinem Rat folgend, wandte sich die Königin von einer veralteten, eher quälenden Behandlung ihrer Leiden ab, bei der gepfefferter Schnaps und Aderlass als Hauptmittel galten, und wählte eine »aufgeklärtere« medizinische Behandlung, die Bädern, leichter Kost, langem Schlaf und körperlicher Ertüchtigung den Vorrang einräumte. Christinas Gesundheit, die zu Beginn ihrer Regierungszeit stets angegriffen war, verbesserte sich sichtlich nach der Behandlung durch Bourdelot. Endlich gestand sie sich ihre Abneigung gegen Herrscherpflichten ein sowie die Widersprüche, die zwischen ihren moralischen Forderungen und den sie bestimmenden Affekten bestanden. Bourdelot wurde nicht nur ihr Arzt, sondern auch ihr Maître de plaisir. Die *artifices bourdelotiens* ließen bald von sich reden: rauschende Feste, provozierende Ballettabende, vermeintliche Ausschweifungen.

Christina von Schweden schätzte mythologische Darbietungen, die sogenannten Aufzüge, bei denen die Teilnehmer als allegorische oder mythologische Figuren verkleidet vom Schloss zur Rennbahn zogen, wo zunächst ein Theaterstück aufgeführt wurde, an das sich ein Ringstechen oder -rennen, eine damals beliebte Turnierart, anschloss. Sie begannen am Vormittag und dauerten bis zum Einbruch der Dunkelheit; danach wurde im Schloss bis in die frühen Morgenstunden gespeist und getanzt. Auch die sogenannten Bauernspiele, die aus der deutschen Hofkultur stammten, gehörten zu den äußerst populären Kostümfesten. Königin Christina soll 1650 einmal als holländische Dienstmagd und Jahre darauf als Schäferin in einem diamantenbesetzten Kleid aufgetreten sein, dessen Edelsteine sie unter den Festteilnehmern ausstreuen ließ. Sie zog jedoch die Ballettaufführungen vor, bei denen sie selbst mitwirkte. Bereits 1647 hatte sie, möglicherweise unter dem Einfluss von Magnus de La Gardie, der gerade aus Frankreich zurückgekommen war, zu diesem Zweck Antonio Brunatti und Giacomo Torelli, der Spezialist der »ballets à transformations«, angestellt.

Als Christina von Schweden die Regierung übernahm, betrugen die Kosten des Hofes drei Prozent der Staatsausgaben, zehn Jahre später beliefen sie sich auf zwölf Prozent.[36] Am Hof wurde gemunkelt, die Königin gebe nunmehr der Lust den Vorrang und nicht mehr der Wissenschaft und Bildung. Die intensive Korrespondenz der Herrscherin mit Geistesgrößen wie Blaise Pascal, Pierre Gassendi, Paul Scarron, Madeleine de Scudéry und anderen strafte dieses Gerücht Lügen. Groß war ihr Interesse für Ninon de Lenclos (1616–1705), die berühmte französische Kurtisane, die sich für die Gleichberechtigung der Geschlechter einsetzte, oft in Männerkleidung reiste und sich überdies mit kulturellen und religiösen Fragen, vor allem im Hinblick auf das Jüngste Gericht beschäftigte. Ninon de Lenclos verkörperte für Christina das Ideal der Amazone und galt als typische Vertreterin der weiblichen Aufklärung im 17. Jahrhundert.[37] Die Pariser Kurtisane »verwaltete« ihre Liebschaften auf libertine Art: sie gab sich den »Märtyrern«, den »Zahlenden« und den »Günstlingen« hin, legte aber das Ausmaß und die Grenzen des Genusses bei den drei Liebhabertypen jeweils genau fest. Ninon de Lenclos vertrat eine Libertinage, die Philosophie, Mondänität und Erotik zu verbinden verstand. Dass sie als geistreiche Liebhaberin auch eine Vertraute des von der schwedischen Königin bewunderten Feldherrn Condé war, bestach Christina.

Das Interesse der Königin galt allen Spielarten der europäischen Kunst und Kultur, insbesondere ihrer riesigen Bibliothek, ihren bibliophilen Büchern und den Texten der Antike, die Christina eine Antwort auf die Frage nach dem Sinn des Lebens gaben: Der Künstlerhof des hedonistischen Humanisten und Mäzens Paolo Giordano Orsini, Herzog von Bracciano, war ihr Vorbild. Der Italiener, der nach einem bewegten Leben, das ihn bis nach Schweden führte, eine erlesene Kulturelite um sich geschart hatte, war von der schwedischen Königin begeistert. Er schickte Christina ein Gedicht, das den Auftakt zu einer langjährigen Korrespondenz bildete. Sie berichtete ihm über ihre Sammlung und ihre neuen intellektuellen Entdeckungen, er über die berühmten Maler seines Landes wie Pietro da Cortona und Il Guercino. Orsini unterschrieb seine Briefe an die schwedische Monarchin stets mit der Schlussformel »Ihr mit eisernen Ketten an Sie gefesselter Sklave«.[38] Bereits 1651 vertraute Christina von Schweden dem fernen Freund ihren Wunsch an, sich in Rom niederzulassen. Italien wurde für sie zunehmend der ersehnte Freiraum für die folgenden Jahre.

Eine weitere wichtige Rolle im Leben der Königin spielte Don Antonio Pimentel del Prado (1602–1670), der Sonderbotschafter des spanischen Königs Philipp IV. Christinas Interesse hatte schon immer auch der spanischen Kultur gegolten: sie verehrte Velázquez, Quevedo und Calderón de la Barca. Im August 1652 reichte Pimentel sein Beglaubigungsschreiben ein. Bald kursierte das Gerücht einer angeblichen Liebesgeschichte zwischen dem temperamentvollen Spanier und der schwedischen Königin. Der Maler Sébastien Bourdon schreibt in seinen *Memoiren*, Christina habe tagsüber stundenlang mit Pimentel, den sie mit Geschenken überhäufte, diskutiert, und nachts sei sie mit ihm spazieren gegangen, was Anlass zu allerlei Gerüchten gab. Sogar der holländische Botschafter in Paris berichtete Johann de Witt, dem Ratspensionär der Vereinigten Niederlande, über einen abgefangenen leidenschaftlichen Brief Christinas an Spaniens Sonderbotschafter, für den sie sogar den Amarantha-Orden gegründet haben soll, einen Ritterorden, dessen Hauptverpflichtung das Zölibat war. Die Tatsache, dass Pimentel in Begleitung des Jesuiten Mannerscheid nach Schweden kam, ließ einen geschickt eingefädelten Plan seitens der spanischen Krone vermuten.

Der Machtüberdruss Christinas in einem von Schulden gebeutelten Land, ihr unersättliches Verlangen nach Freiheit, ihr seit langem gehegter Abdankungsplan waren in Frankreich und Spanien genauso bekannt geworden wie ihre heftige Kritik am Calvinismus und ihr Hang zum Katholizismus. Rom ergriff umgehend die sich bietende Gelegenheit. Der als Dolmetscher getarnte Jesuitenpater Antonio Mancedo wurde beauftragt, der schwedischen Königin die Grundsätze des katholischen Glaubens darzulegen. Christina durchschaute sofort die »Intrige der Jesuiten«[39], erkannte aber in Mancedo einen idealen Gesprächspartner für die Probleme, die sie intensiv beschäftigten. Sie bestürmte ihn mit der Frage, inwieweit sich die neuen Erkenntnisse der Naturwissenschaften mit dem römischen Glauben vereinbaren ließen. Der kluge Pater riet ihr, katholische Wissenschaftler an ihren Hof zu bitten. Die Gespräche zwischen der nordischen Königin und dem Gesandten des Vatikans erregten in Schweden großes Aufsehen. Sogar *Die Wöchentliche Zeitung* in Zürich gab damals bekannt, der Jesuit stehe besonders in Christinas Gunst.[40] Ihr Vertrauen zu Mancedo war groß, denn ihm gestand sie, sich vom Luthertum abwenden und zum Katholizismus übertreten zu wollen, und sie bat ihn, den Papst vertraulich davon in Kenntnis zu setzen.[41]

Mancedo täuschte eine Flucht aus Stockholm vor; in Hamburg wurde er zwar festgenommen, aber dank eines Passierscheins, einer goldenen Kette der schwedischen Königin und dem nötigen Reisegeld sofort wieder freigelassen. Der Jesuitengeneral und der Vatikan schickten daraufhin die Jesuitenpatres Francesco Malines, Theologie-professor aus Turin, und Paolo Casati, Mathematikprofessor am Collegium Germanicum, an den schwedischen Hof, wo sie Anfang 1652 geheime Kontakte zu Christina anknüpften. Beide waren fasziniert von der Bildung der jungen Schwedin. Malines berichtete: »Wir staunten, als wir eine fünfundzwanzigjährige Frau fanden, die so vollkommen frei von jeder Eitelkeit war, die den Großen der Welt sonst eignet, und die ein so sicheres Urteil des wahren Wertes der Dinge besaß, dass es schien, sie sei mit der Quintessenz der Moralphilosophie bereits zur Welt gekommen.«[42] Stets kam die Königin auf die Frage nach Gut und Böse, nach der Gnade und der Unsterblichkeit der Seele zurück. Die Jesuiten führten ihr innerhalb der katholischen Kirche die Toleranz naturwissenschaftlichen Denkens vor Augen, die sie anstrebte und die für ihre Konversion grundlegend war.[43]

Christinas Erklärung, sie akzeptiere im Großen und Ganzen den Katholizismus, könne jedoch nicht von Herzen katholisch werden, rief bei den Jesuiten Bestürzung hervor. Kurz darauf bat sie jedoch die widerspruchsvolle Königin, den Papst offiziell über einen möglichen Glaubensübertritt zu informieren. Pimentel wusste davon und hatte sich seit 1653 mit dem spanischen Jesuiten Miguel Molinos darüber ausgetauscht, der seinerseits den spanischen König davon in Kenntnis setzte. Dieser Schritt der schwedischen Königin war von ungeheurer politischer Relevanz. In ganz Europa liefen nunmehr Gerüchte, Christina wolle nach Spanien oder in die katholischen Niederlande ziehen, um dort den päpstlichen Entschluss abzuwarten.

Der Einfluss Pimentels auf Christina blieb trotz all ihrer politischen Divergenzen groß. Er war bei ihrer Konversion zum Katholizismus 1654 in Brüssel anwesend wie auch in Innsbruck bei ihrem offiziellen Übertritt. Ferner stellte Pimentel ihr später Neapels Thron in Aussicht und eröffnete in Hamburg auf seinen Namen ein Konto für sie. Die abgedankte schwedische Königin beauftragte unter anderem Pimentel, Philipp IV. ihre Klagen über das ungebührliche Verhalten seines Gesandten in Rom zu überbringen sowie ihren Entschluss, den spanischen Grande General de La Cueva, der sie öffentlich als die »größte Dirne der Welt« bezeichnet hatte, doch nicht öffentlich auspeitschen zu lassen. Dadurch, dass Pimentel aber heimlich gegen das englisch-schwedische Abkommen, das wichtige wirtschaftliche Beziehungen zwischen beiden Ländern vereinbart hatte, arbeitete, fiel er der schwedischen Herrscherin zugunsten seines Königs in den Rücken.

Christina ließ sich jedoch nicht so schnell betrügen. Ihre Schlauheit und Flexibilität auf politischem Terrain waren verblüffend, wie der englische Gesandte Whitelocke in seinem Tagebuch notierte. Ihn bat die Königin, Cromwell zu überzeugen, in den Allianzvertrag zwischen England und Schweden eine Generalklausel einzufügen, der Lord-Protektor sei berechtigt, den Bund aufzulösen, falls die schwedische Regierung ihr nach der Abdankung nicht die finanzielle Apanage zahle, die sie ausgehandelt habe.

Christinas Erwägung, zum Katholizismus überzutreten, machte einen anderen Schritt unvermeidlich: Das streng protestantische Schweden konnte keinen katholischen Herrscher dulden, der Verzicht auf den Thron bahnte sich an. War es aber für sie nicht zugleich ein Schritt in die erträumte Freiheit?

Abdankung und Konversion

Christinas Verzicht auf den schwedischen Thron bestürzte damals Europa. Das Niederlegen der Krone war eine Herausforderung, die mit den tradierten gesellschaftlichen Regeln brach. Für die Königin entsprach dieser Schritt dem von ihr bewunderten stoischen Leitsatz des *nil admirari*. Die junge Monarchin hatte ihre politische Rolle gewissenhaft erfüllt. Wollte sie nun mit ihrem Verzicht dem Ideal der großen Heldinnen der Geschichte entsprechen, das die Dramen der Antike und des 17. Jahrhunderts dargestellt hatten? Der schwerwiegende Entschluss folgte gewiss nicht nur philosophischen oder moralischen Erwägungen, sondern auch ihren persönlichen Bedürfnissen und Abneigungen, insbesondere ihrem Widerwillen, dem Thron einen Nachfolger zu schenken und sich zeitlebens den Aufgaben der Staatsführung zu widmen.

Ausschlaggebend war bestimmt auch die innere Suche nach dem Wesentlichen. Stets war Christina von religiösen Fragen gequält, unzufrieden mit den Antworten der lutherischen Kirche und begierig nach einer inneren Befreiung und Befriedung. Der Norden schien ihr dabei zu eng, zu streng, zu barbarisch, hingegen entsprach der Süden mit dem dort herrschenden Katholizismus eher ihrer Natur und ihrem Sehnen. Die unter ihrer Herrschaft stattfindende Öffnung Schwedens nach Südeuropa beweist dies hinreichend.

Die Abdankung und die kurz darauf folgende Konversion der protestantischen Herrscherin waren miteinander verknüpft. Trotz der oft vertretenen These, Christina habe die Krone niedergelegt, um konvertieren zu können, sind sich die Historiker bis heute nicht darüber einig, was Priorität hatte. Sicher ist, dass die Begegnung mit Chanut, Descartes und den Jesuiten Christina von Schweden ungeahnte Perspektiven eröffnet hat. Ihren französischen Gesprächspartnern verdankte sie wesentliche »Erleuchtungen«, wie sie viel später bekannte, als Descartes' Leichnam 1667 nach Frankreich überführt werden sollte. Die Freunde des Philosophen befürchteten, er dürfe wegen der Indizierung seiner Werke nicht katholisch begraben werden, und hatten die schwedische Königin gebeten, einige Zeilen über seinen religiösen Einfluss auf sie zu schreiben. Diesem Wunsch entsprach sie sofort. In einem Brief aus Hamburg an Charles Caton de Court vom 30. August 1667 bekannte sie, welche wichtige Rolle der bewunderte französische Denker bei ihrer Konversion gespielt habe.[1]

Nicht nur persönliche Motive bestimmten die umstrittene Abdankung, sondern auch ökonomische. Christinas aufwendiger Lebenswandel belastete verhängnisvoll das Land. Die immer leerer werdende Hofkasse ließ sich nicht mehr durch das »edle Motiv« der ungeheuren Kriegskosten rechtfertigen wie zur Zeit Gustav II. Adolfs. Ritterspiele, Jagden, aufwendige Konzerte, Ballettaufführungen und Theaterinszenierungen verschlangen riesige Summen. Dazu kamen die Unterhaltskosten für Günstlinge, denen die Monarchin verschwenderisch ihr Wohlwollen erwies. Um ihre Ausgaben zu decken, war sie 1651 sogar genötigt, die Gehälter der Beamten zu halbieren und den Sold der Garde zu stunden. Im Februar 1654 informierte sie aus Uppsala Chanut, der sich gerade in den Niederlanden aufhielt, über ihre Abdankungsabsichten und bekannte offen: »Es ist leidig, dass das Starke, Virile und Kräftige aller Welt gefallen könnte. Ich erlaube jedem seinen Talenten gemäß zu urteilen (…) Ich werde mich damit trösten, dass ich niemanden zum Verbrecher gemacht habe, der es nicht schon war, und diejenigen verschont habe, die es waren. Ich habe die Erhaltung des Staates allen anderen Erwägungen vorgezogen und mit Freude alles andere seinen Interessen aufgeopfert.«[2]

Aus Den Haag antwortete ihr der langjährige Vertraute am 2. März 1654: »Dieser Streich ist dennoch so kühn, dass er all die in Erstaunen versetzen wird, die nicht ahnen, dass der Rücktritt, den Ihre Majestät vorbereitet, viel bedeutender ist als alle Reiche dieser Erde und dass Sie in ihrer Seele unerschöpfliche Schätze des Glücks und der Freude haben.«[3] Diese blinde Verehrung für die »Minerva des Nordens« ließ Chanut aber einiges übersehen oder zu wohlwollend deuten. Ohne jemals das finanzielle Desaster ihres Landes zu erwähnen – Christina war sogar bereit, Schwedens Flotte zu veräußern, um die eigenen Schulden zu begleichen[4] –, vertraute sie ihm an, wie notwendig für sie eine Zeit der Meditation sei, die sie zur Selbstprüfung nützen wolle gemäß ihren stoischen Überzeugungen. Ähnliches schrieb sie zur gleichen Zeit dem Prinzen von Condé[5] und erwähnte auch ihm gegenüber mit keinem Wort den Ernst der Lage.

Mazarin, der sogleich davon in Kenntnis gesetzt wurde, wusste nur zu gut, wie sehr Christina Chanut schätzte und seine Ratschläge ernst nahm – kurz darauf wurde dieser erneut nach Schweden abgeordnet. Kaum angekommen, wurde er von der Königin beauftragt, nach der Abdankung ihre Ansprüche an Frankreichs allmächtigen Minister zu übermitteln. Sie waren immens und gipfelten in der Forderung nach Auszahlung der noch fälligen Subsidien aus dem Dreißigjährigen Krieg in ihre private Reise-schatulle, gleichsam als »Leibrente«. Der französische Premier weigerte sich aber resolut, die Staatsgelder, die Schweden zukommen sollten, einer sich verabschieden-den Königin zu übertragen, zumal er wusste, dass sie be-reits die seinerzeit erworbene Bibliothek Mazarins, kost-bare Gobelins, Möbel und Handschriften auf das Schiff »Fortuna« hatte verladen lassen, um sie nach Frankreich zu verfrachten, offensichtlich mit der Absicht, diese Kost-barkeiten später durch den Jesuitengeneral von Paris nach Rom befördern zu lassen.

Die Weigerung Frankreichs, den Forderungen der Kö-nigin nachzukommen, führte aber nicht zu einem Zer-würfnis zwischen beiden Ländern, zumal Mazarins Bezie-hungen zum künftigen König Schwedens sehr gut waren. Zur gleichen Zeit pflegte Christina ihre Beziehung zum spanischen König, den sie mit der gleichen Berechnung wie den französischen Monarchen einsetzte, um ihre po-litischen und privaten Pläne zu verwirklichen. Die ge-schickte Schwedin versuchte Spanien und Mazarin als Schachfiguren zu benutzen. Machiavellistisch bediente sie sich der Politik, um ihre Neigungen durchzusetzen. Nun hatte sie ihre endgültige Übersiedelung nach Rom, der Stadt ihrer Seele, strategisch vorbereitet.

Nicht nur die Faszination, die die Kulturschätze dieser Metropole auf sie ausübten, war dabei ausschlaggebend. Nach ihrer Konversion wollte Christina von Schweden zwar in einem katholischen Land leben, aber nicht die Untertanin eines katholischen Herrschers sein. Der Auf-enthalt im päpstlichen Territorium war die ideale Lösung. Bereits Christinas Zustimmung zur Wahl Ferdinands IV., des Königs von Ungarn, zum Römischen Kaiser, hatte als Provokation gegolten. Schwedische Historiker warfen ihr später vor, sie habe mit diesem »verhängnisvollen Schritt« das französisch-schwedische Einvernehmen gebrochen und Schwedens Stellung als führende protestantische Macht in Deutschland und Friedensstifter in Mitteleuropa untergraben[6] – eine überzogene Kritik allerdings, denn die Zustimmung der schwedischen Monarchin zum österreichischen Habsburg hatte nachträglich keinerlei Auswirkung auf die Verträge von 1648 noch auf das schwedisch-französische Bündnis. Die Handelsbeziehungen, die Christina mit Spanien einging, irritierten zu Recht Frankreich, denn Philipp IV. von Spanien hegte freundschaftliche Gefühle für die hochverschuldete katholische Christina[7], die zum Beweis ihrer Verbundenheit mit Spanien dem Gesandten Portugals in Schweden, einem Erzfeind Spaniens, die Akkreditierung entzog.

1654 hatte Christina den sephardischen Juden Don Garcia de Yllan, einen Freund ihres Günstlings Pimentel, zu ihrem persönlichen Vertreter in den Niederlanden ernannt, vermutlich damit er dort ihre Ankunft politisch und finanziell vorbereite. Kurz darauf erbat der spanische Gesandte in Schweden die Rückberufung nach Madrid, da er seine Aufgabe zur großen Zufriedenheit Christinas erfüllt habe, die dem spanischen König einen lobenden Brief über ihren Vertrauten schrieb, dessen Treue und politische Geschicktheit sie hervorhob.[8]

Am 11. Februar 1654 unterrichtete die schwedische Königin die Reichsräte zum zweiten – diesmal endgültigen – Mal über ihre Absicht abzudanken. Diese Ankündigung überraschte nicht mehr, da ja schon längst darüber diskutiert wurde, ob Christina das Recht habe, Schwedens Beutegut außer Landes zu verfrachten. Die Bestürzung Oxenstiernas war trotzdem groß, hatte er doch Gustav II. Adolf versprochen, seiner Tochter das Reich und dem Reich

Govaert Jakob Ferdinand Camphuysen,
Stockholm, Königliches Schloss (1661).
Nationalmuseum Stockholm

seine eigenwillige Tochter zu erhalten. Der Kanzler, der die Abdankung als Verrat empfand, wünschte nur, dass sie möglichst schnell erfolgte.[9] Der englische Gesandte Bulstrode Whitelocke berichtete damals ausführlich an Cromwell über die Ereignisse dieser für die Zukunft des Landes ausschlaggebenden Woche. Entscheidend war in seinen Augen Christinas Argument, sie sei als Frau »ungeeignet zu regieren« und ihr Vetter Karl Gustav weit tauglicher als sie, die Krone zu tragen, umso mehr als sie sich entschlossen habe, unverheiratet zu bleiben. Sie versicherte zwar, nichts läge ihr so am Herzen wie das Wohl des Vaterlandes, forderte aber vom schwedischen Reichsrat in einer Zeit größter finanzieller Not eine jährliche Pension von zweihunderttausend Reichstalern und das Hoheitsrecht in den ihr zugeteilten Ländereien.

Die Räte und der zukünftige König stimmten zu und übertrugen ihr die Inseln Gotland, Öland und Ösel, die Städte Norrköping in Schweden und Wolgast in Pommern, dazu die Tafelgüter in Pommern, die einst adligen Familien zugeteilt worden waren – eine Art Gütereinzug, den Christina früher kategorisch missbilligt hatte. Die Abdankungsurkunde legte fest, dass die abdankende Königin zeitlebens den Status einer Monarchin beibehalten werde. Heftige Diskussionen folgten über das Schicksal des Prager Beuteguts, das Pimentel teilweise schon außer Landes gebracht hatte. Somit schien Rudolfs Schatzkammer über Spanien wieder in die Hand der Habsburger zu wandern.[10] Als Bedingung für die Zahlung von Christinas Apanage forderte der schwedische Reichstag, dass sie den evangelischen Glauben nicht aufgebe. Die Königin versuchte auszuweichen und alle Gerüchte über ihre bevorstehende Konversion zu dementieren. Rührend war die Reaktion der Bauern bei der offiziellen Abdankungserklärung: Ein alter Bauer, der sich an die Königin wandte und mit Tränen in den Augen den Wunsch seines Standes kundtat, die Tochter des großen Gustav II. Adolf auf dem schwedischen Thron zu behalten, brachte die tief verwurzelte Königstreue des Landes zum Ausdruck. Er beteuerte sein Vertrauen zur jungen Königin und schloss mit den ergreifenden Worten: »Wir wollen Ihnen alle helfen, die schwere Bürde zu erleichtern.«[11] Christina erwiderte, Ihr Entschluss sei unwiderruflich, dankte ihm aber für seinen Zuspruch. Sie banalisierte jedoch ihre Tat mit dem ihr eigenen Zynismus. In einem Gespräch mit dem englischen Gesandten wies sie dann auf die »Clownerie« dieses Aktes hin. Lord Whitelocke antwortete betrübt, wenigstens der Bauer habe mit seinem Herzen gesprochen. Christina gab zu, dieser Vertreter des Volkes habe wohl mehr Zuneigung gezeigt als jeder Höhergestellte.[12]

Die Abdankungszeremonie fand am 6. Juni 1654 vor dem Senat im Schloss von Uppsala statt. Christina, die ein schneeweißes Taftkleid trug, brach damit auf zweifache Weise mit der schwedischen Tradition: Sie hatte es vor vier Jahren vorgezogen, in Stockholm gekrönt zu werden, und nun dankte sie in Uppsala ab, wo ihre Ahnen stets die königliche Salbung empfangen hatten. Dem französischen Diplomaten Piques zufolge sah Christina wie ein gekröntes Opfer aus, das zur Opferstätte geführt wurde. Der alte Oxenstierna übergab ihr den Reichsapfel und sein Sohn Johann das Zepter. Per Brahe, der Vertraute Gustav II. Adolfs, setzte Christina zum zweiten Mal die Königskrone aufs Haupt. Die Königin gab nach Verlesung der Erklärung, in der sie ihre Untertanen vom Treueid entband, den fünf Inhabern der höchsten Reichsämter das Zeichen, vorzutreten und von ihr die Reichssymbole in Empfang zu nehmen. Da Per Brahe sich weigerte, ihr die

Krone abzunehmen, tat Christina dies selbst. Nach zahlreichen, die Anwesenden zu Tränen rührenden Reden über ihre Regierungszeit und ihre Treue zu Schweden nahm sie ihren Nachfolger Karl Gustav bei der Hand und führte ihn zum Thron. Von nun an wurde sie für den Pfalzgrafen, nun Karl X. Gustav, seine »Frau Mutter«, die mit dem »Respekt eines Sohnes« zu ehren war. Zur Feier des Tages verfügte Christina, Gefangene und Kriminelle zu begnadigen.[13]

Vier Stunden später wurde ihr Nachfolger in der Domkirche gekrönt. Während der Krönungszeremonie ging Christina außerhalb der Stadt spazieren. An ihre Mutter schrieb sie einen Abschiedsbrief, der königliche Würde und zugleich Kühle zeigte: »Seien Sie zufrieden mit dieser Wiedergutmachung meiner Fehler, und ersparen Sie mir die Unannehmlichkeiten Ihres Tadels.«[14] Auch an Condé schrieb sie einen enthüllenden Brief, in dem sie beteuerte: »Ich muss zugeben, dass die Ruhe, nach der ich mich so gesehnt habe, mich teuer zu stehen kommt, aber ich werde es nicht bereuen, diesen Preis dafür zahlen zu müssen. Ich werde niemals meine Tat anschwärzen durch eine Reue, die gewöhnlich die schwachen Seelen ohne Grundsätze kennzeichnet.«[15] Am 20. Juni 1654 wurde die Académie française ebenfalls mit einem Schreiben bedacht, in dem Christina von Schweden ihre Bewunderung für diese Institution und ihr Verlangen nach Ruhe kundtat, um sich vollends der Literatur zu widmen.[16]

Die Reaktionen auf die Abdankung der schwedischen Königin waren unterschiedlich: Ihre ergebensten Bewunderer wurden zu schärfsten Kritikern und behaupteten, der finanzielle Ruin habe sie aus Schweden vertrieben. Vossius beklagte ihre Verantwortungslosigkeit: »In was für einer Zeit leben wir, da die Königinnen ihr Zepter ablegen und als Privatiers leben möchten, für sich selbst und für die Musen.«[17] Auch Nicolaas Heinsius, dem sie vorschlug, ihr als Privatsekretär zu folgen, was er aber ablehnte – Christina schuldete ihm 10 000 Florinen Gehalt –, warnte sie vor der Feindseligkeit, die ihr diese Tat einbringen würde: »Denkt daran, wenn Ihr den Thron verlasst, dass jedermann es wagen wird, Eure Taten mit letzter Strenge zu rügen, denn Ihr habt Euch der königlichen Prärogativen entledigt, die Euch vor jeder Anschuldigung und Verfolgung schützten.«[18] Chanut schrieb besorgt an seinen Minister de Brienne am 11. Dezember 1653 über die »fürchterlichen Unzuträglichkeiten, denen sie durch ihren Abgang aus Schweden und ihren künftigen Lebenswandel ausgesetzt sein werde«.[19] Sogar der spanische König war skeptisch, wie Galeano Gualdo berichtet: »Da es auf dieser Welt nichts Beständigeres gibt außer der Unbeständigkeit und da die Damen gewöhnlich für Veränderungen anfällig sind, war es für ihn schwierig, sich ein Urteil diesbezüglich zu bilden.«[20]

Ganz Europa machte sich Gedanken über die Ursache dieser Abdankung, die als Angst vor der Verantwortung, Flucht vor dem Ruin, Vorliebe für den Süden oder egoistisches Reisebedürfnis gedeutet wurde. Alfred Neumann zufolge war dieser Schritt die Folge ihres unbezähmbaren Widerspruchsgeistes, ihrer psychischen Unbeständigkeit und ihres schrankenlosen Bedürfnisses, sich hervorzutun, um sich durch einen prunkvollen Einzug in Rom feiern zu lassen. Dies genügt aber nicht zur Rechtfertigung einer derart entscheidenden Tat. Es ist eher anzunehmen, dass Christina eingesehen hatte, nicht fähig zu sein, ihre Aufgabe als Herrscherin zu erfüllen. Dazu gesellte sich der Wunsch, zum katholischen Glauben überzutreten. Acht Jahre lang hatte sie ihren Entschluss überdacht, wie sie 1654 an Chanut schrieb.[21] Der Katholizismus gewährte ihr nach ihrer Überzeugung mehr Freiheit des Geistes und des Handelns als das Luthertum. Kirchliche Frömmigkeit war nicht Sache der widerspenstigen Königin, Freigeisterei lag ihr mehr. So erwiderte sie einem Jesuiten, der sie mit der heiligen Brigitta verglich, sie wolle lieber zu den Gelehrten als zu den Heiligen gerechnet werden.[22]

Christina von Schweden blieb zeitlebens »eine schwierige und unkonventionelle Adoptivtochter der katholischen Kirche«.[23] Waren aber die Zustände im Kirchenstaat im 17. Jahrhundert transparent oder gar überzeugend? Der ungehemmte Nepotismus und der Regierungsstil der Renaissancepäpste riefen ebenso viele Zweifel hervor wie der beginnende Absolutismus der weltlichen Herrscher. Als erster versuchte Innozenz X. Pamfili, die Familienprivilegien zu durchbrechen, indem er 1644 einen Kardinal-Staatssekretär ernannte, der kein Verwandter war. Als alter Mann wurde er aber selbst zum gefügigen Werkzeug seiner Familie – insbesondere seiner Schwägerin Donna Olimpia Maidalchini –, die er aus Siena nach Rom kommen ließ, um ihr wichtige Stellungen zu übertragen.

Die Abreise der Königin aus Schweden erfolgte in aller Heimlichkeit wenige Tage nach der Abdankung. Obwohl in Kalmar eine Flotte von zwölf Kriegsschiffen, von Karl X. Gustav für ihre Reise nach Spa bereit gestellt, auf sie wartete, zog die Königin vor, als Mann verkleidet und unter dem Pseudonym eines Grafen Dohna über Dänemark nach Hamburg zu reiten. Ein erneuter Heiratsantrag ihres Vetters Karl Gustav, der nun König von Schweden war, wurde von der Scheidenden abgewiesen.[24] Als sie über die schwedische Grenze ritt, soll sie gejubelt haben: »Endlich bin ich frei!« Und später wählte sie das Motto »Fata viam invenient« (Das Schicksal findet Mittel und Wege):[25]

In sechs Tagen durchritt die junge Königin Dänemark und erreichte Hamburg am 23. Juli. Dort ließ sie sich im Hause des reichen sephardischen Bankiers Diego Texeira nieder, der dank seines Mäzenatentums eine wichtige Stellung in der Hamburger Gesellschaft einnahm. Auf das vorwurfsvolle Geraune, die Königin von Schweden sei bei einem Juden abgestiegen, antwortete Christina nur, Jesus sei auch Jude gewesen. Teixeras schöne Nichte Rahel soll sie besonders fasziniert haben. Eng umschlungen zeigte sie sich mit ihr in der Öffentlichkeit. Auch die respektlose Haltung Christinas während des lutherischen Gottesdienstes – sie lachte und sprach laut während der Predigt oder versenkte sich in die Lektüre Vergils statt eines Psalmenbuchs – sorgte für allerlei Empörung. Ihr irreligiöses Verhalten – Christina mokierte sich öffentlich über die Heiligen und gab sich besonders kritisch – sollte wohl zur Tarnung ihrer Konversionspläne dienen. Hamburgs Honoratioren besuchten dennoch gern die prachtvollen Feste, die zu Ehren der Königin im Hause Texeiras gegeben wurden und die riesige Geldsummen aus ihrer Reisekasse verschlangen.

Zwei Wochen später setzte sie ihre Reise, abermals in Männerkleidung, fort. Auf dem Weg nach Holland machte sie in Münster Halt und sah sich eingehend die Bibliothek der Jesuiten an. Die Bildung der Monarchin versetzte alle in Staunen: sie kannte fast alle Werke und monierte sogar das Fehlen der Konzilsenzyklopädie des Jesuitenpaters Sirmond, die gerade in Paris erschienen war. In Amersfoot besuchte sie die Universalgelehrte Anna Maria Schurmann, deren Schriften über die Stellung der Frau in der Geschichte sie kannte und deren lateinischen Verse sie schon immer bewundert hatte. Am 5. August kam Christina in Antwerpen an, wo sie zu Gast bei

Don Garcia de Yllan war, den sie kurz zuvor zu ihrem Stellvertreter erwählt hatte. Das Angebot des Erzherzogs Leopold, im Brüsseler Stadtschloss zu residieren, schlug sie ab. Bald folgte ein Fest dem anderen; Gebildete und Adlige reisten ihretwegen aus allen Teilen des spanischen Flandern an. Besonderes Vergnügen bereiteten der Königin die Theateraufführungen der französischen Dramatiker Corneille, Scarron und Scudéry, die allabendlich stattfanden.

Feldherr Raimondo Montecuccoli, den der Kaiser zu seinem Gesandten bei der schwedischen Königin ernannt hatte, beschrieb das Antwerpen jener Zeit als »eine der glücklichen Inseln, die inmitten des tobenden Ozeans friedliche Ruhe atmen oder wie einer der Bergriesen, die Nebel und Wolken tief unter sich lassen, ohne dass ihre ruhige Majestät gestört wird«. Sein Tagebuch gibt ein genaues Bild von Christinas Leben in den Niederlanden, das mit Ausfahrten, Musik und Theaterbesuchen gefüllt war.[26] Montecuccoli fiel die Ehre zu, die Tochter Gustav II. Adolfs nach Rom zu begleiten, denn ihr Übertritt zum Katholizismus sollte später nicht nur dem spanischen Einfluss zu verdanken sein.

Der Bruch der schwedischen Königin mit ihrer Heimat und den einstigen politischen Interessen war radikal. Nur das europäische Kulturleben schien sie zu interessieren. Die Briefe an die ferne und immer noch geliebte »Belle« verraten ein neues Freiheitsgefühl: »Ich esse gut, schlafe gut, lese ein wenig, plaudere, lache, sehe mir französische, italienische oder spanische Theaterstücke an und lasse die Zeit in angenehmster Weise verstreichen. Mit einem Wort – ich höre keine Predigten mehr, in Übereinstimmung mit Salomons Wort verzichte ich auf alle Prediger! Denn der Mensch soll zufrieden leben, soll essen, trinken und singen.« Das Schreiben schließt aber mit einer melancholischen Bemerkung: »Mein Glück wäre unvergleichlich, wenn ich es mit Ihnen teilen dürfte.«[27]

Christinas Freiheitsrausch in den Niederlanden wurde bald Gesprächsstoff in ganz Europa. Die Tatsache, dass der bewunderte Prinz Condé ihr in einem Brief die Niederlage der spanischen Armee bei Arras unter seiner Führung bekannte und sich zugleich entschuldigte, dass er das eigene Vaterland bekämpfte, erregte nicht den Anstoß der Königin, denn ein großer Feldherr unterlag nicht den allgemeinen Gesetzen. Rätselhaft ist aber, dass eine Begegnung zwischen den Beiden durch eine bloße Frage des Protokolls verhindert wurde. Christina hielt trotz der Abdankung ausdrücklich an der strengen spanischen Etikette fest, die eine eiserne Rangordnung und die Unnahbarkeit der Monarchin vorschrieb. Condés Wunsch war, die Frau endlich persönlich kennen zu lernen, »die so einfach die Krone aufgegeben hat, für die wir andere kämpfen und nach der wir unser Leben lang streben, ohne sie jemals zu erlangen«.[28] Er verlangte aber, mit dem gleichen Zeremoniell empfangen zu werden wie Erzherzog Leopold, der Sohn des Kaisers. Diesen Wunsch lehnte die Königin ohne Krone strikt ab. Allerdings soll eine kurze Begegnung etwas später außerhalb der Stadt heimlich stattgefunden haben.[29] Der Feldherr vergaß diesen Affront nicht, ebensowenig wie Christinas Versuch, ihn nach seinem politischen Verrat mit Ludwig XIV. zu versöhnen. Seine Bewunderung schlug ins Gegenteil um. Nunmehr kritisierte er heftig die Monarchin, die »weder Gott noch Religion erkenne, keinen einzigen Priester an ihrem Hof habe, öffentlich den Atheismus predige, nicht sprechen könne, ohne libertinische Ausdrücke in ihre Rede zu mengen, sogar öffentlich die Laster aller Nationen und beider Geschlechter verteidige«.[30] Christina hatte sich in der Tat von ihrem lutherischen Geistlichen getrennt, bevor sie in Dänemark einzog, was der königlichen Etikette, auf die sie so viel Wert legte, widersprach.

Das exzentrische Verhalten der schwedischen Königin war für viele ein Stein des Anstoßes. Bissige Pamphlete und beleidigende Satiren, die ihr Aussehen – »vulgär, formlos, buckelig, mit einer Nase, die noch größer als ihr Fuß ist, und einer schwarzen Perücke, um ihrem Spanier zu gefallen« – und ihre Bildung als verworrenes Geschwätz verunglimpften, waren die Folge. Anonyme Schmähschriften stellten Christina als zügelloses hermaphroditisches Wesen dar, das sich in seinen Ausschweifungen sowohl an Frauen als auch an Männern erfreute. Diese Pamphlete stammten zumeist aus Frankreich, das Christinas enge Beziehung zu Spanien – sie hatte sich damals an den spanischen König gewandt und ihn gebeten, sich für sie beim Papst verwenden, um ihre Niederlassung in Rom zu erwirken – nicht verziehen hatte.

Als Chanut davon erfuhr, war er über das skandalöse Benehmen der Königin betrübt, vor allem darüber, dass sie sich wohl blind dem Spanier Pimentel ausgeliefert habe, obgleich dieser nur an das eigene Prestige denke. Ein kurzer Besuch in Antwerpen überzeugte ihn aber vom Gegenteil der verbreiteten Anschuldigungen. Die alte Freundschaft schien wieder aufzublühen. Christina deutete indes diese freundschaftliche Aufwartung als strategische Geste Mazarins, um die Intervention der schwedischen Königin bei Philipp IV. von Spanien zu erlangen. Immer noch mischte sie sich gerne in politische Strategien und Intrigen ein. Chanuts Enttäuschung und Empörung waren groß, wie der darauf folgende »eisige« Briefwechsel dokumentiert.

Als Christinas Absicht zu konvertieren bekannt wurde, versuchte Schweden, sie mit allen Mitteln davon abzubringen. Ihr damaliger Günstling, Graf Tott, folgte ihr überallhin, um diesen Schritt zu verhindern. Auch Karl Gustav schrieb seiner »Frau Mutter« einen strengen Brief und bat sie, nach Schweden zurückzukehren. Christina ging aber ihren eigenen Weg. Als Gast des Erzherzogs Leopold reiste sie am 23. Dezember nach Brüssel weiter, wo sie am Heiligen Abend 1654 dem lutherischen Glauben abschwor und sich zum Katholizismus bekannte. Der Dominikaner Guemes reichte ihr daraufhin die heilige Kommunion. Dies geschah in aller Heimlichkeit, nur der Erzherzog, Pimentel, Montecuccoli und einige wenige Vertraute waren anwesend. Einige Tage darauf schrieb Christina dem französischen Philosophen Pierre Gassendi: »Ihre Achtung wird mich vor jenen rehabilitieren, die meine Handlung verurteilen, und Ihre Zustimmung wird mir genügen, um mich in meiner Ansicht zu bestärken, dass ich richtig gehandelt habe.«[31] Dieses Schreiben offenbart eine Unsicherheit, die schon in ihrem Brief vom 12. März 1652 an Friedrich von Hessen-Braunschweig durchklang, als er vom Kalvinismus zum Katholizismus übertreten wollte: »Können Sie übersehen, wie sehr die Konvertiten von denen, die sie verlassen, gehasst, und von denen, zu denen sie sich schlagen, verachtet werden? Denken Sie darüber nach, wie wichtig für den Ruf eines Herrschers die Meinung ist, die man von seiner Beständigkeit hat, und wie sehr ein solcher Schritt der Ihrigen schaden würde.«[32] Viele Jahre später, 1676, als der »Ruf des Herrschers« kein dringendes Anliegen mehr für sie war, schrieb sie an den Grafen von Wasenau, einen unehelichen Sohn des polnischen Königs: »Es gibt nichts Größeres, Ehrenvolleres und Schöneres, als sich Gott ganz

hinzugeben. (...) Der Mensch ist für etwas Größeres geschaffen, und die Welt hat nichts, was ihn befriedigen
könnte.«[33]

Im März 1655 starb die Mutter Christinas von Schweden. Die Nachricht ereilte sie noch in Brüssel und bewegte
sie zutiefst trotz oder gerade wegen ihres angespannten
Verhältnisses.

Gleich nach der heimlichen Konversion in Brüssel
beabsichtigte die Königin nach Rom zu reisen. Im Vatikan hatte inzwischen ein Machtwechsel stattgefunden.
Fabio Chigi, der die Interessen des Heiligen Stuhls bei
den Verhandlungen zum Westfälischen Frieden vertreten hatte und Christina persönlich kannte, war 1655 zum
Papst gewählt worden und führte nun den Namen Alexander VII. Bevor er ihr den Einzug in den Kirchenstaat
gestattete, bestand er auf einem öffentlichen Glaubensbekenntnis. Erneut setzte sich der spanische König am 2.
August 1655 beim Vatikan für sie ein, jedoch erfolglos.
Der Humanist Lucas Holstenius (1596–1661), ein Hamburg Lutheraner, der zum katholischen Glauben konvertiert war, wurde zum päpstlichen Legat ernannt. Er
sollte in Innsbruck Christina offiziell in die katholische
Kirche aufnehmen. Holstenius war Vorsteher der Vatikanischen Bibliothek und galt als einer der gelehrtesten
Männer Italiens. Seine Briefe an Kardinal Giulio Rospigliosi über die gemeinsame Reise mit Christina von Innsbruck nach Rom sind ein aufschlussreiches Zeugnis für
die Zeit unmittelbar nach ihrer Konversion.[34] Christinas
ungewöhnliche Bildung entzückte den päpstlichen Gesandten, da sie sich eingehend nach seiner Tätigkeit in
der Vatikanischen Bibliothek erkundigte und den
Wunsch äußerte, später mit ihm dort eine Führung zu
machen.

Die päpstlichen Bedingungen für die Aufnahme der schwedischen Königin in die katholische Kirche waren streng: Abschwörung in aller Öffentlichkeit, vor drei Zeugen Anerkennung der Beschlüsse des Konzils von Trient mit ausdrücklicher Aufzählung aller protestantischen Irrtümer, Kniefall vor dem päpstlichen Gesandten. Christina willigte in diese Forderungen ein. Als sie von Brüssel abreiste, wurden Schmuck und Silber aus der königlichen Schatulle als Pfand für ihre Schulden zurückgelassen.

Am 31. Oktober zog die Königin in Begleitung von 250 Gefolgsleuten – Pimentel war stets dabei – in Innsbruck ein, eher als Herrscherin denn als bescheidene Katechumenin. Ein französischer Zeitgenosse schildert diesen historischen Augenblick: »Ich sah, wie vom Tragbrett ein undefinierbares Wesen ausstieg, halb Mann, halb Frau, mit Überrock und Krawatte und einem Rock, der den Knöchel kaum bedeckte.«[35] Am 3. November betrat Christina von Schweden die Hofkirche in einem schlichten schwarzen Seidenkleid. Als einzigen Schmuck trug sie ein Diamantkreuz. Sie kniete vor dem Altar nieder und verlas mit klarer Stimme das Tridentinische Glaubensbekenntnis. Darauf hielt der Hofprediger Pater Staudacher eine Predigt in deutscher Sprache. Dem *Te Deum* mit anschließender Messe folgte ein Festmahl mit Fackeltanz und einem der von Christina so geschätzten mythologischen Schauspiele. Das musikalische Hauptereignis in Innsbruck einen Tag nach der Konversion war die Uraufführung der Oper *L'Argia* von Marc'Antonio Cesti (1623–1669) nach einem Libretto von Giovanni F. Apollini. Die sechseinhalb Stunden dauernde Oper, in deren Prolog Christina direkt angesprochen wurde, begeisterte die Königin. Cesti gehörte von nun an zu den Künstlern, die sie regelmäßig mit Kompositionsaufträgen bedachte.[36]

Über Trient, Mantua, Ferrara, Bologna und Spoleto setzte Christina ihre Reise nach Rom fort. Überall jubelten ihr die vom Vatikan dazu aufgeforderten Menschenmassen entgegen. In jeder Stadt gab es Gottesdienste, Festbankette und Aufführungen, die wesentlicher Bestandteil der barocken Festkultur waren. Vor der Grenze des Kirchenstaats sandte die schwedische Königin dem Papst den »auferlegten« Brief, in dem sie sich als gehorsame Tochter der Kirche und Seiner Heiligkeit bezeichnete: »Ich habe der Welt bewiesen, dass ich mit größter Freude das Land verlassen habe, in dem es zu den unverzeihlichen Sünden gehört, Euch zu verehren, und ich habe jede menschliche Rücksicht beiseite gelassen, um zu verstehen zu geben, dass ich größeren Wert auf die Ehre lege, Eurer Heiligkeit gehorchen zu dürfen, als auf den angesehensten aller Throne. (…) Ich kann nur meine geringe Person Eurer Heiligkeit zu Füßen legen …«[37] Eine erzwungene Demutsgeste, für die sich Christina später bitter rächen sollte.

Alexander VII. glaubte, eine innere Krise habe Christina dazu bewogen, zum Katholizismus überzutreten, denn er kannte noch nicht die komplexe Persönlichkeitsstruktur der schwedischen Königin. Zur gleichen Zeit schrieb sie einen offiziellen Brief an Karl Gustav, um ihn über den Glaubenswechsel zu informieren. Sie versicherte ihm, jetzt könne sie sich öffentlich zu dem bekennen, was sie schon längst sei, und bekräftigte zugleich ihre Treue Schweden gegenüber. Obwohl damit jeder Anspruch auf eine Wiedererlangung der schwedischen Krone ausgeschlossen war, reagierte Karl X. Gustav ausgesprochen hart und erließ ein Gesetz, demnach in Schweden nunmehr ausschließlich die lutherische Konfession zugelassen war. Christinas Konversion löste allerorten Empörung aus. Johan Matthiae, der geglaubt hatte, sein ehemaliger Zögling wolle sich in Rom für die Einheit der Konfessionen einsetzen, empfand den Glaubenswechsel als Verrat. Er selbst wurde aufgrund seiner toleranten Haltung für Christinas Abtrünnigkeit verantwortlich gemacht.

Die Reise Christinas von Innsbruck nach Rom vollzog sich nach den Vorgaben des Papstes. Ein Jubelzug, gewiss, bei dem aber jeder Andersgläubige ferngehalten und dem Vatikan nicht ergebene Städte, wie beispielsweise Venedig, gemieden werden sollten. In Begleitung des päpstlichen Gesandten besuchte die Königin Kirchen und Klöster sowie die berühmte Bibliothek des Sigismondo Malatesta in Rimini, in der sie Inkunabeln, hebräische Manuskripte und griechische Kodizes bewunderte. Trotz des Umwegs, der dafür in Kauf genommen werden musste, bestand Christina darauf, Assisi und die Wirkungsstätten des heiligen Franz zu besuchen; in Loreto legte sie vor der Muttergottes ihr Zepter und ihre Krone nieder. Überall weckte Christina von Schweden Neugierde und Erstaunen. »Sie besaß herrlich rote Lippen, die an eine Venus denken ließen, zugleich hatte ihre Haltung etwas von einem Marsgott«,[38] schrieb ein Zeuge ihrer majestätischen Auftritte. Der päpstliche Nuntius Bentivoglio, der ihr in Ferrara entgegenkam, fand sie hochmütig, verschwenderisch, stets ihre Geldnöte vorschiebend und auf die Jesuiten fluchend, die überall verkündeten, sie verdanke ihnen ihre Konversion.[39]

Als sie am 21. November in den Kirchenstaat einzog, wurde sie von einer vierköpfigen päpstlichen Delegation empfangen. Christina verblüffte die Gesandten durch die genauen Kenntnisse, die sie von den kulturellen Ereignissen und mondänen Intrigen im Rom besaß. Sie wusste, dass Pietro da Cortona und Gianlorenzo Bernini zu den angesehensten Künstlern der Zeit gehörten und dass der Kastrat Bonaventura großes Ansehen genoss.[40] In Pesaro, wo sie am 2. Dezember weilte, lernte sie die Brüder Ludovico und Francesco Santinelli kennen, die vorzüglich tanzten, Gedichte schrieben und der Königin so überschwenglich den Hof machten, dass sie beide einige Tage später in ihren Hofstaat aufnahm. Am 20. Dezember erreichte sie endlich Rom, wo Kardinal Carlo de Medici und Friedrich von Hessen ihr einen festlichen Empfang bereiteten. Sie waren vom Papst dazu bestimmt worden, die Königin während der Feierlichkeiten zu begleiten.

Papst Alexander VII. bereitete ihr einen prunkvollen Einzug. Das Gefolge schritt durch die Porta Pertusa ein, die seit dem feierlichen Besuch Karls V. im Jahre 1527 zugemauert und zu Ehren der Königin wieder aufgebrochen worden war. Eine unüberschaubare Menschenmenge jubelte der Königin zu, die nur amüsiert bemerkte: »Heißt das in Rom incognito sein?«[41] Zu der Begeisterung der Menge gesellte sich eine gewisse Befremdung über dieses Wesen, das, wie bissige Pamphlete vermerkten, »als Mann entworfen und als Frau fertiggestellt worden war«.[42]

Noch zu vorgerückter Stunde erhielt die schwedische Königin eine Privataudienz bei Alexander VII. Sie küsste die Hände und Füße des Papstes und durfte sich zu seiner Rechten setzen. Zunächst wurde Christina die einzigartige Ehre zuteil, mit ihrem Gefolge in der vatikanischen Torre dei Venti, dem Turm der Winde, untergebracht zu werden, in der heute ein Teil des vatikanischen Geheimarchivs untergebracht ist. Vor ihrem Einzug stellte man peinlicherweise fest, dass im Fresko der Windrichtungen die Allegorie des Nordwinds mit der Inschrift versehen war: »Alles Böse kommt aus dem Norden.« Alexander VII. befahl, schleunigst die Inschrift grün zu übertünchen.

Horatio Marinari, *Königin Christinas Einzug in Rom* (1656).
Königliche Bibliothek Stockholm

Am darauf folgenden Tag zeigte Holstenius ihr die berühmte Bibliothek und stellte ihr einen der wichtigsten Bildhauer des römischen Barock, Gianlorenzo Bernini (1598–1680) vor. Viele Kirchen und Paläste, Brunnen und Statuen sind das Werk dieses Künstlers, der nicht nur sieben Päpsten und der Familie Borghese diente, sondern auch im Auftrag der französischen Könige Pläne für die Neugestaltung des Louvre entwarf. Bernini war aber zugleich auch der Inszenator prachtvoller Feste. Für die römischen Theateraufführungen schuf er herrliche Bühnenbilder und Kostüme. Von Anfang an herrschte zwischen dem Bildhauer und der kunstbegeisterten schwedischen Königin ein inniges Einverständnis, das bis zu seinem Tod anhielt.

Der offizielle Einzug im Rom fand einen Tag später statt durch die Porta Flaminia – die heutige Porta del Popolo –, die Bernini mit dem Wappen des Hauses Wasa geschmückt hatte. In der Stadt dröhnten die Pauken und schmetterten die Trompeten. Ein unvorstellbarer Prunk war auf Geheiß des Papstes entfaltet worden: überall kostbarster Schmuck und Paläste, die vor Teppichen, Silber und erlesensten Objekten strotzten. Um seinen Palast zu Ehren der schwedischen Königin gebührend auszustatten, soll der Herzog von Terranova, Spaniens Gesandter, sogar all den in Rom vorhandenen Samt aufgekauft haben. Der Vatikan ließ sich diesen Anlass 1 300 000 Taler kosten. Als besondere Ehrung Christinas wurde der 23. Dezember 1655 im Kirchenstaat zum allgemeinen Feiertag bestimmt.

Am Weihnachtsfeiertag zelebrierte der Papst selbst die heilige Messe und reichte der schwedischen Königin die Kommunion. Zwei Tage später wurde sie gefirmt; bei dieser Gelegenheit fügte sie ihrem Namen die Beinamen

Maria Alexandra bei, offensichtlich zu Ehren des regierenden Papstes, zugleich aber auch an Alexander den Großen, einen der von ihr verehrten Helden. In den von Raffael bemalten Stanzen des Vatikans fand am 26. Dezember ein Bankett statt, bei dem die Königin und der Papst an zwei verschiedenen Tischen, aber unter einem gemeinsamen Baldachin speisten, da das Protokoll dem Kirchenfürsten untersagte, mit einer Frau den Tisch zu teilen. Noch am selben Abend zog Christina in den Palazzo Farnese ein, einen der schönsten Paläste Roms, von Michelangelo, Guido Reni und Annibale Carracci ausgestaltet. Der Herzog von Parma stellte ihn der schwedischen Königin zur Verfügung – vermutlich in der Hoffnung auf eine Intervention Christinas, um das Herzogtum von Castro zurückzuerhalten, das Innozenz X., der Vorgänger von Alexander VII., konfisziert hatte.

Die »ambulante« Königin

Christinas Anwesenheit in Rom löste einen kulturellen Rausch aus. Jedes Fürstenhaus warb um die umstrittene Königin, die berühmteste Konvertitin Europas. Vor allem die Familie Barberini, die unter dem Pontifikat von Maffeo Barberini, dem späteren Papst Urban VIII., dank dessen schrankenlosem Nepotismus ein beachtliches Vermögen angesammelt hatte, veranstaltete rauschende Feste zu Ehren des schwedischen Gastes. Die Barberini waren die wichtigsten Förderer der Oper in Rom. Im Privattheater des Palazzo Barberini wurden 1656 feierlich drei Schauspiele aufgeführt, aufgrund der Libretti von Giulio Rospigliosi, dem späteren Papst Clemens IX., und der Musik von Marco Marazzoli. *La vita umana*, eine Art geistliche Oper, in der Christina als neuer Stern des Vatikans angesprochen wird, gilt als das bedeutendste dieser Werke.

Fürst Lorenzo Colonna, einer der berühmtesten Sammler Italiens, führte die Monarchin durch seine Gemäldegalerie; Fürst Camillo Pamfili überbot sich in Ehrerbietungen und schenkte ihr sogar ein Gemälde von Carracci, das ihre Bewunderung hervorgerufen hatte. Auch die römischen Adelsgeschlechter Aldobrandini, Orsini und Savelli, die jeweils einen Papst gestellt hatten, inszenierten prunkvolle kulturelle Veranstaltungen zu Ehren Christinas. Die Jesuiten gaben imposante barocke Theatervorstellungen, in denen die Konvertitin demutsvoll vor dem Altar kniend dargestellt wurde.

Die Gelehrsamkeit und Wissbegier der jungen Schwedin beeindruckten die Römer zutiefst. Trotz der großzügigen Zuwendungen des Papstes und der Finanzierung von rauschenden Festen durch den römischen Adel musste sie aber für ihren eigenen Hofstaat selbst aufkommen, und dies zu einer Zeit, als die Zahlungen aus der Heimat wegen der anfallenden Kriegskosten immer spärlicher wurden. Schwedens Truppen in Polen – nach der Thronbesteigung von Karl X. Gustav erhob Johann II. Kasimir von Polen als letzter Angehöriger des Hauses Wasa Anspruch auf Schweden, was den schwedisch-polnischen-brandenburgischen-dänischen Krieg von 1655–1660 auslöste – kosteten jeden Steuerpfennig des Landes. Wie einst der luxuriöse Hof in Stockholm drückte nun die Apanage der abgedankten Königin die schwedische Staatskasse. Die finanziellen Reserven für den Aufenthalt im Rom, ohnehin in Antwerpen auf künftige Zahlungen aus Schweden geliehen, waren schnell verbraucht. Der Vatikan zahlte für Christinas aufwendigen Lebensstil dazu – und zwar anfangs gerne aus Prestigegründen. Sforza Pallavicino, einer der ersten Biografen Christinas von Schweden, berichtet über das anfängliche Einvernehmen zwischen der Königin und dem Papst und über den ostentativen Gehorsam der Unbeugsamen.[1] Der Papst erkannte bald, dass die Konversion der Exzentrizität Christinas keinen Abbruch getan hatte. Die Königin besichtigte zwar alle Kirchen Roms, aber eher als Museen denn als Stätten des Gebets. Den Beichtstuhl mied sie trotzig. Am Gottesdienst nahm sie zwar teil, aber als handle es sich um eine Theateraufführung, die Inszenierung schien ihr wichtiger zu sein als die Glaubensinhalte. Vom Vatikan wurde weiterhin moniert, dass sie »verdächtige« Texte den religiösen vorzog. Ein Vorfall sorgte besonders für

Empörung: Während des Gottesdienstes vertiefte sich Christina in ein Buch, das zwar einen theologischen Titel auf dem Umschlag hatte, sich aber kurz darauf als Ovids *Metamorphosen* herausstellte. Ärgernis bereitete auch ihr burschikoses, unangemessenes und ungehemmtes Auftreten in der Kirche. Der Papst forderte sie zwar auf, öffentlich den Ernst ihres Glaubenswechsels zu bekunden und ein Vorbild zu sein, die abgedankte Königin duldete aber keine Vorschriften und empörte sich über die katholischen Würdenträger und ihre Forderungen – schließlich sei sie keine »Betschwester«! Vermutlich hatte sie sich ohnehin von Anfang an eher von der katholischen Welt als vom katholischen Glauben angezogen gefühlt.[2]

Christina hatte gehofft, im römischen Katholizismus eine liberale Variante des christlichen Glaubens zu finden, wie die französischen Freidenker ihn ihr in Stockholm nahegebracht hatten. In Rom sahen aber die »Spielregeln« anders aus. Die von der Renaissance und Reformation bewirkten Umwälzungen waren in einem von Kriegen und Pest heimgesuchten Jahrhundert erstarrt. Das Leben des Tommaso Campanella (1568–1639) ist ein beredtes Beispiel für diese Erstarrung. Campanella wurde 1599 nach politisch freimütigen Äußerungen, die zu einem Aufstand gegen die Herrschaft der Spanier in Neapel führten, von der spanischen Regierung gefoltert und 27 Jahre gefangen gehalten. Papst Urban VIII. setzte sich zwar für dessen Freilassung ein, Campanella verwarf aber die offizielle Kirchenlehre. In seinem Buch *Der Sonnenstaat* setzte er ihr eine der ersten sozialistischen Utopien der Neuzeit entgegen. In diesem Idealstaat sollte der Mensch durch Askese, Wissenschaft, Staatsvernunft und wenn nötig auch durch repressive Maßnahmen herangezogen werden. Die Reaktion der Kirche war gnadenlos.

Das Buch wurde indiziert, der Autor flüchtete nach Frankreich. Nicht anders verhielt es sich mit dem Dominikaner Giordano Bruno (1548–1600), der sich zeitlebens mit den kirchlichen Behörden im Streit befand, von der Inquisition verurteilt und 1600 verbrannt wurde. 1615 kam Kopernikus auf den Index. 1633 musste Galilei seiner wissenschaftlichen Überzeugung abschwören, 1653 verwarf eine päpstliche Bulle den Jansenismus, 1663 kam auch Descartes auf den Index. Nach dem Prozess gegen Galilei hatten fast alle italienischen Forscher das Land verlassen müssen.[3]

War das der geistige Freiraum, nach dem sich die schwedische Königin gesehnt hatte? Rom war nicht mehr die lebensfrohe Weltstadt der Renaissance, sondern die »geistige Hochburg der Gegenreformation« geworden.[4] Die religiösen Eiferer in der Umgebung des Papstes standen kaum den strengen Lutheranern Schwedens nach, denen Christina zu entkommen versucht hatte. Sie ließ sich aber nicht dadurch beeinträchtigen, sondern blieb mehr denn je ihrem Leitsatz treu: »Ich liebe den Sturm!« Sie respektierte zwar den Papst und die Kardinäle, verhielt sich aber abweisend und provozierend allen anderen gegenüber. Auch die Damen der römischen Gesellschaft wurden mit ähnlicher Verachtung gestraft wie vormals die der schwedischen. Nur eine einzige erweckte ihr Interesse: Maria, die Tochter des Herzogs von Savoyen, die sich in ein Kloster zurückgezogen hatte. Als Christina ihr dort einen Besuch abstattete, kam sofort das Gerücht auf, sie habe sich in die junge Nonne verliebt.

Die Bewunderung der römischen Bevölkerung schlug bald in Empörung um. Für sie war es ein Affront, wenn Christina bei öffentlichen Theateraufführungen die Schauspieler unterbrach, laut auspfiff und sich wie ein

Rüpel benahm. Während des Karnevals wurden ihr darum auf der Straße hinter dem Schutz der Masken beleidigende *lazzi* nachgerufen, auf die sie unverfroren mit Obszönitäten antwortete.

Die derben Scherze Christinas und ihre Extravaganzen waren in aller Munde. Der Marquis Giandemaria berichtete dem Herzog von Parma über das Ärgernis, das die Schwedin erregte. Er rühmte zwar ihre Intelligenz, tadelte aber gleichermaßen ihre Nervosität und Unbeständigkeit, die sich darin äußerte, dass sie erregt in ihren Räumen umherlief, jede Nacht in einem anderen Zimmer schlief, sakrale Gegenstände profaniere – so ein Elfenbeinkreuz von Michelangelo, das sie aus der Kirche in ihr Schlafgemach bringen wollte –, Marmor-Feigenblätter entferne, die bei Statuen das Geschlecht bedeckten, und sich ungehemmt über Sitten und Gebräuche des Landes mokiere. Der Palazzo Farnese wurde von Christinas Gefolgschaft geplündert und beinahe verwüstet. Ihre Domestiken sollen sogar kostbare Möbel als Brennholz benutzt haben, um die Räume zu heizen.

Der Papst, der in seinem Schlafgemach einen hölzernen Sarg als *Memento mori* hatte aufstellen lassen, ermahnte immer wieder die neu gewonnene Tochter der Kirche, etwas »gläubiger«, d.h. etwas konventioneller im Sinne ihres neuen Glaubens aufzutreten, und tadelte ihren Mangel an Einfühlungsvermögen und Anstand. Er beklagte sich über ihren »fast unerträglichen Hochmut« und äußerte 1658 gegenüber dem Gesandten von Venedig, sie sei »eine Frau, als Barbarin geboren, barbarisch erzogen und den Kopf voller barbarischer Gedanken.«[5]

Christina von Schweden war gewiss eine exzentrische Natur voller Widersprüche, aber ihre Zeit war es auch. Im Rom der Barockzeit, das den Prozessionen von Büßern und Geißlern große Bedeutung einräumte und die Musik Scarlattis oder Corellis verklärte, gab es auch grausame Wettrennen zwischen Krüppeln oder jüdischen Gefangenen, die unter schallendem Hohngelächter nackt laufen mussten. Teufelsaustreibungen an vermeintlichen Hexen, die Szenen eines Marquis de Sade vorwegnahmen, dienten damals der Volksbelustigung. Christina bevorzugte trotz ihrer »barbarischen Natur« Edleres: sie ließ im Palazzo Farnese Theater spielen und Opern aufführen, und in der Fastenzeit veranstaltete sie »geistliche Übungen«.

Am 24. Januar 1656 fand die erste Sitzung der von ihr gegründeten *Accademia Reale* im sogenannten Kaisersaal des Palazzo Farnese statt. Diese Sitzungen sollten sich nach dem Vorbild der Académie française richten und für die Reinheit der italienischen – d. h. der toskanischen – Hochsprache eintreten. Astrologie, Alchemie und philosophische Erörterungen gehörten ebenfalls zum Programm. Im Rahmen dieser Akademie wurde auch die Musik nicht vernachlässigt – Christina selbst nahm Gesangsunterricht bei Loreto Vittori, einem gefeierten Sopran-Kastraten, Opernkomponisten und Mitglied der Sixtinischen Kapelle.

In einer Zeit, in welcher der Heilige Stuhl größten politischen Schwankungen ausgesetzt war, teilweise bedingt durch die beständige Einmischung Spaniens und Frankreichs in die inneren Angelegenheiten des Vatikans und durch das Neuaufblühen des Nepotismus, dem auch der alternde Alexander VII. nachgab, entstand in Rom *Lo squadrone volante*. Das Hauptanliegen dieser losen Gruppierung von jungen, kritischen Kardinälen – den Spottnamen »die fliegende Schwadron« bekam sie vom spanischen Gesandten – war die Wiederherstellung der politischen Neutralität des Pontifikats und seiner Handlungsfreiheit gegenüber den souveränen katholischen Staaten. Im siebzigköpfigen Kardinalskollegium fingen die jungen Kirchenmänner geschickt politische Schwankungen auf und konnten so meinungsbildend agieren. Die geschwächte päpstliche Autorität sollte gegen den französisch-spanischen Interessenkonflikt endlich wieder gestärkt werden. Entschieden setzten sie sich dafür ein, dass der würdigste Kardinal, nicht der manipulierbarste, zum Papst gewählt werde.

Die treibende Kraft der Fraktion war seit 1653 Kardinal Decio Azzolino (1623–1689) aus Fermo, der bald eine entscheidende Rolle in Christinas Leben spielen sollte. Er gehörte einer alten Adelsfamilie aus der Region Marche an, die seit Generationen im Dienst der Kirche stand, und verdankte seine steile Karriere einer ungewöhnlichen Intelligenz und einer scharfen Feder. Bekannt war er außerdem durch seine amourösen Liaisons und seinen ausgesprochenen Familiensinn. 1653 war er vom Vatikan zum Sekretär für die Fürstenkorrespondenz ernannt worden. Seine Briefe offenbaren einen Mann von großer Weltgewandtheit und Herzenswärme. »Er hat den Verstand eines Dämons, die Tugend eines Engels und ein Herz so groß und edel wie das Alexanders«,[6] sagte später die schwedische Königin über ihn, als er ihr vertrautester Freund wurde.

Schön während der ersten Wochen ihres Romaufenthalts war Christina dem jungen Kardinal begegnet, wahrscheinlich am Neujahrsabend 1655/56. Die uneingeschränkte Sympathie der Konvertitin für die rebellischen Kirchenmänner – die politisch unabhängige Position der *Squadrone volante* entsprach ihrem eigenen Freiheitsdurst und deren Programm, die päpstliche Autorität zu stärken, ihrer absolutistischen Haltung – versah sie mit einer ge-

Jakob Ferdinand Voet, *Kardinal Decio Azzolino* (1623–1689).
Staatliche Museen zu Berlin,
Preußischer Kulturbesitz, Gemäldegalerie

wissen gesellschaftlichen Legitimation. Dem Anführer dieser Gruppe galt aber mehr als nur die Sympathie der Königin. Von Anfang an verband beide eine innige, »romantische« Freundschaft. Christina, die sich immer geweigert hatte, »zum Acker zu werden für des Mannes Pflug«, fand hier eine seelische Entsprechung, deren subtile Verflechtungen bis heute im Dunkeln geblieben sind. War ihre Liebe zu Azzolino platonischer Natur oder auch physisch beglückend? Die in der Korrespondenz aus Hamburg angesprochenen Gefühle sind mit zärtlichen Metaphern versehen, wie es zum Ton der Zeit und zum Gefühlsvokabular der Heldinnen der preziösen Romane gehörte, die Christina begierig gelesen hatte.

Die intensive Beziehung zwischen Decio Azzolino und der exzentrischen Königin wurde bald von der römischen Gesellschaft bemerkt und kritisiert. Ein anderer Kardinal, Francesco Colonna, war von Christina so hingerissen, dass er ihr leidenschaftliche Ständchen zu vorgerückter Stunde unter den Fenstern ihres Domizils brachte. Die Königin mokierte sich darüber, und der Unglückliche wurde zudem vom Papst gerügt. Im März 1656 bat der Papst Decio Azzolino, seine »ausgedehnten Besuche« bei der Königin einzustellen und sich auf den Briefverkehr zu beschränken. Diese Anweisung wurde aber nicht befolgt, der Kardinal und die Königin trafen sich weiter.

Noch mehr als diese Freundschaft irritierte aber den Papst Christinas negative Haltung gegenüber Kardinal de Medici, dem Haupt der spanischen Kardinalspartei. Alexander VII. war bestimmt kein großer Anhänger der Spanier, aber er war entschieden antifranzösisch eingestellt, da er nicht vergessen konnte, dass Frankreich versucht hatte, seine Wahl zum Papst zu verhindern. Die Einstellung der Königin widersprach seinen politischen Plänen.

Da aber die katholischen europäischen Mächte im Konklave mitbestimmten, musste er trotz seiner Abneigung taktieren. Bereits Innozenz X., der Vorgänger von Alexander VII., hatte als Devise gewählt: »Wenig reden, sich viel verstellen und gar nichts tun« – ein Wahlspruch, der nicht nur für den Vatikan zutraf, sondern auch für die meisten Herrscher der Zeit. Die schwedische Königin ergriff eindeutig Partei für das französische Lager. Schon als junges Mädchen hatten die französische Kultur und Sprache sie fasziniert. Ihre Korrespondenz und ihre Schriften hatte sie als gebildete Europäerin selbstverständlich auf Französisch verfasst.

In Rom interessierte sich Christina von Schweden vornehmlich für die politischen Ereignisse. Als sie in der Hauptstadt des Katholizismus eintraf, spielte sich dort gerade die »Affäre de Retz« ab. Der junge Kardinal Paul Gondi de Retz (1613–1679), bekannt durch seine gesellschaftskritischen *Memoiren* und dadurch, dass er in den Unruhen der *Fronde* an der Seite Condés die Bevölkerung gegen die Regierung aufgehetzt hatte, stand nunmehr im Mittelpunkt einer von Mazarin angestifteten Intrige, die ihn als Verräter an Frankreich brandmarken und ihn die Stellung des Kardinals von Paris, die er seit 1652 innehatte, kosten sollte. Christina durchschaute die heikle Lage und spann zeitweilig Fäden zu beiden Parteien: Sie unterstützte Mazarins Politik, setzte aber zugleich auf de Retz als künftigen Nachfolger des französischen Premiers. Die allgemeine Amnestie Ludwigs XIV. hatte keine Gültigkeit für de Retz, der darum 1654 nach Rom geflohen war. De Retz gab 1662 seine Ansprüche auf das Erzbistum Paris auf und zog sich in die Abtei von Saint-Denis zurück. Dieser Verzicht auf geistige Macht rief, ähnlich wie der Christinas auf politische Macht, zwiespältige Reaktionen hervor. La Rochefoucauld schrieb an Madame de Sevigné, es sei wohl die aufsehenerregendste und falscheste Tat von de Retz gewesen. Diese aber verteidigte den Entschluss des jungen Kardinals: »Seine Seele gehört einer so edlen Art an, dass man nicht ein Ende wie bei den anderen, gemeinen Menschen erwarten konnte. Wenn man gewöhnlich nur das Größte und Heroischste vollbringt, nimmt man Abschied zur richtigen Zeit und lässt seine Freunde weinen.«[7] Das heroische Ideal Christinas entsprach in einem gewissen Sinne dem des französischen Kardinals. Cassirer zufolge strebte diese Epoche zwar die absolute Macht an, zugleich aber den mit großer Geste vollzogenen Verzicht auf die Macht, wie es die Helden in Corneilles Tragödien vorführten.[8]

Christinas kluges Taktieren im Fall von de Retz – sie versprach dem französischen Sonderbotschafter in Rom und späteren Minister Hugues die Lionne (1611–1671), de Retz zum Verzicht auf die Kardinalswürde zu bewegen, und bemühte sich in mehreren Audienzen beim Papst, Mazarins Wünsche zu unterstützen – brachte ihr die Hochachtung des Pariser Hofs ein. Die Königin äußerte sich derart vernichtend über die charakterlichen und politischen Schwächen des amtierenden Papstes, dass Mazarin nach einigem Zögern Christina doch für sich zu gewinnen suchte. Er erkannte in ihr jene »Kraft im Umkreis des Vatikans, die Frankreich bisher in Rom entbehrte«.[9] Philipp IV. von Spanien hatte sie zwar wie eine Herrscherin behandelt, die unter dem Schutz des katholischen Hauses Habsburg stand – was ihr einen triumphalen Einzug in Rom ermöglicht hatte –, aber eine Orientierung nach Frankreich versprach ihr eine vorteilhaftere Position.

Bereits vor ihrer Ankunft in Rom hatte die Königin begonnen, sich dem Einfluss der spanischen Krone zu entziehen. Die »unparteiliche« *Squadrone volante* ermöglichte ihre, am Geschehen des Vatikans teilzunehmen und den spanischen Einfluss einzuschränken. 1655 entließ Christina von Schweden ihre spanischen Hofbeamten und sogar ihren spanischen Beichtvater und ersetzte sie durch italienische. Ostentativ schenkte sie ihre Gunst und Freundschaft Pompeio Colonna, Fürst von Gallicano, einem gebildeten neapolitanischen Patrioten, der als Emigrant in Rom lebte.

Für eine öffentliche Konfrontation sorgte der Herzog von Terranova, ein streng gläubiger spanischer Grande. Er erkühnte sich, Christinas freizügige Ausdrucksweise zu kritisieren, worauf sie ihn ihren Unmut anlässlich einer für die damalige Zeit wichtigen Frage der Etikette spüren ließ. Der Grande hatte sich erbeten, mit bedecktem Haupt vor ihr zu erscheinen und mit ihr sprechen zu dürfen, wie es dem französischem Gesandten erlaubt war. Christina schlug den Antrag ab. Terranova verlangte Genugtuung und wetterte, Christina habe nicht einmal ein königliches Recht, da sie von dem usurpatorischen Haus der Wasa und nicht vom rechtmäßigen schwedischen Königsgeschlecht abstamme. Sein Eifer wurde vom spanischen Staatsrat taktisch gebremst mit der Bitte, sich nicht in die Angelegenheiten der schwedischen Königin einzumischen. Der Spanier tat genau das Gegenteil: Einer seiner Freunde, Antonio de la Cueva, dessen Frau in dem Verdacht stand, eine lesbische Beziehung zu der Königin zu unterhalten, nannte Christina die »größte Dirne der Welt«. Ihre Reaktion war strategisch klug: Sie tat kund, nur aus Achtung vor Philipp IV. den spanischen General für seine Unverfrorenheit nicht auspeitschen zu lassen und verbot ihm, ihr je wieder unter die Augen zu kommen. Die römische Gesellschaft war empört: Große europäische Aristokraten wurden von der schwedischen Königin wie Lakaien behandelt. Madrid hingegen beugte sich vor Christinas Einfluss am Vatikan und berief Terranova unter einem Vorwand zurück – ein Sieg der Entkrönten, die im europäischen Geschehen, und sei es durch Aufdeckung oder Spinnen von Intrigen, eine immer entscheidendere Rolle spielen sollte.

Ihr römischer Aufenthalt gestaltete sich aber allmählich zum Albtraum. Der Papst konnte die katholische Christina nun nicht mehr nach Schweden zurückschicken, denn dies wäre einem Kniefall vor dem bekämpften Luthertum gleichgekommen. Sie in Rom zu behalten, hätte bedeutet, sie zeitlebens finanziell zu unterstützen und sich ihren politischen Intrigen auszusetzen. Die Beziehung wurde immer gespannter. Die Pest, die sich im Süden blitzartig ausbreitete und Rom bedrohte, brachte einen ungeahnten Ausweg. Christina beschloss, sich an ihren in Polen weilenden Vetter Karl X. Gustav, den regierenden schwedischen König, wegen der versprochenen , nur partiell ausgezahlten Apanage zu wenden. Mitte Juni 1656 informierte sie den Papst über ihre Reisepläne und bat zugleich um einige Galeeren für die Reise nach Marseille. Ende des Monats wurde auch Mazarin aufgefordert, der schwedischen Königin auf dem Weg nach Hamburg die Durchreise durch Frankreich zu erlauben und Kutschen für sie bereit zu halten. Schmuck und Pferde wurden verkauft, um zur Finanzierung der Reise beizutragen.

Doch nicht die Flucht vor der Pest und die Begegnung mit ihrem Vetter waren der Anlass für Christinas Abreise aus Rom. Eine andere Absicht war ausschlaggebend. Das unter spanischer Herrschaft stehende Königreich von Neapel befand sich in einer heiklen Lage. Bereits 1647 hatte unter der Leitung eines Fischers von Amalfi, genannt Masaniello, der später von seinen eigenen Anhängern gelyncht worden war, ein Aufstand stattgefunden. Die gemäßigte Partei wünschte sich als König den jüngeren Bruder Ludwigs XIV., den Herzog von Anjou, was aber aus dynastischen Gründen nicht möglich war. Da fasste man den Plan, der schwedischen Königin Neapels Thron zu übertragen, der nach ihrem Tod Frankreich zufallen sollte. Der französische Gesandte Hugues de Lionne hatte im Auftrag Mazarins die Fäden für diese neue Alternative geknüpft. Die Briefe zwischen dem französischen Premier und der schwedischen Königin sind leider verschollen. Ein einziges noch vorhandenes Dokument belegt, dass diesbezüglich Gespräche stattgefunden haben.[10]

Christina stand damals in enger Beziehung zu dem Grafen Gian Rinaldo Monaldesco, Anführer der neapolitanischen Aufständischen und Vertrauter des Herzogs von Guise, der de la Cueva als Oberstallmeister gefolgt war und als Günstling Christinas galt. Decio Azzolino begleitete die Königin bis nach Palo, wo sie sich nach Frankreich einschiffen sollte. Dort verabschiedete sie sich vom Herzog von Bracciano, der kurz darauf starb. Bei anderen hinterließ die Abreise Christinas aus Rom wenig Bedauern, ein holländisches Pamphlet verkündete: »Sie ist nach Rom gekommen als Spaniern, Katholikin, Jungfrau und Vermögende, sie zieht fort als Französin, Atheistin, Weibsbild und Bettlerin.«[11]

Die päpstliche Galeere *La Padrona* war prachtvoll ausstaffiert. Neben Christina und ihrem Hof befanden sich über 400 Menschen als Dienstpersonal an Bord, darunter 170 Zuchthäusler beider Geschlechter. Ein großer Aufwand, der angesichts der gefährlichen Lage im Mittelmeer verständlich war. Christina, die keine Furcht kannte, soll dazu spitz bemerkt haben: »Nachdem ich den Fuß des

Papstes geküsst habe, möchte ich wirklich nicht die Hand des Großen Türken küssen müssen.«[12] Am 29. Juli 1656 wurde sie in Marseille auf Weisung Mazarins, der sich gute Beziehungen zum König von Schweden nach dessen glänzendem Sieg bei Warschau wünschte, wie eine Herrscherin empfangen. Schmeichlerisch schrieb er:»Ohne zu übertreiben, kann ich Ihnen versichern, dass Ihre Majestät nirgendwo so verehrt wird wie an diesem Hofe.«[13]

Elf Kanonenschüsse im Schloss von If kündeten ihre Ankunft an. Als offizieller Vertreter des Königs empfing der Herzog von Guise Christina am 14. August in Lyon, um sie nach Paris zu geleiten. In seinem Gefolge befanden sich zwei alte Freunde, der Botschafter Pierre-Hector Chanut und der Arzt Bourdelot, eine einfühlsame Geste Mazarins, die Christine den französischen Boden gleich vertraut machen sollte.[14] Unzählige Feste, Audienzen und prachtvolle Inszenierungen fanden in den nächsten Tagen in Lyon statt. Darauf reiste die Königin nach Compiègne und an den französischen Hof. Der Kardinal war von derart erlesener Zuvorkommenheit, dass eine politische Intrige zu vermuten war. Christinas Triumphzug sollte wohl dazu dienen, ihr den Weg auf den Thron von Neapel zu ebnen.

In der königlichen Karosse oder zu Pferd durchquerte die schwedische Königin Frankreich und hinterließ zahlreiche Aufzeichnungen, die ihren jeweiligen Aufenthalt widerspiegeln. Christinas Bildung und Frömmigkeit beeindruckten ihre Gesprächspartner. Der Herzog von Guise sandte 1656/57 einem Freund eine anschauliche Schilderung der schwedischen Königin:»Sie hat schöne Arme, weiße, wohlgebildete Hände, die aber mehr Mannes- als Weiberhänden gleichen. Die eine Schulter ist etwas höher als die andere. Diese kleinen Fehler weiß sie durch ihre

Tracht, ihren Gang und Bewegungen geschickt zu verbergen. Ihr Gesicht ist zwar groß, doch ohne Tadel. Sie hat eine Habichtnase, einen großen, aber holden Mund. Die Haut ist trotz einiger Blatternnarben von ziemlich lebhafter und schöner Farbe. Ihr Kopfputz ist wunderlich und besteht aus einer großen Perücke, die auf einer großen Stirn liegt, zuweilen trägt sie auch einen Hut. Das Hemd ragt über ihr Kleid hervor, das sie ziemlich schloddrig trägt. Ihre Haare sind beständig dick gepudert und stark pomadiert. Sie zieht fast nie Handschuhe an und trägt Schuhe wie die Mannsleute, deren Stimme und Wesen sie fast gänzlich an sich hat. Sie will durchaus eine Amazone darstellen. Wenigstens ist sie ebenso wild und stolz wie ihr Vater, der große Gustav. (…) Sie ist sehr höflich und holdselig, spricht acht verschiedene Sprachen, und insbesondere die französische, als sei sie in Paris geboren. Sie weiß mehr als unsere Akademie mitsammt der Sorbonne. Sie versteht sich auf Gemälde, wie auf alle anderen Dinge, sehr wohl. Ihr sind die Intrigen, die an unserem Hof gespielt werden, besser als den Hofleuten bekannt. Mit einem Wort, sie ist eine ganz außerordentliche Person.« Und weiter heißt es: »Sie verabscheut alle Verstellungen, was bei Personen ihres Geschlechtes und ihres Ranges selten ist. (…) Sie bedient sich gerne scharfsinniger, kurzer Ausdrücke, die in wenig Worten viel Schönes enthalten.«[15]

Andere Stimmen gesellten sich hinzu, wie der Nuntius des Papstes berichtete: »Wir erinnern uns an die Seelengröße und an die beständige und wahre Tugend Ihrer Majestät ebenso wie an ihre Verachtung alles Weiblichen, was eine schweigende Predigt gegen den herrschenden Luxus im Lande war.«[16]

Christinas Reise nach Paris führte sie nach Fontainebleau, wo eine Begegnung stattfand, die für viel Gerede sorgte. Die Cousine des Sonnenkönigs, Mademoiselle de Montpensier (1627–1693), die in Saint-Fargeau ein zeitweiliges Exil für ihr Engagement als Sympathisantin der *Fronde* abbüßte, hatte den Wunsch geäußert, die schwedische Königin kennen zu lernen. Sie begegnete ihr in Essonne. Mademoiselle de Montpensier, die wie die schwedische Königin die Ehe ablehnte, war zunächst von ihrem barbarischen, beinahe hemmungslosen Benehmen abgestoßen. Während der ihr zu Ehren gegebenen Theatervorstellungen rekelte sich Christina auf ihrem Platz, warf die Beine über die Lehnen, schnitt groteske Grimassen und fluchte hemmungslos. Laut verkündete sie, dass sie, wie ihre Gastgeberin, gerne an einer Schlacht teilgenommen hätte. Der Esprit und der Witz der Königin ohne Land faszinierten aber letztlich die Herzogin, die in ihren *Memoiren* schrieb, sie finde Christina von Schweden außergewöhnlich, alles in allem erscheine sie ihr wie ein »hübscher Junge«.[17]

Ein zweites Treffen fand auf der Rückreise Christinas nach Italien statt. Mademoiselle de Montpensier suchte sie in Montargis auf und fand die Königin in ihrem Bett vor. Wegen der kurz davor erfolgten Rasur hatte sie ein Handtuch um den Kopf gewickelt, dazu trug sie ein kragenloses Hemd mit einer großen roten Schleife. Kein schöner Anblick, fürwahr, begleitet von derben Äußerungen. Die Königin beteuerte ihr, wie töricht es sein, sich mit einem Mann zu amüsieren und wie abscheulich, Kinder zu gebären. Geradeheraus bekannte sie, dass jede Frau sich selbst bestimmen und sich vor der Abhängigkeit von einem Mann schützen sollte.

Christinas pompöser Einzug in Paris Anfang September ist von Madame de Motteville, der Hofdame und Vertrauten Annas von Österreich, in ihren *Memoiren* eingehend beschrieben worden. Ihren Schilderungen zufolge soll Christina von Schweden neun Stunden lang durch Paris auf La Licorne, dem Schimmel des Herzogs von Guise, geritten sein, von den Herzögen von Guise und Richelieu bis zum Louvre begleitet, wo sie Quartier bezog. Henriette von England, die exilierte Tochter Heinrichs IV., François de La Rochefoucauld und Mademoiselle de Scudéry, die bereits in ihrem Roman *Le Grand Cyrus* die Königin verewigt hatte, statteten ihr einen Besuch ab. Trotz ihres männlichen Aussehens und ihrer ungezügelten Ausdrucksweise nahmen ihre außergewöhnlichen Kenntnisse der französischen Kultur und ihre geistreichen Bonmots bald den ganzen Hof für sie ein.

In Paris suchte Christina viele Bibliotheken und bibliophile Sammler auf. Gilles Menage (1613–1692), der Philologe und Schützling der Marquise de Sevigné, stellte ihr die französischen Schriftsteller der Zeit vor, wie beispielsweise Jean Chapelain, einen Mitbegründer der Académie française, der sie mit Petrarcas Versen »Beati gli occhi di chi la vide« ansprach. Christina wies barsch solche Schmeicheleien ab und zog es vor, die Kunstsammlung Mazarins zu besichtigen, die einige Gemälde Correggios aufwies. Der Nachfolger Richelieus und vermutliche Liebhaber der französischen Regentin Anna von Österreich war darüber nicht erfreut, denn er befürchtete, die italienische Gefolgschaft der Königin könne einige Gemälde mitgehen lassen. Großes Interesse zeigte Christina auch für die das Leben der Maria de Medici darstellenden Gemälde des Herzogs von La Vrillière.

Einige Aufführungen in der Comédie Française sorgten wiederum für Irritationen. Junge Damen begafften so erschrocken die Königin, dass diese sie provozierend fragte: »Warum schauen Sie mich so an, glauben Sie, ich sei ein

Mannsbild?« Nur die junge strahlende Madame de Thianges fand ihren Gefallen. Ihr unverhohlenes Werben um sie verleitete manche dazu, die schwedische Königin eine »zügellose Lesbierin« zu nennen.[18] Kaum war Christina in ihren Gemächern eingerichtet, empfing sie Höflinge sowie – als solche getarnt – Ludwig XIV. und seinen Bruder, den Herzog von Anjou, die ihr ehrfurchtsvoll den Rocksaum küssten. Christina erkannte sie sofort trotz ihrer Verkleidung, lachte lauthals und zog ihre Porträts hervor.[19]

Ihre erste Begegnung mit Mazarin fand Mitte September in Chantilly statt. Über ihn schrieb sie: »Es ist ein kluger und feinsinniger Mann, gibt sich als Ehrenmann aus und spielt es manchmal sehr gut vor. Er zügelt seine Leidenschaften, oder eher sollte man sagen, dass er eine einzige hat, die schönste, nämlich den Ehrgeiz, dem er alle anderen unterordnet. Liebe und Hass hat er nur, wenn es seinem eigenen Interesse zuträglich ist, das letztlich nur ein maßloses Begehren nach Macht ist.«[20] Die Beziehung der Königin zum Minister war schillernd, von politischen und psychologischen Strategien bestimmt, aber stets von gegenseitiger Achtung gekennzeichnet.

Christina mischte sich jedoch taktlos in französische Angelegenheiten ein. Der junge Ludwig liebte Maria Mancini, eine Nichte seines Ministers. Christina urteilte folgendermaßen über sie: »Sie ist geistreich und schlau, sie versteht es ausgezeichnet, sich auf die Grausame herauszuspielen, und es befriedigt sie, einen der großen Könige der Welt zu ihren Füßen liegen und seufzen zu sehen, wenn ich auch nicht ganz überzeugt bin, dass sie die Absicht hat, ihn dort sterben zu lassen …«[21] Dem Monarchen riet sie aber, seine Liebe nicht zu verleugnen. Mazarin sah die Affäre politisch, eine Heirat mit einer Habsburgerin war für Frankreich weitaus wichtiger als eine Liebesromanze des jungen Königs. Christinas unerwünschte Intervention löste auf beiden Seiten Unwillen aus. Die Briefe Christinas an Decio Azzolino über die erste Frankreichreise wurden leider auf ihre Bitte hin bis auf den hier zitierten vernichtet. In Compiègne vereinbarten Christina und Mazarin einen geheimen Vertrag, in dem sie zur künftigen Königin Neapels ernannt wurde unter der Bedingung, dass das Reich nach ihrem Tod an Frankreich fallen sollte. Der Angriff auf Neapel sollte vor dem Februar 1657 stattfinden. Der französische König sicherte ihr 4000 Infanteristen und 1200 Kavalleristen zu, ebenso wie Geld für Waffen und Pferde. Christina beteuerte, Schweden werde für die ausstehenden Zahlungen aufkommen. Mazarin schickte daraufhin einen Gesandten zu Karl X. Gustav, um diese Forderung zu bekräftigen, und lieh der schwedischen Königin 50 000 Taler aus seiner Privatschatulle.

Auf dem Rückweg nach Italien besuchte Christina die Kurtisane Ninon de Lenclos (1616–1705), über die Saint-Simon schreibt: »Sie war ein neues Beispiel für den Triumph des Lasters, geistreich geführt und mit einigen Tugenden vergütet.«[22]. Ninon vertrat schon früh die Gleichberechtigung von Frau und Mann und war auch dem eigenen Geschlecht nicht abhold, denn sie pflegte zärtliche Beziehungen zu anderen Frauen. Die Kö-nigin und die Kurtisane waren beide Außenseiterinnen, libertine, freigeistige Frauen im Sinne des 17. Jahrhunderts, und Christina soll Ninon, laut Madame de Motteville, wahrhaft verehrt haben.[23] Eine Bemerkung von Ninon de Lenclos ihrem letzten Liebhaber, Marquis de Sevigné, gegenüber verrät ein Gesprächsthema zwischen ihr und der schwedischen Königin. Es ging um die Preziösen, die aus emanzipatorischen Gründen die Liebeslust verachteten: »Merken Sie sich gut, dass alle diese Metaphysikerinnen im Grunde sich von den anderen Frauen nicht unterscheiden. Ihr äußeres Gehabe ist imposanter, ihre Moral strenger, aber sehen Sie sich ihre Tage an, und Sie werden erkennen, dass ihre Herzensgeschichten immer so enden wie bei der anspruchslosesten Frau ... Wie ich es der Königin Christina einmal sagte, sie sind die Jansenisten der Liebe.«[24] Die kurze Begegnung zwischen beiden Damen war so intensiv, dass die Königin daraufhin meinte, das einzige, was dem Sonnenkönig fehle, sei der Umgang mit dieser großartigen Kurtisane ...

Im November traf Christina in Pesaro ein. Nicht allein die Pest hielt sie von Rom fern, sondern auch finanzielle Gründe, denn in Pesaro war die Lebensführung weniger kostspielig. Erst zwei Jahre später, im Frühjahr 1658, sollte sie nach einer zweiten Frankreichreise die »Ewige Stadt« wiedersehen. Pesaro war die Hochburg der Familie Santinelli, ihre Rivalität zum Haus Monaldesco trat dort unverblümt zutage.

Die finanzielle Situation der schwedischen Königin wurde zunehmend heikler. Schwedens Apanage ließ auf sich warten, und die von Mazarin versprochenen Geldsummen wurden beträchtlich gekürzt. Seine politischen Pläne hatten sich geändert, der Thron Neapels und die exzentrische Christina standen nicht mehr im Vordergrund: das Abkommen Frankreichs mit Cromwell vom März 1657 war erfolgversprechender im Krieg gegen Spanien als die Träume einer abgedankten Königin.

Die Anwesenheit der schwedischen Königin in Frankreich war nicht mehr erwünscht. Trotz aller Einwände des französischen Premiers, der die Königin beschwor, in Pesaro zu bleiben, damit ihre gemeinsamen Pläne nicht bekannt wurden, brach sie im Spätfrühling wieder nach Frankreich auf und ließ sich im Schloss Fontainebleau nieder. Ein unerbetener Gast, dessen Zeit abgelaufen war. Sie hatte Unsummen in ihre zukünftige Residenz in Neapel und in neapolitanische Uniformen für ihr Gefolge investiert und beklagte sich bitter über die Gleichgültigkeit, die ihr jetzt entgegengebracht wurde. Diese gespannte und für sie demütigende Lage führte zu einer Tat, die den französischen Hof und andere europäische Regierungen, darunter auch den Vatikan, empörte: Christina ließ während ihres Aufenthalts in Fontainebleau eigenmächtig ihren Stallmeister und derzeitigen Günstling, Graf Monaldesco, hinrichten. Es gibt zwei Versionen dieser Exekution, die in *La Galerie des Cerfs* des königlichen Schlosses stattfand: die offizielle der Königin selbst und die des Jesuiten Le Bel, der das blutige Ereignis, zu dem ihn Christina als Geistlichen hinzu gebeten hatte, ausführlich schilderte und von seinem religiösen Standpunkt aus deutete. Die schwedische Königin warf Monaldesco drei Vergehen vor: er habe sie bestohlen, ihre Neapel-Pläne den Spaniern verraten und dann den verhassten Francesco Santinelli dieses Verrats mittels eines gefälschten Briefs bezichtigt. Die Entscheidung, den Italiener auf französischem Boden hinrichten zu lassen, rechtfertigte Christina als Strafe für seinen politischen Verrat. Der Bericht von Le Bel enthält aber Einzelheiten, die über den Vollzug einer rechtmäßigen Strafe hinaus die Grausamkeit der schwedischen Monarchin bloßlegen. Monaldesco sollte zunächst den Verrat an die Königin und die Verschwörung gegen Santinelli öffentlich bekennen, was er zum Teil tat. Anschließend wurde er zur Beichte aufgefordert, um den Frieden seiner Seele zu sichern. In einer fast drei Stunden dauernden Todeszeremonie wurde er dann von Santinelli und zwei Wächtern abgestochen. Der ehemalige Günstling flehte um Gnade. Der bestürzte Jesuit wies vergeblich die Königin darauf hin, ohne ein rechtmäßiges

Urteil habe sie, überdies auf fremdem Territorium, nicht das Recht, eine Hinrichtung zu vollziehen. Christina ließ sich nicht abbringen von ihrem Vorhaben. Der übereilte Todesvollzug wurde sofort in Paris bekannt. Ein Pamphlet stellte die schwedische Königin als grausame Semiramis dar, die ihre Liebhaber kurz nach dem Beischlaf umbringen ließ. Sadistisch soll sie kurz darauf den Besuchern das blutbefleckte Parkett, auf dem sich die schaurige Szene abgespielt hatte, gezeigt haben. »Königin ohne Reich, Prinzessin ohne Untertanen, großzügig ohne Geld, politisierend ohne Motiv, Christin ohne Glaube, Urheberin ihres eigenen Ruins«,[25] so beschrieb sie damals der Volksmund.

Politisch war die Tat mehr als brisant, nahm sich doch die schwedische Königin auf französischem Boden Rechte aus, die allein Ludwig XIV. zustanden. Diese blutige Tat bestürzte den Sonnenkönig und seinen Hof. Der schlaue Mazarin schickte indes den alten Freund Chanut zu Christina mit der Bitte, das Vergehen als Kavaliersdelikt zu tarnen, damit es nicht zu einem Politikum werde. Ein taktisches Vorgehen, das Christinas verbürgtes Souveränitätsrecht wahrlich übersah. Auch auf fremdem Boden war sie Herrscherin ihres Hofs; ihre Gegenwart genügte, um ein eigenes Königreich mit entsprechendem Territoriumsrecht zu schaffen.[26] Hochmütig beteuerte sie Mazarin in einem Schreiben, dass sie voll und ganz zu ihrer Tat stand, auch wenn er über ihr politisch und juristisch anfechtbares Handeln erbost sei: »Wir Menschen aus dem Norden sind ein bisschen wild und von Natur aus wenig furchtsam. Ich bitte Sie zu glauben, dass ich bereit bin, Ihnen alles zu Gefallen zu tun, nur nicht, mich zu fürchten. Was meine gegen Monaldesco ausgeführte Tat betrifft, so sage ich Ihnen, dass ich, wenn ich sie nicht getan hätte, diesen

Abend nicht zu Bett ginge, ohne sie zu tun, und dass ich keinen Grund zur Reue habe, aber hunderttausend Gründe, höchst zufrieden zu sein.«[27]

Unverfroren erläuterte die Königin, dass sie dem Verräter sogar ermöglicht habe zu beichten und das ewige Heil zu erlangen. Chanut schickte sie gleichzeitig eine Kopie ihres Schreibens mit der Bitte, Mazarin zu versichern, sie sei bereit, für ihn und den König alles zu tun, »außer Angst und Reue zu empfinden. Ich kenne niemanden, der stark genug wäre, mich zu zwingen, meine Gefühle und meine Taten abzuleugnen«.[28] Cassirer zufolge entsprach Christina damit dem Ideal der *virtù*, das auch Corneille beseelte. Der heroische Mensch ist nur sich selbst und Gott gegenüber verantwortlich, keine blinde Leidenschaft bestimmt sein Handeln, sondern nur das objektive Urteil und der moralische Wille. Die schwedische Königin hatte Monaldesco des Verrats beschuldigt, seine Verteidigung angehört und ihn dahin geführt, selbst seine Schuld einzugestehen. Gnade walten zu lassen wäre in dieser Situation ein Zeichen der Schwäche und dem moralischen Willen entgegengesetzt gewesen. Die Reaktion des französischen Königs war diplomatischer Natur. Einige Höflichkeitsbezeugungen – der neue schwedische Herrscher war zu mächtig, um ihn wegen seiner einst so geliebten Cousine beleidigen zu wollen – tarnten nur schlecht den Wunsch der Franzosen, sich der unliebsamen Besucherin zu entledigen.

Erst nach einem dreimonatigen Aufenthalt in Fontainebleau wurde Christina nach Paris gebeten und im Louvre in den Räumlichkeiten Mazarins untergebracht. Ein deutlicher Hinweis, dass die Abreise der Schwedin nicht länger hinausgezögert werden sollte. Die Königin ließ es sich dennoch nicht nehmen, die Pariser Museen und Karnevalsbälle zu besuchen, bei denen sie als Zigeunerin oder Tänzerin verkleidet auftrat und einmal mehr bewusst ihre Umgebung schockierte.[29] Anna von Österreich mied beharrlich die unerwünschte Exzentrikerin. Ein unterkühlter Empfang in der Académie française galt nur der Gelehrten, die politische Christina war nicht mehr gefragt.

Der Philosoph Gottfried Wilhelm Leibniz verteidigte das Handeln der schwedischen Königin, da ihr die volle Gerichtsbarkeit über ihren Hof zukäme, tadelte aber, dass sie auf französischem Boden stattfand.[30] Ein Jahrhundert später zerstörte die Monaldesco-Affäre in den Augen Voltaires und d'Alemberts den Mythos von der aufgeklärten schwedischen Königin. »Kommende Jahrhunderte werden es mehr als verwunderlich finden, dass mitten in Europa, in einer aufgeklärten Zeit, man überhaupt darüber diskutiert, ob eine Königin, die ihren Thron verlassen hat, das Recht behält, ihre Domestiken kurzerhand niederzumetzeln. Man sollte sich eher fragen, ob Christina auf Schwedens Thron dieses barbarische Recht gehabt hätte.[31] Der französische Aufklärer ging so weit, dass er der akribischen, wenn auch oft beschönigenden Veröffentlichung aller zeitgenössischen Quellen Christina und ihre Schriften betreffend, die der finnische Bibliothekar Johann Arckenholtz vornahm (1750–1760), seine negativen *Mémoires sur Christine* entgegensetzte.[32] Auch der französische Humanist Louis Sébastien Mercier (1740–1814) verurteilte »diese grillenhafte Königin, die schwedische Königin, die in Europa herumvagabundierte und in Frankreich das Schauspiel eines Mordes gab, vor dem die Philosophen aller Zeiten sich in tiefes Schweigen hüllten.«[33]

Die Tragödie von Fontainebleau inspirierte später Alexandre Dumas d. Ä. und Robert Browning zu Dichtungen, die aber mehr den zeitgenössischen Pamphleten als der Wirklichkeit verpflichtet waren. Der Historiker Findeisen geht heute einer überzeugenderen These nach. Die schwedische Königin hatte vermutlich entdeckt, dass Monaldesco, den sie zu Verhandlungen mit Mazarin autorisiert hatte, mit dem Premier neue Pläne aushandelte, die eine politische Variante ohne sie vorsahen.[34] Demzufolge ging es nicht nur um einen Verrat an Spanien, sondern um eine strategische, für Christina vernichtende Aufhebung der Neapel-Pläne. Eine Hochzeit zwischen Ludwig XIV. und einer Habsburgerin schien plötzlich als ideale Lösung, um die spanische Enklave in Süditalien an Frankreich zurückzuführen. »Nicht Spanien zerschlug Christinas Pläne, Frankreich, Mazarin, verhinderte dies.«[35]

Die schwedische Königin verließ Frankreich am 18. März 1658 und kam nie wieder in das Land zurück, das lange Zeit ihr erträumtes Arkadien gewesen war. Obwohl die Herrscherin ohne Land bereits die negative Reaktion des Papstes auf die Hinrichtung Monaldescos und seine Bitte kannte, nicht nach Rom zurückzukehren, sondern Avignon, Roms Enklave in Frankreich, als Wohnsitz zu wählen, ließ sie sich auf diesen Vorschlag nicht ein. In Norditalien machte sie Halt beim Herzog von Modena, den sie als Oberbefehlshaber »ihrer« Truppen beim Angriff gegen Neapel vorgesehen hatte. Auch er versprach wie Mazarin einen baldigen Einsatz, wusste aber, dass dieser nie zustande kommen würde.

Der Empfang Christinas in Rom fiel geradezu unwirtlich aus. Nur die treuen Azzolino und Barberini ritten ihr entgegen. Der Papst blieb in seiner Sommerresidenz Castelgandolfo und begnügte sich damit, seinem Gast einen *rinfresco* überreichen zu lassen. Das römische Volk entzog ihr die Sympathie, die es früher für sie aufgebracht hatte.

Niemand glaubte an ihre Version der Monaldesco-Hinrichtung. Jeder Krankheits- oder Todesfall an ihrem Hof wurde als Vergiftung oder Mordanschlag gedeutet – das schwedische »Bildungswunder« war in den Augen der römischen Öffentlichkeit zu einem blutrünstigen Henker geworden. Auch die Brüder Santinelli wurden mit Abscheu bestraft. Die Liebesgeschichte zwischen dem zweifelhaften Ludovico Santinelli und der schönen, vermögenden Anna Maria Aldobrandini, gerade verwitwete Herzogin de Ceri, erhitzte noch mehr die Gemüter. Santinelli, im Volksmund nur noch »Witwenmacher« genannt, wurde vom Papst verbannt, und die liebestolle Herzogin als Strafe in ein Kloster gesteckt.

Christina ignorierte wieder einmal die Ablehnung des Papstes und verbürgte sich sogar öffentlich für die Ehewünsche ihres Günstlings, der beim Verkauf der nun unnützen für Neapel vorgesehenen Uniformen und Waffen beträchtliche Summen für die eigene Kasse abzweigte. Die Lage wurde noch heikler, als Santinelli gewalttätig in das Kloster eindrang, in dem seine Geliebte darbte. Eine Provokation für den Papst, der die Herzogin in die Verliese des Vatikans, die Engelsburg, bringen ließ. Indes schickte Christina den zweifelhaften Höfling trotz seiner Betrügereien als ihren Boten nach Wien in der Absicht, mit dem Kaiser eine politische Verbindung anzuknüpfen, wie sie es vergebens mit Spanien und Frankreich versucht hatte. Ein schwerwiegender Irrtum, der durch nichts zu rechtfertigen war. Ging es um Treue gegenüber dem ehemaligen Günstling, um Strategie oder einfach um Tollkühnheit? Christinas widersprüchliches Verhalten lässt all diese Fragen offen.

Nachdem der neapolitanische Traum ein Ende genommen hatte, schwebte der Unbezwingbaren eine neue

»heroische« Tat vor: die Entente zwischen dem Sonnenkönig und dem Vatikan. Frankreich war jedoch damals noch zu keinem Ausgleich bereit – dieser vollzog sich erst 1665 ohne die Vermittlung Christinas. Die »ambulante« Königin, wie sie wegen ihrer rastlosen Reisen von den Zeitgenossen genannt wurde, war aber zur Staatskunst erzogen und darum unfähig, sich mit ihrer Abdankung abzufinden. Zeitlebens wurde sie vom Verlangen getrieben, an der politischen Entwicklung Europas mitzuwirken. Das Ideal der stoischen Selbstgenügsamkeit zog sie zwar unwiderstehlich an, aber es gelang ihr nie, diese Erkenntnis mit ihrem Leben und ihren Ambitionen in Einklang zu bringen. Sie war zu klarsichtig, um diesen inneren Konflikt nicht zu erkennen, zugleich zu leidenschaftlich, um sich mit einem Kompromiss abzufinden. Das macht sie zu einer tragischen Gestalt in der Geschichte Europas, denn sie spiegelt die Ideale ihrer Zeit wider, aber »oft in seltsamer Brechung«.[36]

Von Rom nach Hamburg

Seit der Rückkehr aus Frankreich war Christinas Lage in
Rom mehr als heikel. Der gescheiterte Plan, das Königreich Neapel zu erobern sorgte für Verstimmung seitens
des Vatikans und hatte ihr den Hass der spanischen
Diplomaten eingebracht. Die Anhänger Frankreichs verziehen ihr die Hinrichtung Monaldescos nicht und wichen jeder Konfrontation mit der Königin aus, die nun im
Palazzo Mazarin wohnte. Der Ehrengast des Vatikans
stellte sich ostentativ auf die Seite Frankreichs und machte
vom sogenannten »Quartierrecht« Gebrauch, d. h. sie betrachtete ihren Wohnsitz und das umgebende Stadtviertel
als ein extraterritoriales Gebiet, das dem Zugriff der römischen Polizei entzogen war. Um dieses Privileg kämpfte
sie zusammen mit den Botschaftern Frankreichs und
Spaniens, die es derart missbrauchten, dass der Papst als
Landesherr sich genötigt sah, einzugreifen.[1] Nur Kardinal
Azzolino hielt ihr noch die Treue, tröstete sie über ihren
politischen Misserfolg hinweg und versuchte, sie mit dem
Papst zu versöhnen, auf den sie allemal angewiesen war.
Ihre finanzielle Not nahm zu, schon in Paris hatte sie Mazarin ihre Diamanten weit unter Wert verkauft, um nach
Rom zurückkehren zu können. Karl X. Gustav von Schwe-
den führte damals wieder einen kostspieligen Krieg gegen
seinen Erzfeind Polen, die der Königin zugesprochenen
Unterhaltsgelder der Pommerschen Güter blieben in Anbetracht der Lage aus. Dass der enttäuschte Papst Alexander VII. die stets Fordernde und sich nie Fügende als

»Barbarin« bezeichnete, traf sie zutiefst in ihrem Selbstverständnis als eine ihr Zeitalter prägende Kulturpersönlichkeit.

Azzolinos geschicktes Manövrieren brachte Christina dennoch dazu, den Erwartungen des Vatikans zu entsprechen und aus dem französischen Palais auszuziehen, um sich im Palazzo Riario (heute Corsini) in Trastevere niederzulassen. Diese Geste des Entgegenkommens kittete wieder die Freundschaft zwischen ihr und dem Vatikan. Der Papst setzte der schwedischen Königin eine Jahresrente aus, womit er ihr aus der akuten Geldnot half. Nach und nach übernahm Azzolino auf Wunsch Alexanders VII. die Verwaltung ihrer finanziellen Angelegenheiten, wobei ihm die Abbés Matteo Santini und Lorenzo Adami, ein Verwandter Azzolinos, halfen. Letzterer erwarb sich als Wirtschafter Christinas sogar in Schweden Anerkennung, wo er durch geschickte Verpachtungen der Pommerschen Güter Gewinn erzielte. 1665 wurde er zum Kontrolleur dieser Güter ernannt und versetzte als kritischer Prüfer die nordischen Staatsbeamten in Erstaunen: Adami deckte Unregelmäßigkeiten auf, erzwang anfallende Nachzahlungen und organisierte ein neues Verwaltungssystem, das Christinas Schuldenberg zu reduzieren versprach.[2]

1659 befand sich Schweden im Krieg gegen das Kaiserreich, Polen, Dänemark und Russland. Umso unverständlicher war die Verbindung, die Christina von Schweden damals durch die Akkreditierung des durch seine Mithilfe an der Hinrichtung Monaldescos in Misskredit geratenen Francesco Santinelli in Wien suchte. Unverfroren unterbreitete sie Kaiser Leopold I. sogar den Vorschlag, eine Armee nach Pommern zu entsenden, um das Land mit Waffengewalt den Schweden zu entreißen.

Ihrem Plan zufolge sollte sie Herrscherin des Landes werden, das nach ihrem Tod wieder an das Reich fallen würde. Als Gegengabe sollten Christina lebenslang die Einkünfte aus Pommern garantiert werden. Der Kaiser ging zunächst auf den Plan ein, gab ihn aber kurz darauf auf.[3] Christinas Vorhaben widersprach nicht nur grundsätzlich den Bestimmungen des Westfälischen Friedens, sondern auch der bei ihrer Abdankung festgelegten Klausel, sie dürfe niemals gegen Schwedens Interessen handeln.[4] Dieses Vorgehen, das heute als Staatsverrat angesehen werden würde, löste im 17. Jahrhundert kein Ärgernis aus. Auch das Verhalten von Karl X. Gustav ist erstaunlich: er schickte seiner Cousine 20 000 Taler, obwohl die schwedische Armee diese Summe dringend benötigt hätte. Der frühzeitige Tod des schwedischen Königs am 13. Februar 1660 veränderte Christinas Situation. Karl X. Gustav hinterließ einen kränklichen, minderjährigen Sohn als Nachfolger. Ein aristokratischer Vormundschaftsrat wurde bis zu dessen Mündigkeit eingesetzt. Erst im April wurde der Tod des Königs in Rom bekannt. Für Christina, die einflussreiche Feinde im Reichsrat hatte, hätte dies unter Umständen die Aufkündigung des bei der Abdankung getroffenen Abkommens bedeuten können.

Die Königin beschloss, sofort nach Schweden zu reisen. Der Papst borgte ihr das erforderliche Geld, möglicherweise in der Hoffnung, sie würde wieder ihr Land regieren und es zum Katholizismus konvertieren. Ein dreifaches Anliegen bestimmte Christinas Reise nach Hamburg, wo sie einen Monat später mit einer erschöpften und teilweise dezimierten Gefolgschaft eintraf. Sie wollte dort mit den Unterhändlern des Kaisers über Pommern verhandeln, mit ihrem Bankier über neue Kreditmöglichkeiten sprechen und ihre Ansprüche bei der schwedischen Thronfolge im Falle des Aussterbens der pfälzischen Linie anmelden.

Der Friedensschluss des Kaisers mit Schweden machte ihr erstes Anliegen zunichte. Kurz entschlossen wandte sie sich, um sich erneut an Frankreich zu binden, dem französischen Gesandten Hugues de Terlon zu, mit dem sie einen Teil ihrer Reise durch Schweden fortsetzte. Am 3. Mai 1660 setzte der Friede von Oliva dem Nordischen Krieg zwischen Schweden und Polen ein Ende, ebenso wie der von Kopenhagen dem Zwist mit Dänemark und der von Kardis den Auseinandersetzungen mit Russland. Die Friedensbedingungen waren für Schweden sehr günstig, ein großer Teil der Eroberungen Karls X. Gustav blieb erhalten und der polnische König Johann II. Kasimir verzichtete endgültig auf den schwedischen Thron.

Das schwedische Volk empfing seine ehemalige Königin voller Ehrerbietung, der Reichsrat hingegen begegnete ihr eher feindselig – Christinas Pommern-Vorhaben war mittlerweile bekannt, und die Königin war ausdrücklich gebeten worden, nicht anzureisen. Der von Karl X. Gustav kurz vor seinem Tod ernannte Kanzler, der ehemalige Günstling Graf Magnus de La Gardie, war überdies ihr ärgster Feind geworden. Jetzt sah er in der einst Geliebten nur noch eine exzentrische Vagabundin, die ihr Land lächerlich machte und vor der man sich hüten musste.

Die Gefolgschaft der schwedischen Königin bestand fast ausschließlich aus Italienern, und bald wurde in Stockholm gemunkelt, es handle sich um verkleidete Soldaten. Für Irritation sorgte auch ihr Stallmeister, Horace de Bourbon, Marquis del Monte. Er stand in nichts den früheren Günstlingen der Königin nach: gut aussehend, geistreich, geldgierig, gerissen – er behauptete sogar, mit dem französischen Königshaus verwandt zu sein, was Christina öffentlich verkündete, um Ludwig XIV. zu ärgern. Ihre Gunst erzürnte auch den Papst, da del Monte wegen finanzieller Vergehen aus dem Kirchenstaat verbannt worden war. Christina provozierte nahezu alle, als sie auf freier Religionsausübung bestand, obwohl das schwedische Gesetz gebürtigen Schweden die Ausübung des katholischen Glaubens untersagte. Der Reichsrat räumte dennoch ein, sie dürfe der Messe beim französischen Botschafter beiwohnen. Damit wurde sie wie eine Ausländerin behandelt, was die Königin zutiefst grämte.

Als kurz darauf die Geistlichen, die sie begleiteten, ausgewiesen wurden, machte Christina zur allgemeinen Überraschung ihre Thronansprüche öffentlich geltend. Strategisch geschickt war es nicht, in dieser heiklen Situation auf angeborene Rechte zu bestehen. Christina wollte wohl Schweden ein Verfassungsvakuum ersparen, das das Risiko einer von der übermächtigen Oligarchie angestrebten Wahlmonarchie mit sich hätte bringen können.[5] Der Reichsrat reagierte darauf sehr scharf: Christina wurde aufgefordert, noch einmal ihre Abdankung zu bestätigen, wenn sie die Abmachungen von 1654, vor allem die finanziellen, nicht gefährden wollte. Der Zorn der Königin war derart maßlos, dass der Kanzler befahl, die Wache vor den Räumen des kleinen Thronfolgers zu verstärken …

Auf dem Rückweg hielt sich die abgewiesene Königin vier Monate in Schloss Norrköping auf, das ihr Privatbesitz blieb. Dort erhielt sie die Nachricht von Mazarins Tod. Ludwig XIV. nahm die Regierung jetzt selbst in die Hand. Christinas neuer Plan war nun die Gründung einer »europäischen« Liga, einer Vereinigung der europäischen

Mächte an der Seite Venedigs, um einen Kreuzzug gegen die Türken auszurichten. Obwohl die Königin an alle Herrscher Europas appellierte und der Republik Venedig aus ihrer eigenen Kasse die Mittel für ein Regiment zur Verfügung stellte, blieb diese Initiative ohne Folgen.

Das nächste Jahr hielt sich Christina in Hamburg auf, wo sie vom Tod der Ebba Sparre erfuhr. Vergeblich hatte die Königin sie immer wieder gebeten, ihr nach Rom zu folgen, aber die schöne Gräfin, die inzwischen Mutter von drei Kindern geworden und protestantisch geblieben war, hatte Schweden nie verlassen.

In der Hansestadt befasste sich Christina nicht nur mit finanziellen Fragen, die sie mit dem Bankier Manuel Texeira erörterte. Unermüdlich wandte sie sich an die europäischen Regierungen, um religiöse Toleranz zu fordern. Der Katholizismus solle doch in protestantischen Ländern geduldet werden, wie sie an den König Dänemarks und an den Hamburger Senat schrieb. Dies rief aber die Bedenken wach, entsprechende Gegenforderungen könnten von den Protestanten erhoben werden. Der Kaiser lehnte rigoros ab, der spanische und der französische König stimmten nur zögernd zu. Dänemark und der Hamburger Senat waren ebenso wenig bereit wie der schwedische Reichsrat, die Einheit des Glaubens aufzugeben. Christinas Plan war wiederum kein Erfolg beschieden. Sie ließ sich aber nicht durch diesen Misserfolg entmutigen.

In der selbstverständlichen Toleranz des jüdischen Glaubens war die schwedische Königin ihrer Zeit weit voraus. Wie ihr Reisebegleiter, Graf Galeazzo Gualdo Priorato, berichtet[6], gab es damals in Hamburg hundertzwanzig portugiesisch-jüdische und vierzig bis fünfzig deutsch-jüdische Haushalte. »Die portugiesischen Juden wohnen meist in der Altstadt und treiben großen Seehandel. Die deutschen Juden wohnen meistens in der Neustadt und treiben Kleinhandel mit allem, was ihnen unter die Hände kommt.« Die vermögenden Sepharden hatten zwar das Recht, in Hamburg Häuser zu besitzen, aber im Stadtregister mussten sie unter dem Namen eines Christen eingetragen werden. Letzterer galt als Besitzer *ad fideles manus*, der Jude als Nutznießer.[7]

Zu der blühenden sephardischen Gemeinde, die sich gegen Ende des 16. Jahrhunderts in Hamburg niedergelassen hatte, gehörten die Texeira, eine renommierte Kaufmanns- und Bankiersfamilie, mit der Christina in engem Kontakt stand, ebenso wie mit den Familien da Costa, Abendsur und de Castro, deren Sohn Benedict ihr Leibarzt wurde. Manuel (Isaac) Texeira, Christinas Bankier, war der Sohn des Diego (Abraham) Texeira de Sampaio, Oberhaupt der sephardischen Gemeinde und seit 1655 Bote der schwedischen Königin in Hamburg.[8] Mit Manuel Texeira setzte die Monarchin am 8. Juli 1661 einen Vertrag auf, der ihr nicht nur erhebliche Zinsen zusicherte, sondern auch ihr Vertrauen in den jüdischen Bankier dokumentierte.[9] Als 1663 der Kaiser zur Finanzierung des Kriegs gegen die Türken Teile des Vermögens Teixeiras einziehen und den kaiserlichen Geleitbrief von 1654, welcher der sephardischen Familie Bewegungs- und Handlungsfreiheit im Reich gewährte, nicht mehr anerkennen wollte, verhinderte Christina von Schweden mit Vehemenz dieses Ansinnen.[10]

Die Königin hatte sich in Texeiras Gästehaus am Kreyenkamp hinter der Sankt-Michels-Kirche niedergelassen. Kurz nach ihrer Ankunft nahm sie mit ihrer Gefolgschaft an einem prunkvollen Bankett im Stadtpalast Texeiras am Jungfernstieg teil, der als Treffpunkt für Gesandtschaften europäischer Fürstenhöfe galt.[11] Ihrerseits lud sie Texeira in ihre Residenz ein[12] – eine ungewöhnliche Geste, die kundtut, wie sehr Christina daran gelegen war, ihren Gastgeber und Bankier gesellschaftlich zu fördern.

Ihr Briefwechsel mit Manasse ben Israel (1604–1657), der, in La Rochelle von marranischen Eltern geboren, durch seine Bemühungen um die Wiederaufnahme der Juden in Cromwells England in die Geschichte eingegangen ist, bezeugt eine ähnliche aufgeklärte Toleranz. Der Gelehrte widmete daraufhin der schwedischen Königin seine Bibelexegese *Conciliator*.[13]

Auch in späteren Jahren erwies sich Christina von Schweden als Beschützerin der Juden: Als sie aus Wien vertrieben werden sollten, wandte sie sich unverzüglich an den Kaiser. Auch in Rom setzte sie sich bei Clemens X. dafür ein, dass der grausame Brauch, während des Karnevals Juden und Tiere durch die Straßen zu treiben, verboten wurde. 1686, kurz vor ihrem Tod, übernahm sie den Schutz des römischen Ghettos, wie ein Dokument aus dem Archiv Azzolinos zeigt, das der schwedische Botschafter Carl der Bildt Ende des letzten Jahrhunderts an den Tag beförderte:

>»La Regina Christina, protettora delli miserabili, delli oppressi et attriti, mossa da una generose compassione, si dichiara aver presto nella sua protetione il ghetto delli Ebrei in Roma et tutti li habitanti di esso. Però fa saper a chi legge la presente sua dichiarazione che saprà castigar severamente chi averà in avenir l'ardir d'insultar o strapazzar li suddetti in qualsivoglia modo.
>Roma, 15 d'Agosto 1686 *La Regina*[14]

Mit ihrem Einsatz für die katholische Kirche im Norden hatte Christina den Papst für sich gewonnen. Ihre Rückkehr nach Rom am 20. Juni 1662 wurde wieder zu einem unvergleichlichen Triumphzug. Dies widerfuhr jedoch ganz und gar nicht dem französischen Gesandten, der ebenfalls gerade in die Ewige Stadt einzog. Der Pyrenäenfrieden zwischen Frankreich und Spanien von 1659 hatte die alten Rivalitäten zwischen dem Vatikan und Ludwig XIV. erneut geschürt. Die drei neuen Provinzen – Roussillon, Artois und Teile Lothringens –, die Frankreich dabei erlangte, hätten den Abmachungen des Konkordats von 1516 unterliegen müssen. Ausschließlich dem französischen König stand es zu, die Bischöfe dieser Ländereien zu ernennen. Der Heilige Stuhl hatte aber plötzlich Einspruch erhoben und mühsame Ablässe und individuelle Regelungen verlangt, die er später jeweils verweigerte. Die Franzosen standen damals im Vatikanstaat nicht gerade ich hohem Ansehen.

Kurz nach der Rückkehr Christinas ereignete sich ein Vorfall, der mit dem Terranovas vergleichbar war. Wiederum eine Frage der Etikette: Der französische Gesandte ersuchte um den *fauteuil*, einen Sessel an Christinas Hof, begehrtes Symbol eines höheren Ranges. Sie weigerte sich entschieden, dem stattzugeben. Geschlichtet wurde die Auseinandersetzung durch einen Brief Ludwigs XIV. Der beleidigte Botschafter, Herzog de Crequi, verhehlte aber kaum seine Empörung. Zwei seiner Soldaten gerieten kurz darauf in einen heftigen Streit mit der korsischen Garde des Papstes. Ein Schuss der Italiener soll sogar die französische Botschaft getroffen haben, gerade als de Crequi den Balkon betrat. Die Karosse seiner Gattin wurde angeschossen und einer ihrer Pagen getötet. Der Franzose forderte die Bestrafung der Schuldigen und Wiedergutmachung von Seiten der Verantwortlichen, des Bruders des Papstes Don Mario, General der Vatikanischen Armee, und des Kardinals Imperiali, Roms Gouverneur und Mitglied der *Squadrone volante*. Aber beide reagierten nicht.

Da Christina die Unnachgiebigkeit des französischen Königs bei solchen Konflikten kannte, drängte sie Azzolino, den Papst zu bewegen, sich bei Ludwig XIV. zu entschuldigen. Sie schlug ihm sogar vor, einige Korsen hinrichten zu lassen, gegebenenfalls Unschuldige ...[15] Unaufgefordert und heftig mischte sie sich in die heikle Situation ein und nahm ungeschickterweise in einem Schreiben an den französischen König Partei für die Position des Papstes ein. Ludwig XIV. antwortete ungehalten und bat Christina, jede weitere Vermittlung zu unterlassen.[16] Die beleidigte Königin versammelte daraufhin im Palazzo Riario alle Frankreich-Gegner und ließ Komödien aufführen, in denen der König und seine Minister verspottet wurden und Imperiali als Held hervortrat. Paris protestierte sogar offiziell in Stockholm, nahm aber die Klage bald wieder zurück, um die Apanage Christinas nicht zu kompromittieren. Vielleicht sah Ludwig XIV. auch, wie ausschlaggebend der Einfluss der *Squadrone volante* auf die nächste Papstwahl war und dass unter diesen Umständen die aufmüpfige Königin in Zukunft durchaus brauchbar sein könnte. Der König nahm dennoch bittere Rache am römischen Affront und an der ausbleibenden Wiedergutmachung des Vatikans: er annektierte Avignon, die päpstliche Enklave auf französischem Boden. Erst der Vertrag von Pisa im Jahre 1664 legte diesen Streit bei: Avignon wurde dem Vatikan zurückerstattet, der Papst musste seinerseits Kardinal Imperiali verbannen, die korsische Garde auflösen und sich zu den versprochenen Ablässen verpflichten.

In einem versöhnlichen Brief dankte Christina dem französischen Herrscher mit dem Memorandum *Tableau de l'état de la cour de Rome*, in dem sie die römischen Parteien und den bestmöglichen zukünftigen Papst, Giulio Rospigliosi, einen Anhänger Frankreichs und entschiedenen Gegner des Nepotismus, scharfsinnig analysierte. Sie schloss ihr Schreiben mit einer Empfehlung von Kardinal Azzolino und der *Squadrone volante*. Die Hoffnung Ludwigs XIV., dass Rospigliosi, dessen Wahl er befürwortete, seinen politischen Vorstellungen entsprechen würde, erwies sich als trügerisch. Der Papst strebte beharrlich die politische Neutralität an, die Grundforderung der *Squadrone volante*.[17]

1666 wurde Christina wieder von Geldsorgen heimgesucht. Sie trug sich mit dem Gedanken, sich in Norköping niederzulassen, um selbst die Aufsicht über die schwedische Geldverwaltung zu übernehmen. Stockholm reagierte wie einst: Der Königin wurde wieder die freie Ausübung des katholischen Glaubens untersagt. Der Reichsrat bestand sogar darauf, jede Reise Christinas nach Stockholm offiziell zu genehmigen. Schwedens Außenpolitik wies damals zwei Optionen auf: für oder gegen die Allianz mit Frankreich. Innenpolitisch machte sich nach einer gewaltigen Steuererhöhung für den Bauernstand eine Nostalgie nach den alten nordischen Tugenden bemerkbar. Georg Stiernhielm (1598–1672), der »Vater der schwedischen Dichtung«, hatte soeben das Epos *Herkules* veröffentlicht, das an die skandinavischen Wurzeln appellierte und die französische *frivolité*, die Magnus de La Gardie personifizierte, heftig anprangerte.[18] Außenpolitisch war die Situation ebenfalls heikel: Frankreich sympathisierte mit Dänemark, Schwedens Erzfeind, besonders hinsichtlich der Ostseeherrschaft. England bot zwar eine Alternative, erfuhr aber eine Niederlage im Kampf mit Holland um die Westseeherrschaft. Der mit London geschlossene Vertrag drohte nunmehr Schweden in blutige Auseinandersetzungen hineinzuziehen. Es stellte sich im Reichsrat sogar die Frage, ob für den angestrebten Frieden der Verzicht auf die deutschen Eroberungen, die Christinas wichtigste Geldquelle waren, nicht angebracht wäre.[19]

Ohne Erfolg bat die Königin Ludwig XIV., ihre Pommerschen Besitzungen zu verteidigen und diplomatische Unterstützung gegen Dänemark und Holland zu erwirken. Darum beschloss sie trotz der grundsätzlichen Ablehnung des Reichsrats, zum Ständetag nach Stockholm zu reisen. Mit einem reduzierten Haushalt brach sie hastig über Ferrara, Verona, Trient, Augsburg, Erfurt, Braunschweig und Lüneburg nach Hamburg auf, wo sie am 22. Juni 1666 eintraf. Von hier aus schreib sie Azzolino, sie habe die erste Nacht in Utricoli wegen der Trennung von ihm bitterlich geweint.

In der Hansestadt, wo sie sich länger als ein Jahr aufhielt, logierte sie wieder im Gästehaus Texeiras. Diese Zeit gehörte zu den schlimmsten ihres Lebens: Sie war von Azzolino und Rom getrennt und dem Widerstand und der Feindseligkeit des schwedischen Reichsrats ausgesetzt.

Etwa fünfzig Briefe Christinas an Azzolino sind überliefert; sie schildern ihren Hamburger Alltag, spiegeln politische Beobachtungen und Überlegungen sowie ihre Gefühle für den fernen Kardinal wider. Diese Briefe aus den Jahren 1666–68 sollten gemäß ihrer testamentarischen Verfügung vom 1. März 1689 vernichtet werden.[20] Der Testamentsvollstrecker Decio Azzolino verbrannte wahrscheinlich zunächst die eigenen Briefe und diejenigen Christinas von 1656–1662. Sein plötzlicher Tod zwei Monate nach dem der Königin, hinderte ihn daran, die nach 1666 geschriebenen Briefe sowie die Billette, die während des Konklaves von 1670 geschrieben wurden, zu vernichten. Es ist das Verdienst von Carl de Bildt, diese Texte sorgfältig ediert und den persönlichen Code zwischen Christina und Azzolino entschlüsselt zu haben.[21] Die Briefe der Königin zeugen vom ambivalenten, leidenschaftlichen »Gefühlspanorama«[22] dieser so oft als unweiblich und egoistisch missverstandenen Frau, die letztlich eine unglücklich Liebende war.

Obwohl die Korrespondenz im Ton landläufiger Freundschaft geführt wurde, klingt die unerfüllte Liebe der schwedischen Königin aus allen Aufzeichnungen wie ein Refrain durch. Kaum war sie in Hamburg eingetroffen, sandte sie bereits dem fernen Geliebten den vierzehnten Brief. Trennungsschmerz, Zärtlichkeit, Empörung, verzweifelte Resignation, sogar Eifersucht, die ganze Palette der Gefühlsskala durchzieht diese enthüllende Korrespondenz. Da die Verzögerung des Reichstags das Treffen der Königin mit dem schwedischen Regenten hinauszögerte und folglich ihren Aufenthalt in Hamburg verlängerte, schrieb die Unglückliche, eine Rückkehr nach Rom sei ihr vielleicht verwehrt. Die kühlen Antworten und zuweilen auch die scharfe Kritik des Kardinals an ihrer Verschwendungssucht entfachten umso mehr die Glut der Königin: »Ihre Kühle wird mich nie daran hindern, Sie bis in den Tod zu lieben«, schrieb sie ihm am 3. November 1666[23] Entschieden ließ sie Azzolino am 23. Juni 1666 wissen, sie würde Rom nie aufgeben: »Lieber im Rom von Wasser und Brot leben (...) als anderswo alle Königreiche und Schätze der Welt besitzen (...) So kann ich Ihnen versichern, dass ich Ihrer Freundschaft würdig bin dank der zärtlichsten Leidenschaft und der innigsten Liebe der Welt.«[24] Auf seine Antwort, seine Gefühle für sie seien glühender, als sie sich das vorstellen könne, reagierte

Christina äußerst beglückt, wie ihr Brief vom 14. Juli 1666 kundtut: »Da sie mir die Freude bereiten, mich davon zu überzeugen, dass Ihre Gefühle bei weitem meine Vorstellungen übertreffen, glauben Sie mir gerechterweise, dass Ihre Vorstellungen weit unter meinen Gefühlen für Sie liegen.«[25]

Bald verfiel die Königin aber in Schwermut. Die Trennung und die Gewissheit, dass ihre Liebe zu Azzolino nur mit Freundschaft erwidert wurde, trafen sie zutiefst. Am 26. Januar 1667 ging ihre Liebesbeteuerung bis zur Verleugnung ihrer Würde und ihres Stolzes als Herrscherin. Auf Azzolinos »Rückzug« auf eine platonische Liebe unter Berufung auf sein geistliches Amt, erwiderte sie verletzt, nie habe sie Gott beleidigen wollen. »Aber dieser Entschluss wird mich nicht daran hindern, Sie bis zum Tod zu lieben. Da die Frömmigkeit Ihnen untersagt, mein Liebhaber zu sein, dispensiere ich Sie davon, mein Diener zu sein, denn ich möchte als Ihre Sklavin leben und sterben.«[26]

Es ist nicht auszumachen, ob der ehrgeizige Kardinal, ein möglicher Kandidat für das Pontifikat, gefürchtet hat, als Liebhaber der skandalumwitterten Königin zu gelten, oder ob er von ihr nach der physischen Annäherung abgestoßen war. Fest steht, dass er keinen Abstand zu anderen reizvolleren Damen einhielt, wie Christina durch einen ihrer Spione aus Rom erfuhr. Bissig ließ sie sich über seine Begegnung mit zwei Schauspielerinnen aus: sein Geist sei bestimmt bei Gott gewesen, während er sich die beiden Damen ansah, die Rom so viel Genuss bereiteten. Dem Beispiel Christi folgend, sei er wohl zu diesem Schauspiel in die französische Botschaft gegangen, um die verirrten Seelen zu bekehren. Verzweifelt fügte sie aber hinzu: »Wenn Hamburg nicht weit genug ist, um

Ihrer Grausamkeit zu genügen, werde ich bis ans Ende der Welt gehen und nie wieder zurückkommen.[27] Azzolino muss ihr aber bestimmt eine zufriedenstellende Erklärung gegeben haben, denn kurz darauf beteuerte Christina wieder, er habe »unbegrenzte Macht« über sie, sein Wille sei ein Gesetz, gegen das sie sich nie auflehnen werde.

Bezeichnend für ihre damalige seelische Verfassung war ihr Auftreten bei einem großen Fest zu Ehren von Feldmarschall Carl Gustav Wrangel Anfang 1667. Der Politiker war in die Hansestadt gekommen, um mit der Königin ihre Einreise in Schweden und ihre Forderungen zu verhandeln. Eine königliche Maskerade nach Tassos *Befreitem Jerusalem* mit dem Titel *Der verzauberte Palast von Armidien* krönte den aufsehenerregenden Abend. Die schwedische Königin trat selbst auf, und zwar als Sklavin in Ketten – ein barocker Einfall, der Christinas innere Abhängigkeit verzerrt und tragisch widerspiegelte. Ihre Stimmung gibt auch die Metapher wieder, die Christina in ihrem Brief vom 11. Dezember 1666 an den französischen Minister de Lionne verwendet: »Der Sarg unserer Tage ist zerlegt worden, um damit einen Rollstuhl zu machen. Ich bin überzeugt davon, dass er kein Vehikel darstellt, das für das Jenseits bestimmt ist.«

Drückende Geldsorgen bewogen Christina, trotz des Einsatzes von Adami und Azzolinos Überwachung der königlichen Finanzen, im April 1667 wieder nach Schweden zu reisen. Überall wurde sie mit königlichen Ehren empfangen, in Helsingör stellte ihr sogar der dänische König eine Galeere zur Verfügung, um den Sund zu durchqueren.

Südschweden lag ihr zu Füßen, das Volk jubelte ihr begeistert zu. Aber schon in Helsingsborg, wo Pontus de La Gardie und Per Sparre, der Bruder von »Belle«, ihr entgegenritten, veränderte sich die Lage blitzartig. Die Regierung wollte ihren Einzug in Stockholm vor Abschluss des Reichstags verhindern und forderte, Christina müsse auf jeden Gottesdienst – auch im Haus des französischen Botschafters – verzichten. Erneut geriet sie in Konflikt mit den protestantischen Würdenträgern. Sie schrieb damals aus Norrköping zwei kompromittierende Briefe: der erste beschuldigte den Reichsrat, Angst vor ihrer Person und ihrer Beliebtheit beim schwedischen Volk zu haben,[28] der zweite wandte sich an den minderjährigen Karl XI. Sie erinnerte darin an ihren Thronverzicht, an ihre Großmut den Pfälzern gegenüber und schloss arrogant, der junge König solle wissen, »wer Sie sind und wer ich bin, wollen Sie eingedenk sein, dass Sie nicht geboren sind, um Leuten meiner Art Befehle zu geben ...«[29] Weder auf ihre religiösen noch finanziellen Gesuche erhielt sie eine Antwort. Empört verließ Christina am 5. Juni 1667 Schweden, und zwar dieses Mal für immer.

Als sie Hamburg erreichte, erfuhr sie, dass Alexander VII. am 22. Mai gestorben und Kardinal Giulio Rospigliosi nach einem der kürzesten Konklaven dieser Zeit unter dem Namen Clemens IX. zum Papst gewählt worden war. Das bedeutete den Sieg der *Squadrone volante* und Decio Azzolinos, der zum Staatssekretär des Vatikans ernannt wurde. Christinas Freude war groß. Ein unvergessliches Fest sollte diese Wahl krönen. Der Hamburger Magistrat warnte zwar vor einer überschäumenden Feier in einer protestantischen Hochburg, Christinas Enthusiasmus ließ sich aber nicht zügeln. Hamburgs Honoratioren und die diplomatischen Vertreter der europäischen Mächte folgten ihrer Einladung. Noch nie hatte eine solche Apotheose des Papsttums auf evangelischem Boden stattgefunden. Nach einem Hochamt, das von Kanonenschüssen begleitet wurde, fand ein prunkvoller Empfang im Palast von Manuel Texeira statt. Auf dem Platz davor verströmte ein Springbrunnen Rot- und Weißwein. Kostbare Stoffe mit den päpstlichen Insignien verhängten die Fassade des Hauses. Bei Einbruch der Dunkelheit strahlte darauf eine von 600 Fackeln gebildete Inschrift: *Clemens IX. Pontifex maximus vivat.* Eine große Menschenmenge hatte sich dort versammelt, groß war die Erregung, die plötzlich umschlug und sich gegen das katholische Schauspiel richtete. Unter einem Steinhagel gingen die Fenster zu Bruch, die aufgebrachte und alkoholisierte Menge stürmte den Palast. Die Dienerschaft der Königin eröffnete daraufhin das Feuer. Es mussten fünfzig Soldaten eingesetzt werden, um den Aufruhr niederzuschlagen. Acht Tote und mehrere Verwundete waren die traurige Bilanz. Christina konnte nur mit knapper Not durch einen Hintereingang, der lange Zeit das »Christinenpförtchen« genannt wurde, zur schwedischen Botschaft fliehen. Die verursachten Unkosten zahlte Manuel Texeira. Am 3. August 1667 schilderte die Königin Azzolino in einem Brief »das barbarischste Attentat, das je verübt wurde«,[30] ohne ein Wort über ihre eigene schuldhafte Unvorsichtigkeit oder über die Opfer des Festes zu erwähnen, für die sie allerdings eine größere Geldsumme stiftete.

Christina weilte noch einige Zeit in Hamburg. Erneut hegte sie den Plan, nach Schweden zu reisen, um sich mit dem Reichstag in Verbindung zu setzen. Dieser untersagte aber der in ihrem politischen Verhalten wechselhaften Königin, schwedisches Territorium zu betreten, solange Karl XI. minderjährig sei. Christina schickte Bernhard von Rosembach, einen Aristokraten aus Pommern, mit politischen, finanziellen und religiösen Forderungen nach Stockholm. Sie war bereit, die ihr früher zuerkannten Besitzungen in Pommern gegen die Herzogtümer Bremen und Verden einzutauschen, was ihr ein kleines, aber abgerundetes Territorium mit eigener Souveränität eingetragen hätte. Der Reichstag lehnte grundsätzlich ab, bewilligte der Königin aber wieder die selbstständige Verwaltung ihrer Güter und erklärte sich zur Zahlung von Entschädigungen für die ausgefallenen Einnahmen aus Pommern bereit.[31]

In ihren Briefen an Kardinal Azzolino verschweigt die Königin diese enttäuschende Nachricht und berichtet, die Stände würden ihr alles zubilligen, was sie wünsche – ein unbeholfener und zugleich bestürzender Ausdruck ihrer Abhängigkeit von der Gunst dieses Mannes.[32]

1667 begann Ludwig XIV. mit seinen Eroberungen und Erbansprüchen auf den spanischen Thron ganz Europa in Furcht zu versetzen. 1668 wurde die Tripelallianz der Niederlande, Englands und Schwedens gegen Frankreich geschlossen. Christina wechselte schnell das Lager und wetterte gegen die französische Regierung, der sie vor kurzem noch so zugetan war.

Bald verfolgte sie zusammen mit Azzolino ein anderes Ziel. Nach der Abdankung von Johann II. Kasimir, dem letzten König Polens aus dem Hause Wasa, im September 1668 schmiedete die Rastlose mit dem schlagenden Argument ihrer Konversion zum katholischen Glauben den Plan, die polnische Krone für sich zu beanspruchen. Um die Wahlmonarchie bewarben sich außerdem Karl von Lothringen, der Herzog von Neuburg, der Prinz von Condé und schließlich Zar Alexei Michailowitsch.[33] Die Königin beteuerte, wie schon beim geplanten Angriff auf Neapel, dass die Krone nach ihrem Tod wieder zur Verfügung stehe, da sie nicht die Absicht habe, zu heiraten und Erben in die Welt zu setzen. Gleichzeitig ließ sie aber unverfroren durchblicken, sollte eine Ehe unumgänglich sein, so sei sie nun dazu bereit. Die politische Macht übte zweifelsohne wieder eine große Faszination auf sie aus. Kardinal Azzolino versicherte sogar Monsignore Marescotti, dem päpstlichen Nuntius in Warschau, dass Christinas Temperament »noch so blühend sei, dass man durchaus mit einer Fruchtbarkeit rechnen könne, was früher wegen ihrer übertriebenen Glut unmöglich gewesen sei.« Damit der Nuntius zustimme, bot er ihm sogar einen Kardinalsposten an.[34] Der Eifer seiner Fürsprache machte Christina indes misstrauisch: »Ich müsste mich fast über Sie beklagen und über den Eifer, den Sie an den Tag legen. Möchten Sie sich meiner entledigen? Falls das stimmt, glauben Sie nicht, dass Sie so gut dabei wegkommen. Sie müssen sich entschließen, ebenso wie ich *polacco* zu werden, und Sie arbeiten umsonst, wenn Sie nicht damit einverstanden sind, denn ohne diese Bedingung werde ich nie akzeptieren, auch nicht, wenn man mir mit der Krone Polens die des Universums anbietet.«[35]

Papst Clemens IX., dem ein mit dem Vatikan aufs engste verbündeter Herrscher sehr gelegen kam, unterstützte zwar diese Kandidatur durch werbende Briefe, aber auch in Polen waren der exzentrische Lebenswandel und die prekäre finanzielle Lage Christinas längst bekannt. Monsignore Marescotti setzte sich eifrig beim Bischof von Posen ein, der aber diesen Plan für einen »schlechten Witz« hielt und den Nuntius bat, »niemals ein Wort darüber zu verlieren, um nicht das ganze Land lachen zu machen«.[36]

1669 wählten die Polen ihren König: Michael Wǐsniowiecki, der einen verhängnisvollen Krieg gegen die Türken führte und auf den nach fünfjähriger Herrschaft der vom Reichstag gewählte Johann III. Sobieski folgte

(1624–1696), der sich auf militärischem Gebiet ebenso auszeichnete wie in der Förderung der Wissenschaften. Die Begeisterung der schwedischen Königin für ihn war groß, wie ihre Korrespondenz bezeugt.

Ende Oktober 1668 machte sich Christina endgültig und im gefürchteten Reisetempo auf den Rückweg nach Rom. Davor schrieb sie an Azzolino: »Ich hoffe, dass Sie wissen, dass die Schicksalsschläge mein Herz nicht verändert haben ... Fürchten Sie sich nicht, Sie werden sehen, wie ich das unglücklichste Wesen der Welt bin, ohne zu klagen, und an dem Ort, wo alle Gegenstände mich an vergangenes Glück erinnern, werde ich mir nur den Tod wünschen. Mein Schmerz wird ihn mir bald bringen ...«[37]

Die ungekrönte Herrscherin Roms

Christinas Rückkehr in die Ewige Stadt im November 1668 nach zwei Jahren Abwesenheit wurde mit einem triumphalen Einzug durch die Porta del Popolo gefeiert, gefolgt von einem prächtigen Bankett im Quirinal. Papst Clemens IX. empfing sie wie eine alt vertraute Freundin. Anfang Dezember begab er sich sogar in den Palazzo Riario, um die schwedische Königin zu besuchen. Überdies stattete er sie mit einer jährlichen Pension von 12 000 Scudi aus, die es ihr erlaubte, einen großen Einfluss auf das Kulturleben Roms auszuüben. An der Seite des kunstliebenden Papstes und seines Staatssekretärs Azzolino wurde sie zur ungekrönten Herrscherin Roms, zur *Padrona di Roma*. Der anonyme Verfasser der *Histoires galantes de le reine Christina de Suède* berichtet über das gesellschaftliche Leben Roms unter Clemens IX.: »Jeden Tag ein neues Schauspiel, bald der Einzug eines Gesandten, bald die Promotion von Kardinälen, heute ein Fest, morgen eine Kavalkade. Die Unterhaltungen folgten ununterbrochen aufeinander; den Vormittag widmete man gewöhnlich der Frömmigkeit und den Geschäften, nach dem Essen ging man in die Komödie oder in die Oper, wo es verblüffende Maschinen zu sehen gab, oder man hörte wohl auch eine Serenade mit einem ausgezeichneten Musikprogramm, zusammengesetzt aus Konzerten und einer reizenden Symphonie. (…) Die Damen waren alle sehr elegant, man führte damals die französischen Mode ein (…), so dass in Rom ein übertriebener Luxus herrschte. Die Liebe fehlte nicht im Spiel, und viele schifften sich unter ihrem Zeichen ein ...«[1]

Der Alltag im Palazzo Riario zeichnete sich durch überschwengliche Lebensbejahung aus. Zwar fiel der Kontrast zwischen der prunkvollen Inszenierung und dem nachlässigen Aussehen der Gastgeberin irritierend auf, aber letztlich akzeptierte jeder ihre Extravaganzen. Damals schrieb die Königin selbstironisch ihrem alten Freund Bourdelot: »Was meine Körperfülle betrifft, so mache ich mir nichts daraus. Ich habe das, was nötig ist, um die Knochen zu bedecken. So wie ich lebe, fürchte ich nicht, zu fett zu werden, ich esse wenig und schlafe noch weniger.«[2] Dem französischen Bischof Brunet stellte sie sich sogar als eine der Antiquitäten Roms vor![3]

Die römischen Feste der schwedischen Königin waren großartig. Der *Nordische Mercurius* vom Februar 1673 berichtet zur Fastnacht über ihren prächtigen, von sechs Schimmeln gezogenen Triumphwagen, auf dem sie als Göttin Diana erschien: »Zu ihren Füßen einig erschossenes Wild habende und mit vilen Wald-Nymphen und einem Schäffer Chor mit Jagdzeuge bekleydet umgeben, welcher in zirlicher Ordnung heben dem Wagen hergehende gesungen und allerhand Kurtzweile angestellt hat«[4] In der Fastenzeit indes wetteiferte sie in der Ausübung von Mildtätigkeit: »Die Königin Christina von Schweden hat vergangenen Montag das Hospital zur Heiligen Dreyfaltigkeit besucht, daselbst 13 Pilgers Weibspersonen die Füße gewaschen, eine jede mit einem goldenen Schaupfennig beschenckt und das Hospital mit 200 Doublonen regalirt.«[5] Zu Ehren des zukünftigen schwedischen Königs Karl XII., ihres Patensohns, veranstaltete sie in Rom ein verschwenderisches Feuerwerk.[6]

Ihr Hof zeichnete sich aber weiterhin durch zweifelhafte Edelmänner und Abenteurer aus. Dazu gehörten unter anderen die Grafen von Warwich und von Wasenau. Letzterer, ein unehelicher Sohn des polnischen Königs, umwarb leidenschaftlich die verwitwete Madame de Chalais. Bissige Pamphlete wurden heimlich herumgereicht, so zum Beispiel *Il concubinato scandaloso et pubblico* der schwedischen Königin mit Kardinal Azzolino. Zugleich ging aber das Gerücht um, sie werde immer männlicher und bald ihr Geschlecht verändern. Solche Verleumdungen nahm Christina lachend auf, wie sie einmal Bourdelot schrieb: »Meine Vorliebe für die Satiren ist so groß, dass ich noch an denen Gefallen finde, die sich gegen mich richten. Das sind gottlob nicht wenige, so amüsiere ich mich auf meine Kosten nachdem ich es lange Zeit auf Kosten der anderen getan habe.«[7]

Die Regierungszeit Clemens' IX. war für den Vatikanstaat wie für die nordische Monarchin eine Ära des Friedens und der Großzügigkeit, ein wahrhaft goldenes Zeitalter. Clemens IX. war ein erfahrener Diplomat; der langjährige Aufenthalt in Madrid als Nuntius und politische Aufgaben als Staatssekretär Alexanders VII. hatten ihn geformt. Kurz nach der Papstwahl gelang es ihm, die Spannungen zwischen Frankreich und dem Heiligen Stuhl zu ebnen. Er räumte Ludwig XIV. die geforderten päpstlichen Erlässe ein und kam der jansenistischen Bewegung, die den politischen Absolutismus verwarf und Frankreichs Kirche zu spalten drohte, mit Verständnis und Milde entgegen. Ein Anliegen des Papstes war die Versöhnung der katholischen Staaten, insbesondere Frankreichs und Spaniens, und die gemeinsame Front des Christentums gegen die vordringenden Türken. Der Sieg der islamischen Truppen im Jahre 1669 vor der Insel Kreta, dem wichtigsten Vorposten der Christenheit, machte aber den Traum Clemens' zunichte. Die französischen Streitkräfte waren zwar auf Drängen des Vatikans den Venezianern zu Hilfe geeilt, die mangelnde Verständigung ihrer beiden Anführer hatte aber zu einem Rückzug der Soldaten und damit zur Niederlage geführt.

Kurz nachdem die unheilvolle Nachricht Rom erreicht hatte, erlitt Clemens IX. am 26. Oktober einen Schlaganfall, von dem er sich nicht mehr erholte. Zu den wenigen Vertrauten, die an sein Sterbebett durften, gehörte Christina von Schweden. Sein Tod am 9. Dezember 1669 nach nur zweieinhalb Jahren Amtszeit war eine politische Katastrophe für die *Squadrone volante*. Während der Herrschaft Rospigliosis hatte diese Partei genügend Macht gewonnen, um den Neid der gesamten Kurie zu wecken. Ohne Clemens IX. wurde die von Christina unterstützte Vereinigung unpopulär. Auch für Roms kulturelles Leben war der Verlust groß, denn der Papst fand nicht nur Geschmack an der Kunst, sondern hatte sie auch gefördert, indem er namhafte europäische Humanisten nach Rom berufen hatte.

Eine der Waffen der Gegenreformation war die kulturelle Entwicklung Roms. Gegen die puritanische Strenge der Reformierten überschlug sich der Süden mit sinnenfrohem Luxus, Schönheit und grandiosen Bauten. Die schwedische Königin setzte trotz ihrer beschränkten finanziellen Mittel alles daran, um Kunst und Musik zu fördern. Kunstsammlungen und Mäzenatentum hatten für sie auch einen politischen Wert – seit der Renaissance waren Sammlungen zu unverzichtbaren Symbolen der Königswürde geworden. Für Christina von Schweden dienten diese der Legitimation ihrer prominenten sozialen Position, die sie in Rom in der Rangfolge direkt nach dem Papst folgen ließ.[8]

Palazzo Riario barg erlesene Kunstschätze aus aller Welt, die der schwedische Architekt Nicodemus Tessin d. J. (1654–1728) später inventarisierte. Ein Vierteljahrhundert lang war dieser Palast an der Via della Lungara der Mittelpunkt eines tonangebenden Kreises von Gelehrten, Schriftstellern, Musikern und Künstlern. Das Erdgeschoss umfasste eine Flucht überwölbter Säle, in denen die antike Skulpturensammlung vor kostbaren Wandteppichen und Fresken aufgestellt war. Der Höhepunkt dieser Räume bildete die *Stanza delle Muse*, in der die hellenistischen Plastiken der Musen aus der Villa Adriana bei Tivoli standen. Im ersten Stockwerk befand sich die *Stanza dei Quadri* mit dreizehn Gemälden Tizians, elf von Veronese, zwei berühmten Werken von Correggio und sechs von Raffael. In den oberen Räumen waren auch Christinas riesige Bibliothek und die Handschriftensammlung untergebracht. Beide umfassten in mehreren Sprachen Literatur zur Philosophie, Theologie, Kirchengeschichte und Alten Geschichte, zur Dichtung und Philologie. Eine große Sammlung antiker Münzen, Medaillen und Gemmen war ebenfalls dort zu sehen. Das Laboratorium für naturwissenschaftliche Experimente und Christinas Sternwarte bildeten den Abschluss dieser Hochburg der Kunst und Wissenschaft.

Die königliche Sammlung spiegelt bevorzugt die Welt des Humanismus wider und verrät eine geringe Affinität zum barocken Rom ihrer Zeit. Francis Haskell charakterisiert sie sogar als »kulturelles Überbleibsel aus dem vorigen Jahrhundert«.[9] Nur ein geringer Teil der Sammlung ging auf das Erbe ihres Vaters zurück, zu dem deutsche und niederländische Gemälde, vorwiegend Porträts, gehörten. Die legendäre Sammlung des 1612 verstorbenen Kaisers Rudolf II., die 1648 von der schwedischen Armee in Prag erbeutet und nach Stockholm verfrachtet worden war, hatte die noch junge Kunstsammlung Christinas in eine der bedeutendsten Europas verwandelt. Die Vorliebe des Habsburger Kaisers galt besonders Gemälden nordeuropäischer und italienischer Maler: Hans von Aachen, Dürer, Holbein, Cranach, Brueghel, Tizian, Palma, Bassano, Veronese und Tintoretto waren mit mehreren Werken vertreten. Als junge Herrscherin schrieb Christina über diese Sammlung ihrem italienischen Briefpartner Paolo II. Orsini, Herzog von Bracciano, es handle sich um »eine großartige und schöne Galerie, aber mit Ausnahme von etwa dreißig oder vierzig italienischen Originalen kann ich sie nicht recht würdigen. Es sind Werke von Alberto [sic!] Dürer und anderen deutschen Meistern dabei (...) aber ich schwöre Ihnen, dass ich sie alle miteinander tauschen würde für ein paar Raffaels.«[10]

Ihre Vorliebe galt fast ausschließlich den großen Meistern der italienischen Schule. 1656 beauftragte sie ihren Gesandten in Den Haag, Pieter Spering, sechs Alben mit italienischen Zeichnungen, unter denen sich auch Studienblätter von Michelangelo, Raffael und Tizian befanden, für ihre Sammlung zu kaufen. Auch die Kunstgegenstände, die sie 1654 aus dem königlichen schwedischen Besitz mit nach Rom nahm, sind ein Spiegel ihres Geschmacks: Von den mehr als siebenhundert größtenteils aus Prag stammenden Gemälden nahm sie etwa nur fünfundvierzig mit, vor allem italienische Werke aus dem 16. Jahrhundert. Sie wählte zwar auch zwei Tafelbilder Dürers mit der Darstellung Adams und Evas aus, aber nur in der Absicht, sie später Philipp IV. von Spanien als Geschenk zu überreichen. Das Porträt des Thomas Morus

167

von Holbein d. J. behielt Christina von Schweden für sich. Die Bibliothek der Königin, die 3700 Bücher und 2000 Handschriften umfasste, wurde hingegen vollständig nach Rom gebracht.

Im Rom wurde die Kunstsammlung erheblich erweitert – zwischen 1656 und 1689 kamen etwa zweihundert weitere Gemälde hinzu. Die Tradition der Kunst- und Wunderkammer des 16. Jahrhunderts, die disparate, nur auf die Subjektivität des Sammlers bezogenen Objekte zusammenfügte, wich nun einer gezielten spezialisierten Sammelleidenschaft. Die Entscheidung, unterschiedliche Bestandteile in gesonderten Gruppen und Räumen aufzustellen, war ebenfalls ein Novum: Die Königin richtete eine Gemäldegalerie, eine Skulpturengalerie sowie ein Münz- und Medaillenkabinett ein, die jeweils unter der Obhut von renommierten Gelehrten standen, wie beispielsweise dem Kunsthistoriker Giovanni Bellori (1615–1696), der ab 1680 »Antiquarius« und Bibliothekar der schwedischen Königin wurde.

Christinas Sammelleidenschaft war unersättlich, ihre eigensinnige Art, sich der begehrten Objekte zu bemächtigen, sorgte aber oft für Irritation. Als sie den Nonnen des Klosters Sant'Antonio in Perugia fünf kleine Tafelbilder Raffaels weit unter Wert abkaufte, ordnete Papst Alexander VII. sogar eine formelle Untersuchung des Falls an. Aus anderen Dokumenten sind die Umstände bekannt, unter denen 1667 durch die Vermittlung Azzolinos die Gemäldesammlung der Genueser Familie Imperiali in ihren Besitz gelangte. Die Vorliebe der Königin galt nicht so sehr religiösen als vielmehr mythologischen Darstellungen und profanen Themen, die auf die klassische Literatur zurückgingen. In ihrem Besitz waren nur wenige Werke von Bologneser Meistern wie Reni, Domenichino,

Sébastien Bourdon, *Christina von Schweden* (1653).
Nationalmuseum Stockholm

Albani oder Caravaggio. Ebenso wenig galt ihr Interesse tonangebenden zeitgenössischen römischen Künstlern wie Pietro da Cortona, Carlo Maratti und G. B. Gaulli. Umso auffälliger ist ihre Passion für den Maler Salvatore Rosa (1615–1673), den sie bereits während ihrer Regierungszeit an den Stockholmer Hof zu binden versucht hatte, und für Guercino (1591–1660), den Nestor der italienischen Malerei. Sie besuchte Letzteren 1655 in Bologna auf ihrer Reise nach Rom und gewährte später dem von ihm beeinflussten Piero Francesco Mola (1612–1662) ein fürstliches Jahresgehalt. Ein Kuriosum stellte Christinas Sammlung von weiblichen und männlichen Akten dar, worunter Giovanni Lanfrancos (1582–1647) Gemälde *Liegender Jüngling mit einer Katze*, das 1689 irrtümlich Tintoretto zugeschrieben wurde, wohl das faszinierendste war.

Eine tiefe Freundschaft verband die Königin mit Gian-Lorenzo Bernini . Bereits in Stockholm hatte sie sich für ihn interessiert. Als er 1655 nach Paris berufen worden war, um den Umbau des Louvre zu übernehmen, hatte Christina einen begeisterten Brief über ihn an den französischen König geschrieben.[11] Da sein Plan entweder zu kostspielig war oder in seiner barocken Gestaltung nicht dem französischen zeitgenössischen Stil entsprach, wurde er aber kurze Zeit darauf nach Rom verabschiedet. Dort entwarf er Jahre später die Zeichnungen zum Galawagen, mit dem Christina in Rom einfuhr. Die ungekrönte Herrscherin Roms besuchte ihn in den folgenden Jahren oft in seinem Atelier, wo er sie im groben roten Hemd, das er beim Meißeln trug, empfing und mit ihr anregende Kunstgespräche führte. Die Königin verwandte sich für ihn, wo sie auch immer konnte. So schrieb sie am 11. April 1676 Angelo Morosini, dem Dogen in Venedig: »Ich habe eine solche Achtung vor Bernini, dass ich mit Freude jede Gelegenheit ergreife, um Sie zu bitten, diesen Menschen zu begünstigen, der, obwohl einer der größten und der bewundernswertesten seiner Kunst, sich selbst unterschätzt.«[12] Der Bildhauer bot der verehrten schwedischen Monarchin seine letzte Büste des *Salvator Mundi* an, sie lehnte aber entschieden ab, die kostbare Skulptur als Geschenk anzunehmen. Um sie ihm abzukaufen, reichten aber ihre Mittel nicht. Bernini vermachte sie ihr daraufhin in seinem Testament, so dass sie 1682 doch noch in den Palazzo Riario gelangte. Nach Berninis Tod beauftragte Christina Filippo Balduccini, die Biografie des Künstlers zu schreiben, die, der schwedischen Königin gewidmet, 1682 erschien.

Bemerkenswert war auch Christinas numismatische Sammlung. Seit etwa 1680 ließ die schwedische Königin außerdem eine Serie von Medaillen möglicherweise als Pendant zur berühmten *Histoire métallique* Ludwigs XIV. prägen. Die Vorderseite dieser klassizistischen Münzen zeigte das Porträt der Königin, die Rückseite Symbole und Embleme, die ihre Lebensphilosophie zum Ausdruck brachten, so zum Beispiel: *Nec falso nec alieno* oder *Nè mi bisogna nè mi basta*. Das vielen Fachleuten kopfzerbrechende schwedische *Makelos* (ohnegleichen, ohne Macht oder unverheiratet) schmückte eine Medaille, deren Kehrseite einen Phönix, Christinas beliebtestes Fabeltier, darstellte.[13]

Nach dem Tod der schwedischen Königin gingen all ihre Sammlungen an ihren Universalerben Decio Azzolino und nach dessen Tod in den Besitz seines Neffen Pompeo Azzolino. Im gleichen Jahr noch verkaufte dieser die Bibliothek an Kardinal Pietro Ottoboni, den späteren Papst Alexander VIII., der seinerseits wichtige Manuskripte davon der Biblioteca Apostolica Vaticana schenkte. Don

Livio Odescalchi (1652–1713), ein leidenschaftlicher Sammler und einer der reichsten Männer Roms, erwarb 1692 die Kunstsammlung und fügte wichtige Werke hinzu, was später die Zuschreibung erschwerte. Gegen seinen ausdrücklichen Willen verkauften seine Erben einen großen Teil davon. 123 Gemälde übernahm 1721 der damalige französische Regent, der Herzog von Orléans. Bis weit ins 18. Jahrhundert hinein blieben diese Gemälde im Pariser Palais Royal. Nach der Französischen Revolution ging ein Teil der Sammlung an ein Konsortium englischer Edelleute und wurde nach London verfrachtet. Heute ist Christinas Gemäldesammlung weit über die ganze Welt verstreut. Die antiken Skulpturen kamen nach Madrid und wurden Eigentum des spanischen Königs, die Medaillen befinden sich in der Pariser Bibliothèque Nationale, die Gemmen hingegen sind unauffindbar. Die Zeichenalben italienischer Meister sind zumindest teilweise zusammen geblieben und liegen seit 1790 in Haarlem in der kurz zuvor gegründeten Teylers Stiftung.

Bereits in Schweden hatte sich die Königin für das Theater interessiert und 1652 eine italienische Operntruppe nach Stockholm kommen lassen; sie bevorzugte jedoch das französische Drama, vor allem Corneilles Darstellung heroischer Ideale. So schrieb sie in ihren *Maximen*: »Wenig Vergnügungen sind nützlicher als eine gute Komödie. (...) Die Schauspiele sind an jedem Hofe notwendig und nützlich.« Während der Herrschaft des kunstliebenden Clemens IX., der selbst Texte zu Melodramen und Opern verfasste und unter dem Einfluss Lope de Vegas stand[14], konnte die schwedische Königin in Rom dieser Leidenschaft ungehemmt frönen.

Der wichtigste Beweis ihres Engagements im römischen Musik- bzw. Theaterleben war die Gründung des Tor di

Nona, des ersten öffentlichen Theaters der Stadt. Das Haus war ein ehemaliges Gefängnis und damals im Besitz der Bruderschaft von San Gerolamo dalla Carità. Graf d'Alibert, Christinas damaliger Günstling, ein junger Franzose, der wegen der Intrigen um Kardinal de Retz den Hof Ludwigs XIV. hatte verlassen müssen, gewann das Vertrauen der Mönche und ermöglichte der Königin, dort ein Theater einzurichten. Um die Bühne zu vergrößern, wurde sogar die zum Tiber gerichtete Wand des Gebäudes entfernt und das Haus durch ein Holzgebäude von Carlo Fontana erweitert. Christina fungierte als sogenannte »Intendantin« des Theaters und übte auf die Auswahl der aufzuführenden Stücke großen Einfluss aus. Ihre Vorliebe galt eindeutig der psychologisierenden Oper im venezianischen Stil, wie *La Dori ovvero La schiava fedele* von Marc' Antonio Cesti, nicht der lehrhaften Jesuitenoper, die vor ihrer Ankunft und zu ihren Ehren lange Zeit in Rom aufgeführt wurde. Geradezu revolutionär war der Entschluss der schwedischen Königin, Frauen als Sängerinnen auf der Bühne auftreten zu lassen, was in weniger liberalen Zeiten durch päpstliche Anordnung untersagt worden war und später wieder verboten wurde. Um das Projekt finanziell zu unterstützen, mietete Christina von Schweden fünf Logen und forderte den römischen Adel auf, das Gleiche zu tun – eine Art moderne Subskription, die dem damaligen Theater sehr zugute kam. Über der mittleren Loge des Tor di Nona waren zu ihren Ehren eine Königskrone und das Wappen des Hauses Wasa angebracht.[15] Oft sah man Christina dort mitten in einem Schwarm eleganter Kardinäle thronen. Anfang 1671 wurde das Theater mit der Aufführung der Oper *Scipione Africano* von Francesco Cavalli eröffnet, im eigens dazu verfassten Prolog wurde die schwedische Königin direkt angesprochen.

Auch das klassische französische Drama fand weiterhin ihren Gefallen. Lange war Corneille ihr Lieblingsdra-
matiker gewesen, nun wandte sie sich begeistert dem jungen Racine zu und ließ sein jüngstes Stück *Alexandre* in
ihrem Theater spielen.[16] Sie bemühte sich auch um Molières *Tartuffe*, dessen Aufführung 1664 in Paris einen
Skandal verursacht hatte und 1667 verboten worden war.
Dieser Plan konnte aber wegen des königlichen Verbots
und der überzogenen Forderungen Molières nicht verwirklicht werden.

Die Blütezeit des römischen Kulturlebens fand nach
dem Tod von Clemens IX. ein jähes Ende. Sein Nachfolger
Innozenz XI. verbot alle öffentlichen Opern- und Theateraufführungen, obwohl er vor seiner Papstwahl zu den häu-
figsten Besuchern in Christinas Theaterloge gehört hatte.
Ab 1676 musste sich die schwedische Königin wieder auf
private Inszenierungen im Palazzo Riario beschränken.
Mit reformatorischem Eifer nahm sich Innozenz XI. vor,
die eigene Sittenstrenge der römischen Gesellschaft auf-
zuerlegen. Das Theater Tor di Nona wurde zunächst in ein
Getreidelager verwandelt und erst nach dem Tod des Papstes wieder als Theater umfunktioniert. Christina starb jedoch im selben Jahr und erlebte die Neueröffnung nicht
mehr.

Während der Glanzzeit dieses Theaters lernte die Königin den jungen Komponisten Alessandro Scarlatti
(1659–1725) kennen, dessen Oper *Gli equivoci nel sembi-
ante* sie so begeisterte, dass sie ihn als »Maestro di cap-
pella« engagierte. Überdies förderte sie auch Arcangelo
Corelli (1653–1713), der ihr Violinunterricht gab und ihr
1681 sein op. 1., eine Sammlung von Trio-Sonaten für zwei
Violinen und Basso continuo, widmete. Auch der Organist
und Komponist Bernardo Pasquini (1637–1710) war ein

Schützling der Königin, die selbst eine schöne Kontralto-stimme hatte und sich sogar hinreißen ließ, ein Gedicht von Petrarca zu vertonen. Das letzte große musikalische Ereignis im Palazzo Riario bildeten drei Konzerte zu Ehren von Lord Castlemaine, dem Gesandten des englischen Königs Jakob II. Die prunkvolle Feier – hundertfünfzig Instrumentalisten und hundert Sänger nahmen daran teil – wurde von einigen als Versuch gedeutet, England für den katholischen Glauben zu gewinnen.[17]

Der ständige Kampf um Anerkennung seitens der römischen Aristokratie verursachte Querelen zwischen der schwedischen Königin und Maria Mancini (1640–1715), die als die große Jugendliebe Ludwigs XIV. in die Geschichte eingegangen ist. Bereits in Paris hatte Christina die »Mazarinetten«, wie die Nichten Mazarins bezeichnet wurden, kennen gelernt. Damals hatte die unkonventionelle Schwedin wegen ihrer exzentrischen, großzügigen Lebensführung großen Einfluss auf die jungen Mancini-Mädchen ausgeübt. Maria war 1661 als Fürstin Colonna nach Rom gekommen, wo sie ein prunkvolles Haus führte, das bald zum Mittelpunkt der dort ansässigen Franzosen und später aller Kunstbegeisterten überhaupt wurde. Der Sekretär ihres Mannes notierte, sie sei »außergewöhnlich geistreich, habe alles gelesen und schreibe selber mit ungewöhnlicher Leichtigkeit«.[18] Im Kampf um die Hierarchie im Kulturleben Roms rivalisierte sie offenkundig mit Christina. Geist und Extravaganz wetteiferten mit Charme und Schönheit.[19] Überdies verfügte Maria, »das beste und verrückteste der Mazarin-Mädchen«, wie Saint-Simon sie nannte, durch ihre Heirat über ein ansehnliches Vermögen – genau das, was bei Christina stets knapp bemessen war. Die sagenumwobenen »Mazarinette« tat ein Übriges, um die freieren französischen Sitten in die dem Schein nach noch ziemlich puritanische italienische Gesellschaft einzuführen. Genuss als Lebenszweck schien ihre Maxime zu sein. Christinas ironische Haltung gegenüber dem konventionellen Hof des Papstes war ebenso provokant wie die Maria Mancinis, aber die schwedische Monarchin begnügte sich mit intellektueller Freigeisterei und lehnte das ungezügelte, sittenlose Leben der reizvollen Kardinalsnichte entschieden ab. Eines verband jedoch beide Damen: die Passion für das Theater bzw. für die Oper.

Auch als junge Fürstin Colonna hatte Maria in ihrem Palast prunkvolle Aufführungen inszenieren lassen und war die Muse vieler Musiker und Dramatiker gewesen. Drei Wochen nach der Eröffnung des Theaters Tor di Nona wurde dort *Der neue Jason* von Francesco Cavalli, dem Komponisten des *Scipione Africano*, aufgeführt, das Maria Mancini gewidmet war. Für Christina war dies ein Affront. Die Italienerin und die Schwedin stritten bald um die angesehensten Komponisten und Instrumentalisten, besonders um den Florentiner Filippo Acciaioli, einen Spezialisten großangelegter Musikdramen, der jeweils einer der Damen seine Stücke widmete und dadurch den Zorn der anderen auf sich lud. Maria Mancini versuchte einzulenken und gab prunkvolle Feste für die schwedische Königin , wie sie in ihren *Memoiren* berichtet: »Ich wollte gerne ein Konzert zu Ehren der schwedischen Königin veranstalten, um diese Prinzessin zu verwöhnen und zugleich ihre wechselnde Laune zu besänftigen, die großes Vergnügen darin findet, stets etwas zu tun und andere zu beschäftigen.«[20] Es gelang ihr jedoch nicht, ihre Sympathie zu gewinnen. Als die ebenfalls legendenumwobene Hortense Mancini, Herzogin von Mazarin, auf der Flucht vor ihrem Mann nach Rom kam, bat Maria die schwedische Königin, ihrer Schwester Schutz zu gewähren. Christina verweigerte ihn ihr. Beide Mazarinetten sahen sich gezwungen, Rom zu verlassen und ihr abenteuerliches Leben mal hier, mal dort in Europa, vor allem am spanischen Hof, weiterzuführen.

Neben ihrer Kunstsammlung und ihrem Theater galt das uneingeschränkte Interesse der schwedischen Königin der Gründung einer Kunst- und Wissenschaftsakademie. Bereits 1656 hatte sie im Palazzo Farnese den Grundstein dazu gelegt, ihre zahlreichen Reisen hatten aber dieses Vorhaben beträchtlich eingeschränkt. Gleich nach ihrer endgültigen Rückkehr nach Rom hatte sie 1668 zum zweiten Mal diesen Plan in Angriff genommen und eine Akademie gestiftet, die zunächst zu Ehren des kulturbeflissenen Papstes den Beinamen *Clementina* erhielt und später zur *Accademia Reale* umbenannt wurde. Daraus entwickelte sich die berühmte *Arcadia*, zu der ein Jahrhundert später auch Goethe unter dem Namen Megalio Melpomenio gehörte[21] und die heute *Accademia dei Lincei* heißt.[22]

Wie der Historiograph Giovanni Marco Crescimbeni berichtet, herrschte in der *Königlichen Akademie* eine für das 17. Jahrhundert staunenswerte Gleichberechtigung aller Mitglieder.[23] Die schwedische Königin versammelte um sich Musiker, Wissenschaftler und Poeten, wie zum Beispiel Alessandro Guidi (1650–1712), der sich gerne mit Pindar vergleichen ließ. Unter dem Pseudonym Erilo Cleono arbeitete Christina an seinem *Endymion* mit, einem Melodram, das ihre Liebe zu Azzolino poetisch verklären sollte. Auch der Dichter und Arzt Francesco Redi (1626–1698), der Mathematiker Vincenzo Viviani (1622–1703) und Vincenzo da Filicaja (1642–1707), der aus der von Francesco de Medici im 16. Jahrhundert gegründeten *Accademia della Crusca* hervorgegangen war, waren Mitglieder der Stiftung Christinas.[24] Die florentinische Akademie hatte sich eine puristisch-klassizistische Erneuerung der italienischen Sprache als Ziel gesetzt, wozu die Ausmerzung aller Unreinheiten gehörte. Christina übernahm dieses Vorhaben mit Begeisterung: »In dieser Akademie sollen die Reinheit, die Fülle und die Majestät der toskanischen Sprache herrschen. Nachgeahmt sollen nur die Meister der wahren Beredsamkeit aus dem Zeitalter des Augustus und dem Leos X. werden, ausgeschlossen ist der moderne schwülstige Stil.«[25] Eine protestantisch-puritanische Weltsicht, die sich, wenn auch unbewusst, gegen den barocken Manierismus empörte, klingt in dieser Äußerung durch. Die Königliche Akademie unterstützte auch junge Musiker und half bedürftigen Autoren oder deren Kindern, wie es bei den Söhnen Filicajas der Fall war.

Das Interesse der schwedischen Königin galt aber nicht nur den italienischen Künstlern und Wissenschaftlern, sondern auch den Talentierten anderer Länder. Das Werk und die Recherchen des Historikers Samuel von Pufendorf waren ihr ein besonderes Anliegen, ebenso die literarische Laufbahn der jungen Mademoiselle Lefèvre (1647−1720), namhafte Übersetzerin griechischer und lateinischer Texte und Erzieherin des Dauphins, die später als Madame Dacier bei der zweiten »Querelle des Anciens et des Modernes« in Frankreich eine entscheidenden Rolle spielte. Verblüffend und typisch für Christinas Widersprüchlichkeit war der Brief, den sie der gefeierten Übersetzerin Homers schrieb: »Sie aber sind, wie man mir versichert, ein schönes und liebenswertes Mädchen, schämen Sie sich denn nicht, so gelehrt zu sein?«[26] Aus dem Munde der die Wissenschaft und Literatur über alles liebenden Königin klingt dieser Tadel wie eine rhetorische Floskel.

Zu den Gesprächen und Konzerten, die in der *Königlichen Akademie* stattfanden, versammelte die Monarchin die römische Gesellschaft, mit der sie aufgrund ihres überzogenen Selbstbewusstseins und ihrer burschikosen Umgangsformen oft in Streit geriet. 1680 entwarf Christina von Schweden die Satzungen ihrer Akademie, die dazu dienen sollten, »über alle nützlichen, angenehmen, gelehrten und sonderbaren Sachen, die dem menschlichen Verstand unterworfen sein könnten, zu urteilen und zu reden«.[27] Schmeicheleien aller Art wurden untersagt, so durfte zum Beispiel über die Gründerin nicht gesprochen werden. Die aphoristisch gefassten Satzungen zu den im Rahmen der Sitzungen zu behandelnden Themen enthüllen Christinas gestähltes Innenleben: »Es ist nicht das Glück, sondern die Tugend, die uns glücklich macht. (…) Man ist selber sein eigener größter und gefürchtetster Feind. (…) Man kann sich in der Liebe weder lange stellen noch verstellen.«

Aber nicht nur literarische und philosophische Themen interessierten die wissbegierige Königin, sie stand auch in regem Briefwechsel mit namhaften Naturwissenschaftlern, denen sie oft die Publikation ihrer Schriften ermöglichte. Dies traf im Fall von Giovanni Borelli (1608–1679) zu, dessen Hauptwerk *De motu animalium* (Über die Mechanik der Tierbewegung), das für die Entwicklung der Physiologie von großer Bedeutung war, dank der finanziellen Hilfe der schwedischen Königin veröffentlicht wurde. Der Sohn des Magdeburger Physikers Otto von Guericke (1602–1686) schickte ihr das Werk seines berühmten Vaters über Experimente mit der Luftpumpe zu und bat um Christinas Meinung. Sie antwortete, sie halte diese Erfindung für eine der bedeutendsten des Jahrhunderts, wies aber auf ähnliche in Paris, London, Florenz und Rom hin.[28]

Alchemie und Astronomie gehörten, dem Zeitgeist entsprechend . – ihre Rivalin Maria Mancini hatte sogar mehrere astrologische Abhandlungen veröffentlicht –, zu Christinas Lieblingsfächern. Die schwedische Königin stellte den Dänen Ole Borch an, damit er Gold für sie herstelle, und diskutierte ausgiebig mit ihm über sein Werk *Das Studium und die Experimente der geheimen Chemie.* Bereits in Hamburg hatte die Königin den Arzt Joseph-François Borri (1627–1695) kennen gelernt, der sich als Nachkomme von Neros Statthalter Burrhus ausgab. Dieser umstrittene, von der Inquisition sogar verurteilte Mailänder Alchemist verband magische, religiöse und alchimistische Elemente zu einer bestechenden Theorie, die ihm angeblich der Erzengel Michael anvertraut hatte. Christinas Faszination für seine Lehre wurde schon damals von Decio Azzolino streng moniert. Auch der deutsche Chemiker Johann Rudolf Glauber (1604–1668), der wegen seines reinigenden Salzes in die Geschichte eingegangen ist, hatte in Hamburg zu Christinas Umkreis gezählt. In Rom traf die Monarchin Borri wieder, der wegen seiner alchemistischen Schriften und Versuche vom Papst zeitlebens in die Engelsburg verbannt worden war.[29] Die Königin war schon wieder von seinen Experimenten angetan, bis Decio Azzolino sie dringend aufforderte, sich endgültig von diesem zwielichtigen Individuum zu trennen.

Nach dem Tod von Clemens IX. fand das Konklave von 1669/70 statt, das vier Monate dauerte und wegen der offensichtlichen Unentschlossenheit der Kardinäle große Aufmerksamkeit auf sich zog. Auch der Briefwechsel aus dieser Zeit zwischen der schwedischen Königin und Kardinal Azzolino wurde berühmt – er stellt die inneren Mechanismen einer Papstwahl im 17. Jahrhundert mit ihren Intrigen und Konflikten bloß. Erstaunlich ist, dass es Christina und dem Kardinal gelang, täglich miteinander zu korrespondieren, obwohl die Klausurregeln den Kardinälen streng untersagten, mit jemandem außerhalb des Konklaves Kontakt aufzunehmen. Da Azzolino das Konklave nicht verlassen durfte, hatte er kurz zuvor Christina auf vatikanischem Gebiet, im Palazzo d'Inghilterra, untergebracht, wo er später selbst wohnen sollte. Von dort aus konnte sie ungestört Botschaften an ihn richten und die seinigen heimlich empfangen.

Die Briefe der schwedischen Königin geben nicht nur sachliche, sondern auch sehr persönliche Informationen preis. Undatierte Briefe, in denen sie den Kardinal ihrer Liebe versichert, werden in ihrem Archiv aufbewahrt.[30] Anfang Januar 1670 schrieb Azzolino der wegen seiner Erkältung besorgten Königin und bezeichnete sie in seinem Brief als *S. M.* Ihre Reaktion war die einer Liebenden: »Könnte ich Ihnen die Freude beschreiben, die mir der Anblick dieser Initialen bereitet, so würden Sie mich in einer oder der anderen Form dieser Anrede für wert halten, die ich dem Titel einer Königin über das Weltall noch vorziehe. Aber ich muss das Anrecht auf diese Anrede wohl verwirkt haben, da Sie sie mir entziehen. Handeln Sie so, wie es Ihnen gutdünkt! Ich bin so sehr die Ihre, dass Sie, ohne namenlos grausam und ungerecht zu sein, nicht daran zweifeln, dass mir *S.M.* gebührt.«[31]Die Deutungen dieser Kode-Buchstaben sind sehr unterschiedlich: *Sempre mia* oder *Sia mia*. Sicher ist, dass sie auf ihre Beziehung anspielten. Aber die allzu persönlichen Briefe der Königin konnten nicht, wie die sachlich berichtenden, den Freunden der *Squadrone volante* vorgelesen werden. Die platonische Liebe hatte sich zwar in Freundschaft verwandelt, Untertöne von Leidenschaft waren dennoch nicht zu überhören.

1985 wurde Azzolinos Privatarchiv der *Bibliotheca Comunale di Iesi* übergeben. Wie Marie Louise Rodén darlegt, kann man auf der Grundlage dieser Korrespondenz kaum mehr daran zweifeln, dass der Kardinal auf seine Weise die schwedische Königin wirklich geliebt hat.[32] Die Sitzungen des Konklaves begannen am 20. Dezember 1669 und wurden gleich vom französisch-spanischen Interessenkonflikt beeinträchtigt. Die Spanier ließen sich von den mächtigen Kardinälen de Medici und von Hessen vertreten, die Franzosen von de Retz und de Bouillon. Ein *papabile* musste beiden Parteien gerecht werden – eine heikle Aufgabe. Christina von Schweden beobachtete genau die Rivalitäten zwischen beiden Gruppen und stand mit ihnen gleichsam als neutrale Persönlichkeit in regem Austausch. Die ausführlichen Briefe, die sie tagtäglich Azzolino übermitteln ließ, berichten über die Tendenzen und Vorhaben des konkurrierenden spanischen und französischen Lagers: »Ich habe Ihnen so viel zu erzählen«, schrieb sie ihm am 18. Januar 1670, »dass ich nicht weiß, wo anfangen. Ich habe den ganzen gestrigen Tag und einen Teil der Nacht mit den Franzosen und den Rest derselben Nacht mit den Spaniern zugebracht ...«[33] Ihre ganze Energie und Klarsicht stellte sie in den Dienst des geliebten Kardinals und versuchte, seinen heimlichen Kandidaten, Pietro Vidoni, den sich Scharmützel leistenden Parteien ans Herz zu legen. Der spanische Botschafter, Marquis de Astorga, von der Königin »ein unverbesserliches Tier« oder »unser nachdenklicher Dummkopf« genannt, durchschaute nicht die Intrige und nahm Christinas Worte für bare Münze. Vidoni wurde sein Kandidat.

Ein Wirrwarr von Missverständnissen entstand auf beiden Seiten, vor allem als die Prinzessin von Rossano, die im Verdacht stand, eine Liaison mit Azzolino zu haben, in ihrem römischen Salon Kardinal Vidoni als zukünftigen Papst vorstellte. Die Empörung beider Parteien war groß, wie der französische Botschafter, der Duc de Chaulnes, am 18. März 1670 Ludwig XIV. schrieb: »Entfesselte Löwen sind nicht schlimmer als eingesperrte Kardinäle.«[34] Der Kandidat der *Squadrone volante* verlor durch diese Ungeschicklichkeit endgültig seine Chancen. Ende April wurde Emilio Altieri (1590–1676) Papst und nannte sich Clemens X. – eine Wahl, die als Konzession an beide Parteien galt.

Der Einfluss des neuen Papstes machte sich bald bemerkbar. Nicht liberale Freiheit, sondern Rückzug auf Tradition und Strenge gehörten zu seinem Programm, wie die Schließung des Theaters Tor di Nona zeigt. 1675 war ein Heiliges Jahr – es durften darum keine Theateraufführungen gegeben werden. Laut Vorschrift durfte sogar Christina auf ihrer eigenen Bühne im Palazzo Riario keine Komödien spielen lassen. Clemens' X. Nachfolger Innozenz XI. (Benedetto Odescalchi, 1611–1689) stand ihm nicht nach, was Strenge anbelangte. Er war unnachgiebig in seinen sittlichen Grundsätzen, verdammte 65 Sätze aus den Schriften der Jesuiten, weil er sie als unmoralisch ansah, und verbot wie sein Vorgänger die öffentlichen Inszenierungen. Er gestattete den Sängern nicht, in weltlichen Darbietungen und zugleich in der Kirche aufzutreten und untersagte auch wieder das Auftreten von Frauen auf der Bühne. Sogar die Dekolletés à la française wurden angeprangert und aus dem Kirchenstaat verbannt. Christina mokierte sich darüber und ließ eine Robe für sich entwerfen, die »Innocentiae«, die sie bis zu den Fingerspitzen bedeckte.[35] Die Herrschaft von Innozenz XI. löste den ärgsten Konflikt zwischen dem Vatikan und Frankreich nach dem Westfälischen Frieden aus. Der Papst unterstütze Österreich durch Geldvorschüsse gegen die Türken und geriet mit Ludwig XIV. in Streit wegen der Ausdehnung des Regalienrechts, d. h. der Verwaltung und Nutznießung einiger Bistümer durch die Krone. Aufgrund der Unnachgiebigkeit des Papstes beschloss Ludwig XIV., ihm nur auf religiösem Gebiet Rechte einzuräumen und die Unabhängigkeit der französischen Kirche zu proklamieren, wie später die »Vier Artikel« von 1682 verkündeten.

Bereits in den siebziger Jahren war eine neue Epoche angebrochen, die bisherige europäische Konstellationen durcheinandergewirbelt und als fragwürdig hingestellt hatte. Die Religionskriege lagen weit zurück, politische Erwägungen gewannen immer mehr an Bedeutung – der Säkularisierungsprozess griff um sich. 1672 vereinigte sich Frankreich mit dem anglikanischen England und dem protestantischen Schweden gegen die protestantische Handelsmacht der Niederlande. Das katholische Habsburg hingegen unterstützte gemeinsam mit dem protestantischen Brandenburg die Niederlande. Die Bündnisse und Fronten wechselten rasch. Intrigen, Koalitionen, Konspirationen – das spiegelt die europäische Politik jener Zeit wider.

Im Konflikt zwischen Frankreich und dem Vatikan stellte sich Christina von Schweden auf die Seite des Papstes. Möglicherweise trug sie Ludwig XIV. sein Scheitern bei den Verhandlungen des Friedens von Nimwegen nach oder sein mangelndes Engagement bei der Belagerung Wiens durch die Türken. Der Friede von Nimwegen zwischen Frankreich und den Niederlanden von 1678 war nur ein kurzer Waffenstillstand gewesen. Frankreich versuchte, sich weiter auszudehnen, und annektierte 1681 Straßburg gegen die ausdrückliche Abmachung, die bei der Hochzeit Liselottes von der Pfalz mit dem Bruder Ludwigs XIV. festgelegt worden war. Noch empörender war für Christina das Bündnis des französischen Königs mit den Türken gegen den Kaiser zu einem Zeitpunkt, als der Sieg bei Wien die Türken in die Flucht geschlagen und dem Reich Macht und Ansehen zugespielt hatte. Die pro-türkische Politik Ludwigs XIV. hatte auch den Papst zutiefst brüskiert, dessen Hauptziel stets die Verdrängung der Türken vom europäischen Territorium war.

Auch Christina von Schweden lag die Bekämpfung des Islams sehr am Herzen. Als der Vatikan ihr zugunsten der Streitenden und als stille Rache für die von ihr geforderte »Quartiersfreiheit« die Pension entzog, schrieb sie einen bitteren Brief an Azzolino: »Die zwölftausend Taler, die der Papst mir gab, bildeten die einzige Schande meines Lebens. Ich nahm sie aus Gottes Hand entgegen wie die größte Erniedrigung, mit der er meinen Stolz demütigen wollte. Ich glaube, nunmehr in seiner Gnade zu sein, da er sie, für mich so glorreich, wieder zurücknimmt.«[36] Übergroß war ihre Freude, als die Türken am 13. September 1683 vor Wien besiegt wurden.

Die politische Situation in Europa, insbesondere in Schweden, war damals sehr komplex. Karl XI. war nun volljährig geworden, was unter anderem bedeutete, dass die Bedingungen von Christinas Abdankungserklärung wieder bestätigt werden mussten. Sie schickte den Großkämmerer ihres römischen Hofes, Orazio Del Monte, nach Schweden, um diese Bestätigung zu verhandeln – eine willkommene Gelegenheit, um den zwischen Rom und Stockholm abgebrochenen Kontakt wieder aufzunehmen. Bereits 1672 hatte Clemens X. den schwedischen

König um Unterstützung bei der Verteidigung Polens gegen die Türken gebeten und damit offiziell kundgetan, dass Rom seit dem Westfälischen Frieden die Reformation akzeptierte. Christinas Anwesenheit in Rom bereitete den Weg für eine Erneuerung der Kontakte zwischen dem Papsttum und Nordeuropa in der Nachreformationszeit.[37] Mit dem römischen Adel geriet die Königin aber immer wieder in Schwierigkeiten, vor allem als sie ihrem Günstling Del Monte den Titel Exzellenz verlieh. Eine Berliner Zeitung meldete: »Rom vom vorigen (20.12.1681) Weilen die Königin Christina von Schweden wie jüngst gemeldet dem Herrn Marquis Del Monte den Titel Exzellenz beygelegt hat will hinfüro kein Herr von Qualität mehr als Kammer-Herr bei ihr dienen.«[38] Als Gegenreaktion trat die Unbeugsame noch prunkvoller als bisher in der Öffentlichkeit auf: »Die Königin von Schweden beginnet ihre Hofhaltung und andere Sachen dergestalt zu vergrößern und in sothane Positur zu setzen als wie sie bey ihrer ersten Anherokunfft gehabt.«[39]

Christinas kritische Einstellung Frankreich gegenüber verschärfte sich 1685 bei der Aufhebung des 1598 von Heinrich IV. zur bürgerlichen und rechtlichen Gleichstellung der Hugenotten proklamierten Edikts von Nantes. Je mehr Ludwig XIV. seine Staatsmacht verstärkte und die päpstliche Autorität durch nationale kirchliche Bestrebungen unterhöhlte, desto eifriger verteidigte er den katholischen Glauben gegenüber den Ketzern im eigenen Land. Bereits Ende der siebziger Jahre hatte Ludwig XIV. mit den berüchtigten blutigen »Dragonaden«, die hugenottische Bevölkerung, die sich nicht freiwillig zur katholischen Kirche bekannte, zur Bekehrung gezwungen. In Rom kam es fast zu einem offenen Kampf zwischen dem französischen Botschafter Marquis de Lavardin und der

Kurie, die die Bekehrungsmethoden des französischen Königs missbilligte.

Christina versuchte zu vermitteln und schrieb ihm einem Brief, der ihren Abscheu gegen die mangelnde religiöse Toleranz bezeugt. Dieser berühmte Brief, der Ludwig XIV. von Botschafter Hugues de Terlon übermittelt wurde und in dem sich die Königin ohne Land über die Drangsalierung hugenottischer Familien durch französische Soldaten empört, wurde damals in der vom Philosophen Pierre Bayle herausgegebenen Zeitschrift *Les Nouvelles de la République des Lettres* veröffentlicht und erregte unerhörtes Aufsehen. Christina formulierte ihren Wunsch nach Toleranz folgendermaßen: »Da Sie meine Meinung zur vermeintlichen Ausrottung der Häresie in Frankreich kennen wollen, sage ich Ihnen nur zu gern, wie dem ist. Da es meine Weise ist, niemanden zu fürchten noch zu schmeicheln, so will ich Ihnen freimütig gestehen, dass ich vom Erfolg dieses großen Planes wenig überzeugt bin und dass ich mich nicht über ihn als etwas für unsere Religion Vorteilhaftes freuen kann. (...) Ich frage mich, ob in Frankreich daran gearbeitet wird, die Häretiker katholisch oder die Katholiken zu Häretikern zu machen. Ich beklage so viele zugrunde gerichtete Familien, so viele redliche Leute, die an den Bettelstab gebracht sind. Ich kann das, was gegenwärtig in Frankreich vorgeht, nicht ansehen, ohne es zu bedauern. Ich beklage diese Unglücklichen, dass sie im Irrtum geboren sind, aber mir scheint, sie verdienen mehr Mitleid als Hass, und wie ich um die Herrschaft der ganzen Welt nicht Teil an ihren Irrtümern haben möchte, so möchte ich auch nicht die Ursache ihres Unglücks sein. Ich betrachte Frankreich gegenwärtig als einen Kranken, dem man Arme und Beine abnimmt, um ihn von einem Übel zu heilen. (...) Nichts ist löblicher als das Bestreben, Ketzer und Ungläubige zu bekehren, aber die Weise, wie man dabei verfährt, ist ganz neu; und da sich unser Heiland dieser Methode nicht bedient hat, um die Welt zu bekehren, so muss sie wohl nicht die beste sein.«[40]

Der französische Hof war peinlichst berührt und beauftragte Terlon, die Königin zu einer Änderung ihrer Einstellung zu bewegen. Die Bitte Ludwigs XIV., die Hugenottenverfolgung als eine innere Angelegenheit Frankreichs zu betrachten, konnte aber Christina nicht dazu bewegen, ihren Standpunkt aufzugeben. Sie beteuerte in einem anderen Brief, niemand könne sie daran hindern, die Wahrheit zu sagen und sie sei verwundert über die Mühe, die man aufwende, um die Dragoner-Missionare zu rechtfertigen.[41] Auch zwischen ihr und Bayle, der selbst zum Katholizismus und später wieder zum Protestantismus konvertiert war, entspannte sich eine Kontroverse, da er in den Äußerungen der Königin »einen Rest von Protestantismus«, d.h. von Aufmüpfigkeit gegenüber der katholischen Kirche, witterte. Galdenblad, ein konvertierter Schwede und Christinas Sekretär, verteidigte daraufhin in einem anonymen, von der Königin autorisierten Schreiben ihren Katholizismus. »Sie ist nicht katholisch in der französischen Art, sie ist es in der römischen, d.h. in der der heiligen Peter und Paul. Darum ist sie gegen diese Verfolgungen, weil die Manie, Häretiker konvertieren zu wollen, sicher nicht von den Aposteln kommt.«[42]

Kurz vor ihrem Tod 1689 verwendete sich Christina von Schweden für die katholische Minderheit bei König Wilhelm III. von Oranien.[43] Ohne Thron und Macht, ohne großes Vermögen, verhielt sie sich weiterhin wie eine Herrscherin und verhandelte mit allen europäischen Höfen, vor allem wenn es um Fragen der Toleranz ging.

Ihr Alleingang als Mittlerin zwischen dem Vatikan und den europäischen Staaten wegen politischer sowie religiöser Konflikte – bestimmt nicht ganz frei von eigennützigen politischen Hintergedanken – hat ihr eine bleibende Bedeutung in der Geschichte Europas eingebracht.

Christinas literarisches Erbe

Christinas Faszination für die Sprache, die durch die Gründung der römischen Akademie und ihren Einsatz für die Reinheit des Italienischen zum Ausdruck kam, schlug sich auch in ihren eigenen Werken nieder. Auch wenn sie keine Schriftstellerin im eigentlichen Sinn war, so hat sie doch in der Tradition ihrer Zeit einige Schriften hinterlassen, die ihre persönliche Interessen sowie den Zeitgeist des 17 Jahrhunderts widerspiegeln.

Die Bildung der schwedischen Königin war vornehmlich französischer Prägung, darum verfasste sie den überwiegenden Teil ihrer Briefe und literarischen Werke auf Französisch. Ihre literarischen Muster entnahm sie aber der klassischen Antike. Marc Aurel, Plutarch, Augustinus gehörten zu ihren Vorbildern ebenso wie die großen Moralisten der Zeit, wie La Rochefoucauld, den sie besonders verehrte. Christinas Werk umfasst Memoiren, Maximen und Aphorismen sowie historische Essays über Alexander den Großen und Cäsar, denen sie sich in ihrem heroischen Ideal seelenverwandt wähnte. Die meisten ihrer Manuskripte befinden sich im Königlichen Archiv, in der Königlichen Bibliothek in Stockholm und in der Universitätsbibliothek von Montpellier. Ungefähr 500 ihrer Maximen, *Les sentiments héroiques,* wurden 1959 von Sven Stolpe in einer kritischen Ausgabe ediert. *L'ouvrage du Loisir,* etwa 1140 weitere Sprüche, hat Carl Bildt 1906 herausgegeben. Im 18. Jahrhundert wurden, wie bereits erwähnt, viele Briefe und Schriften der schwedischen Königin von

Johann Arckenholtz gesammelt und veröffentlicht (*Mémoires concernant Christine, Reine de Suède*, Bände 1–4, Amsterdam/Leipzig, 1750–1760). Christinas Autobiographie, *La Vie de Christine faite par elle-même, dédiée à Dieu* (Arckenholtz, Band 3) wurde 1994 von Jean-François de Raymond in modernisiertem Französisch kommentiert veröffentlicht.

In ihren Schriften stellt Christina Überlegungen über den Staat, die Liebe, die Religion und den Tod an. Einige dieser Themen wurden in den Zusammenkünften der Akademie erörtert, andere entsprangen ihren persönlichen Fragen und Intuitionen. Weitere Texte, wie die Satzungen der Akademie und die umfangreiche Korrespondenz mit vielen Gelehrten Europas, gehören im engeren Sinne trotz ihrer kulturhistorischen Bedeutung nicht zum literarischen Nachlass der schwedischen Königin.

Bereits während ihres Aufenthalts in Hamburg hatte Kardinal Azzolino Christina von Schweden aufgefordert, ihre *Memoiren* zu schreiben. Sie begann damals eine autobiographische Skizze zu entwerfen, die den Titel trägt *Ma vie, dédiée à Dieu*, wovon Bruchstücke erhalten sind. Isaac Vossius und Samuel von Pufendorf sollten auf dieser Grundlage die Geschichte des Lebens und der Regierung der Monarchin verfassen, doch dieser Plan wurde nicht verwirklicht.[1] Christinas Autobiographie blieb ein Torso.

1674 erschienen die so genannten *Mémoires de Chanut* in einer überarbeiteten und teilweise durch die eigenwilligen Deutungen und Zusätze seines Sekretärs und Nachfolgers François Piques verzerrten Fassung. Christina von Schweden nahm sich damals vor, dem von Irrtümern wimmelnden Text, den sie eigenhändig mit Korrekturen versah, eine eigene Darstellung entgegenzusetzen. Erst 1681 wurden die autobiographischen Aufzeichnungen, die ihre Person in ein objektiveres Licht rücken sollten, fortgesetzt. In neun knappen Kapiteln umfassen sie aber nur die Kindheit der Königin. Der Hauptvorwurf, den Piques erhoben hatte, als er bei Christina von Schweden von einer *libertinage érudit* sprach, wurde dadurch nicht entkräftet. Erst im 20. Jahrhundert gelang es den schwedischen Historikern Martin und Curt Weibull nachzuweisen, dass dieser Ausdruck lange Zeit missverstanden wurde: Die Libertinage des 17. Jahrhunderts, die Freidenkertum bedeutete, wurde in der Aufklärung als Zügellosigkeit ausgelegt. Das hat verständlicherweise viele erotische Phantasien angestachelt und schillernde Pikanterien über die schwedische Königin erfinden lassen.

Die literarischen Porträts waren im 17. Jahrhundert eine beliebte Beschäftigung der gebildeten Damen in Europa, vor allem in Frankreich. Während diese sich zumeist in selbstgefälliger Darstellung ergingen, folgte Christina von Schweden dem Vorbild des Augustinus und verkündete wie er: »Gott ist alles und ich bin nichts«, obwohl sie diese Einsicht oft vergaß und es vorzog, von ihren Vorrechten und ihrer Herrlichkeit zu sprechen.[2] Bestimmt konnte sich die schwedische Königin nicht mit den großen religiösen Schriftstellern wie Pascal oder Bossuet messen, doch war sie den meist preziösen Porträtistinnen des 17. Jahrhunderts weit überlegen, indem sie sich antiker Metaphern bediente, die im 17. Jahrhundert eine Renaissance erlebten. So eignete sie sich das Motiv des *theatrum mundi* an, dem sie wohl bei Marc Aurel und bei Calderon de la Barca sowie bei Bossuet begegnet war.[3] Die Schilderung des Todes ihres Vaters entspricht diesem Muster: »Es ist Zeit, den ersten Schauplatz dieses Trauerspiels zu verlassen ...«[4] Und etwas später schreibt sie: »Fast gleichzeitig traf die Königin, meine Mutter, ein. Sie wurde nach herkömmlichem Brauch empfangen. Ich selbst ging ihr mit dem ganzen Rat, dem ganzen Adel und dem Hofgefolge beiderlei Geschlechts entgegen. Tränen und Schluchzen begannen wieder beim Anblick dieses traurigen Schauspiels. Ich umarmte meine Mutter. Sie ertränkte mich in ihren Tränen und erstickte mich fast mit ihrer Umarmung.«[5] Die Beschreibung ihrer trauernden Mutter – »die Königinwitwe spielte ihre Rolle vollendet« – zeigt Anklänge an die antike *Phädra* und an Racines und Corneilles Tragödien, wie Ernst Cassirer dargelegt hat: »Was hier dargestellt wird, ist ein bestimmtes heroisches Ideal – und dies ist den Idealen der klassischen Tragödien aufs nächste verwandt. Bis ins Einzelne hinein, bis in die besonderen sprachlichen und stilistischen Wendungen spürt man die Seelen- und die Geistesverwandtschaft. Die Worte *vertu, gloire, honneur, devoir, grandeur, mérite* treten uns immer wieder entgegen: und es sind Imperative, unter die sie ihr eigenes Leben und Handeln zu stellen sucht.«[6]

Die Memoiren beginnen mit der Anrufung Gottes und einer überschwänglichen Danksagung für die ihr verliehenen Gaben: »Dir, Herr, widme ich die Schilderung meines verflossenen Lebens, denn Du bist mein einziger, herrlicher Ursprung und in Ewigkeit mein einziges, herrliches Ziel …«[7] Die *captatio benevolantiae* ist üppig-barock. Dann folgt ein kurzer Überblick des schwedischen Königtums sowie des Hauses Wasa und ein liebevoller Bericht über die Erinnerungen an ihren Vater Gustav II. Adolf, dessen militärische Verdienste sie besonders hervorhebt. Eine exakte Schilderung ihrer Geburt und des schwierigen Verhältnisses zu ihrer Mutter schließt sich an. Enthüllend sind Christinas nahezu bissige Bemerkungen über das Verhalten von Frauen und die fast obsessive Beteuerung ihres »männlichen Wesens« in krassem Kontrast zur exaltierten Weiblichkeit der Mutter: »Ich danke Dir , Herr, (...) weil Du mir die Gnade bezeigtest, meiner Seele die Schwächen meines Geschlechtes fernzuhalten; Du hast sie, wie auch mein sonstiges Wesen, ganz männlich geschaffen. (...) Obwohl Du mich dazu verurteiltest, dem schwächeren Geschlecht anzugehören, hast Du mir doch seine gewöhnlichen Unzulänglichkeiten erlassen.«[8] Christinas Abneigung gegenüber der eigenen Sexualität drückt zwar die misogyne Haltung ihrer Zeit aus, aber gleichzeitig auch die eigene konfliktreiche Einstellung zur weiblichen Rolle. Von Anfang an hatte Christina eine gestörte Beziehung zu sich selbst: »Hätte ich mich innerlich schwach gefühlt, hätte ich, wie so viele andere, heiraten, mich amüsieren und meine bevorzugte Stellung genießen können; wenn nötig, hätte ich meinem unbezwingbaren Widerwillen gegen die Ehe abgeschworen. Doch Du gabst mir ein Herz, das Dir allein gewidmet war ... Ich habe noch einen Fehler, den ich beinah vergessen hätte: eine allzu große Verachtung der Tugenden meines Geschlechtes.«[9]

»Die beiden Körper der Königin«[10], ihre seelische männliche Natur und ihre physische Weiblichkeit, bestimmten zeitlebens die ambivalente Haltung Christinas und führten zu einer Art Asexualität. Darin stand sie aber in ihrer Zeit nicht allein.[11] Bereits Marie le Jars de Gournay, Montaignes Tochter, war in ihrem Essay *Égalité des hommes et des femmes* (1662) auf dieses Thema eingegangen. Diese frühe Aufklärerin hielt die biologischen Unterschiede zwischen den Geschlechtern für geringfügig und betonte, dass es auf der geistig-intellektuellen Ebene keine gravierenden Unterschiede gebe. Die von den Frühfeministinnen des 17. Jahrhunderts weit verbreitete These »L'âme n'a pas de sexe« greift Christina von Schweden in ihren Maximen auf: »Es stimmt, dass die Seele kein Geschlecht hat. (...) Das Temperament und die Erziehung machen den ganzen Unterschied zwischen den Geschlechtern aus.«[12]

Christina behandelt in ihrer Autobiografie die Kindheit bis zu ihrem zehnten Lebensjahr. Sie liefert ein besonders liebevolles Porträt ihres Lehrers Johan Matthiäe, ihres »zweiten Vaters«, der sie in die Kunst des christlichen Lebens eingeführt hatte. Der Sitte des 17. Jahrhunderts folgend, entwirft die Königin dann eine Art Erziehungsethik. Ähnliches vermitteln auch die empfohlenen Diskussionsthemen ihrer Akademie: »Die Erziehung junger Fürsten ist so eminent wichtig, dass die schlechten Erzieher ebenso kriminell sind wie die abartigen Menschen, welche die Ströme und Quellen vergiften. Ein Kind, das für den Thron bestimmt ist, von dem die Landesehre und alles private Glück abhängen wird, gehört dem Staat. Man kann es nicht genug fördern. Indessen will es das Unglück der Fürsten, dass die meisten Menschen glauben, man müsse nur darauf abzielen, die Fürsten töricht, dumm und unredlich zu machen, um sich so eine Macht zu sichern, die alle fürchten.«[13]

Die Memoiren schließen mit der Ernennung Christinas zur Königin. Da sie diese Aufzeichnungen erst an ihrem Lebensende machte, geht sie fast übergangslos in allgemeine Überlegungen über, deren Leitmotiv die Unfähigkeit der Frauen zu regieren ist: »Die Unwissenheit der Frauen, ihre seelische, geistige, körperliche Schwäche taugt nicht für den Fürstenberuf. Alle Regentinnen, die mir in der Geschichte und der Welt begegneten, haben sich so oder so lächerlich gemacht. Ich selbst bin keine Ausnahme von dieser Regel und will meine Unzulänglichkeiten zukünftig hervorheben.«

Das Manuskript dieser Aufzeichnungen ging, wie bereits erwähnt, nach dem Tod Christinas zunächst an ihren

Alleinerben Kardinal Azzolino, dann an die Familie Alexanders VIII. über, später kam es in den Besitz der Familie Albani, die Johannes Arckenholtz eine Kopie überließ. Dieser hat aber Christinas Text zuweilen geschönt oder leicht verändert, so dass heute keine Originalfassung mehr vorhanden ist. Als 1798 der französische General Berthier Rom besetzte, blieb zwar die Kunstsammlung der schwedischen Königin dem Vatikan erhalten, die Bibliothek Alexanders VIII. wurde aber von den Franzosen konfisziert. Ein Offizier aus der französischen Provinz l'Hérault erwarb mehrere Lose, darunter ein Manuskript der Memoiren, das heute in der Medizinischen Fakultät von Montpellier aufbewahrt wird.

Neben den Memoiren gehören die Maximen zu Christinas wichtigsten literarischen Werken, vor allem *Les sentiments héroiques*, eine zur Veröffentlichung vorgesehene Anthologie, und *L'ouvrage du Loisir*, eine nicht besonders ausgefeilte Auswahl ihrer Gedanken intimeren Charakters. Ende der siebziger Jahre begann Christina, angeregt von La Rochefoucauld und von Saint-Évremond, moralische Überlegungen niederzuschreiben. Ging es aber La Rochefoucauld in seinen Maximen um eine kritische Psychologie der Eigenliebe und der Leidenschaft, um die Beweggründe menschlicher Handlungen, so geht es der ehemaligen Königin von Schweden um die Erziehung und Bildung derer, die für den Staat verantwortlich sind und um die Suche nach sich selbst. Ihre Maximen zeigen sowohl ihren Glauben an die Überlegenheit als auch ihren Zweifel an der Größe des Menschen. Der Mensch war für sie nunmehr ein »Abgrund an Unglück und Unwissenheit«, die Wissenschaft ein »klingender Name für die menschliche Unkundigkeit« und unfähig, ihn »klüger« zu machen. Unverkennbar sind die religiösen Untertöne, wenn sie »Seelengröße« und »Notwendigkeit des rechten Handelns« fordert.

Im Mittelpunkt der Schriften der schwedischen Königin steht die Sorge um die Erziehung des Herrschers als würde sie in der Theorie das nachholen wollen, was sie sich im Leben verweigert hatte: die Mütterlichkeit. Klug analysiert sie die Umgebung eines jeden Prinzen und warnt vor den Beratern, die jeden Entschluss und jedes Handeln durch Schmeichelei oder Verstellung verfälschen können. Ihr Misstrauen gilt mehr den Toren als den Bösen. Eingehend warnt sie auch vor den Philosophen, die der Jugend mehr das esoterische Denken als das pragmatische Handeln beibringen wollen. Das Vorbild heroischer Menschen hat in den Augen der Königin einen größeren moralischen Wert als jede Theorie. Der aufgeklärte Herrscher ist in den Augen der Konvertitin in erster Linie ein Christ, dem es nicht so sehr um die eigene soziale Stellung, als vielmehr um den Menschen an sich geht. So durchzieht die Frage nach dem, was Ehre und Großmut begründet, ihre moralischen Überlegungen.

Viele Maximen der Königin verraten den Einfluss des spanischen Jesuiten und Moralphilosophen Baltasar Gracián (1601–1658), dessen Schrift *Der Hofmensch* (1647), vom französischen Übersetzer Amelot de La Houssaye 1680 Ludwig XIV. gewidmet, eine Polemik gegen Machiavellis *Der Fürst* ist.[14] So schreibt Christina von Schweden: »Die Kunst, Menschen zu durchschauen ist selten, aber diejenigen, die sie besitzen, sind zum Herrschen bestimmt.«– »Ein Herrscher muss sich verstellen können, nicht aus Furcht, sondern aus Vorsicht. Er soll danach streben, alles zu wissen, doch sein Wissen nicht immer durchblicken zu lassen.« – »Man wechselt nur die Diebe aus, wenn man die Minister wechselt.«

Aber auch der Einfluss von Descartes ist unüberhörbar: »Die Leidenschaften sind das Salz des Lebens. Wir sind glücklich oder unglücklich im Verhältnis wie diese heftig sind.« – »Die Leidenschaften sind weder gerecht noch verbrecherisch, aber ihr Gegenstand macht sie schuldig oder legitim.«[15]

Christinas Schriften spiegeln vornehmlich die Geschichte einer Seele und ihrer progressiven Veränderung wider. Zunächst treten ihr Selbstbewusstsein als Königin und die Priorität, die sie der Erziehung des Herrschers einräumt, in den Vordergrund; allmählich wird aber beides durch die Erkenntnis der menschlichen Nichtigkeit und durch die uneingeschränkte Hingabe an Gott übertönt, die das Streben nach Ruhm ersetzt. Die Königin verwandelt sich in eine Art Mystikerin, der Glaube wird zum Leitmotiv.

Christinas Essays über Alexander den Großen und Cäsar werden sowohl vom Leitgedanken des Ruhms als auch von der Erkenntnis seiner Vergänglichkeit getragen. Die Plutarchs *Vitae* berühmter Griechen und Römer verpflichteten biographischen Darstellungen lassen jedoch – als Tribut zum Christentum – die Relativierung menschlicher Größe mitklingen. Die Darstellung des Helden wird durch eine Skepsis gebrochen, die an die christliche Lehre der notwendigen Erlösung anknüpft: »Alexander war ein Mensch, daher muss man ihm seine Fehler, seiner großen Tugenden wegen, verzeihen. Die Natur hat selbst der Sonne Flecken gegeben, deren ungeachtet dieses schöne Gestirn dennoch das bewundernswürdigste Licht der Welt ist.«[16]

Einen aufschlussreichen Einblick in Christinas geistige und religiöse Entwicklung vermitteln ihre Randbemerkungen zu einem Buch über Katharina von Genua

(1447–1510), die Tochter des späteren Vizekönigs von Neapel, das 1681 erschien und der schwedischen Königin gewidmet war. [17] Das Traktat der italienischen Mystikerin über das Fegefeuer als notwendiges Mittel zur Erlangung der Erlösung im Paradies muss Christina, die sich in ihrer Jugend diesem Glaubenssatz heftig widersetzt hatte, in den letzten Jahren ihres Lebens besonders fasziniert haben, denn sie notierte dazu: »Angesichts Gottes verwandelt sich das Fegefeuer in das Paradies.«[18] Dort, wo Katharina von Genua die dem Menschen von Gott gegebenen Anlagen hervorhebt, kommentiert Christina begeistert: »Wie bei mir!« Vermutlich sollen diese Ausrufe nicht nur ihre Zustimmung bekunden, sondern auch darlegen, sie selbst sei wie die Mystikerin eine Auserwählte. Aber auch Kritisches spiegeln diese Kommentare wider, vor allem ihr Aufbegehren gegen Passivität und Bedeutungslosigkeit. Katharina schreibt, die Seele sei eigentlich ein Nichts. Die Königin kontert: »Was kann ein Nichts tun? – Wie könnte die Seele, wenn sie ein Nichts ist, Liebe hervorbringen?«[19] Christinas Glaube an die unumschränkte Fähigkeit der Seele, sich selbst und ihr Schicksal zu gestalten, ließ nicht nach. Dort, wo Katharina der göttlichen Fügung entsprechend bekennt, die Seele könne nichts aus eigener Kraft tun, empört sie sich und vermerkt: »Keineswegs!«

Auch in ihrer mystischen Frömmigkeit blieb Christina von Schweden sich selbst treu in ihrer Achtung vor dem menschlichen Willen und räumte der freien Entscheidung eine Vorrangstellung ein. Die einstige Protestantin rückte damit entschieden von den Gedanken Luthers ab, allein die Gnade bringe den völlig hilflosen Menschen zum höchsten Gut. Für sie galt als Grundthese: »Gibt es keinen Willen, dann gibt es auch keine wahre Liebe.«

Ebenso setzte sie sich von der verehrten italienischen Heiligen ab, wenn diese eine strenge Askese befürwortete, die um des Höchsten willen auf das Zweithöchste zu verzichten habe. Die Königin bemerkte dazu: »Ist es ein Fehler sich zu unterhalten?« und »Man braucht nicht das Größere um des Geringeren willen zu verlieren.« Und im Hinblick auf die hoch gepriesene Askese warf sie lapidar ein: »Man tut Gott im höchsten Grade Unrecht, wenn man glaubt, ihm gefielen solche Dummheiten.«

Stets blieb Christina pragmatisch-realistisch und widersetzte sich jeder übertriebenen Frömmigkeit. Fühlte sich die Mystikerin angesichts der Feinde, die ihre Seele belagerten, wie »ein Tier, das zur Schlachtbank getrieben wird«, konterte die Konvertitin gelassen: »Viele andere haben sich dennoch durchgekämpft.« Je mehr sich aber Christina in Katharinas Schriften vertiefte, umso bewusster wurde auch ihr die menschliche Nichtigkeit, wie eine ihrer letzten Bemerkungen kundtut: »Ich bin nichts, vermag nichts, will nichts und begehre nichts.«[20]

Eine andere Form von Religiosität volkstümlich-schwärmerischer Art, die in auffälligem Widerspruch mit ihrem Wesen stand, sollte aber bald das Interesse und die Hingabe der schwedischen Königin wecken.

Die letzten Jahre in Rom

Christinas Interesse für Katharina von Genua deutete auf eine religiöse Verinnerlichung, die mit zunehmendem Alter immer intensiver wurde. Schon Jahre zuvor hatte der Bildhauer und Jesuitenfreund Bernini, der auch ein glühender Verehrer der »Theologin des Fegefeuers« war, die Königin auf mystische Wege gewiesen. Damals hatte diese Dimension für die Konvertitin ein neues, interessantes Forschungsfeld bedeutet. Jetzt aber ging es um eine existentielle Betroffenheit. In ihrer Auseinandersetzung mit den theologischen Deutungen und ekstatischen Erfahrungen der Mystikerin gab die Königin ihren heroisch gefärbten Glauben an den Menschen teilweise auf und übernahm eine demütige Haltung »in Angst oder jubelnder Anbetung Gottes.«[1]

Einige *Maximen* Christinas spiegeln diesen Prozess wider: »Die wahre Heiligkeit besteht einzig in dem, was ohne Zeugen sich zwischen Gott und der Seele abspielt. Dieser Liebesaustausch toleriert keinen Dritten. (...) Alle Zweifel hören auf, wenn man sich Gott gutgläubig hingibt.«[2] Christinas Wendung zu einer individualistischen Form des Glaubens, vor allem ihre Kritik der Seelenführung durch die Beichtväter – »Diejenigen, die nur von Gott gekannt werden wollen, brauchen keinen geistigen Führer«, schrieb sie in *L'Ouvrage du Loisir* – entfachte den Zorn der Römischen Kirche. Bereits während ihrer zweiten Frankreich-Reise hatte die schwedische Königin François Malaval, den blinden Mystiker von Marseille, besucht, mit dem sie später über religiöse Fragen korrespondierte und der ihr sogar die italienische Übersetzung seines Werks, *Pratique facile* (1664), widmete. Dieses Buch über das Gebet hatte großes Aufsehen erregt, denn Malaval vertrat die These, man müsse sich durch Gottes Gnade von den Leidenschaften der Sinne ganz befreien, um sich einzig der Kontemplation zu widmen – ein sanfter, friedlicher Weg zum inneren Frieden. Christinas Begeisterung für diese Richtlinien war groß, da sie zu der längst fälligen Relativierung des politisch übermächtigen Kirchensystems aufriefen.

Die Deutungen des Mystikers mochten zwar die Gläubigen zu einer inneren Befreiung führen, waren aber zugleich ein Affront gegen die Kirche, vor allem in Frankreich und Italien, wo sein Gedankengut bald begierig aufgenommen wurde. Frankreichs Machtpolitik, auch die der Staatskirche, gründete auf autoritäre Strukturen und auf eine streng gegliederte Ämterhierarchie. Die Theorie Malavals, die gerade diese Rangordnung in der Kirche in Frage stellte, bedeutete auch eine Gefahr im politischen Bereich. Von den Jesuiten unterstützt, sprach sich Ludwig XIV. entschieden gegen diese aufwiegelnde Strömung aus. Teresa de Avila und Juan de la Cruz waren die Leitbilder der Anhänger dieser Lehre, die »docta ignorantia« ihr Ziel. Der Quietismus, die mystische Frömmigkeit, das Einswerden mit Gott durch ein affektloses Sichergeben in seinen Willen, war zum Teil eine Reaktion auf das strenge Ritual der katholischen Kirche sowie auf die verheerenden Religionskriege, die Europa heimgesucht hatten.[3] Hatte die Religion sich vormals kriegerischer Mittel bedient, so wurde sie nun in einen Raum verlagert, der sich jedem System entzog, in die Eigenverantwortlichkeit der Seele des Menschen. Das kam zweifelsohne einer Provokation gleich und musste eine eigenwillige, exzentrische Konvertitin wie Christina von Schweden durchaus faszinieren.

Hing die veränderte Einstellung der Königin mit ihrem zunehmenden Alter zusammen? Bedeutete sie ein Hinübergleiten von der politischen Aktivität in die religiöse Kontemplation? Vermutlich beides. Endlich konnte sie sich von den strengen Riten der Kirche befreien und sich Gott unmittelbar zuwenden. In der Auseinandersetzung mit dem Quietismus wurde sie, wie Stolpe darlegt, zu einer Mystikerin, »persönlich religiös«.[4] Stets hatte sie das Gespräch mit Gott auf eine sehr individuelle Weise gesucht – die Hinwendung zum Schweigen, die stille Vertiefung in seine Geheimnisse, die passive Hingabe, wie sie der aufkommende Quietismus vertrat, kamen ihr durchaus entgegen, wie es einige ihrer *Maximen* verdeutlichen: »Um Gott zu hören, muss man die Geschöpfe zum Schweigen bringen. (…) Nichts ist mühsamer als eine äußere Frömmigkeit.«[5]

Aber nicht nur die »eigenwillige Tochter der Kirche«, sondern sogar Papst Innozenz XI. und Kardinal Azzolino förderten zu Beginn diese verinnerlichte Glaubensvariante. Beide betonten indes von Anfang an, dass die *Guida spirituale* von Miguel de Molinos (1628–1696) und seine These, die Seele, die ganz in Gott aufgehe und ihre Nichtigkeit erkenne, sei ihrem eigenen Heil gegenüber teilnahmslos und könne, was sie auch tue, nicht mehr sündigen, in den Händen von geistig Unerfahrenen Schaden stiften könne. [6]

Ähnlich dachte die Inquisition, die gegen Molinos wegen seiner Gleichgültigkeit der Kirche und den Priestern gegenüber Anklage erhob und ihn im Mai 1685 festnahm. Der Prozess zog sich bis 1687 hin, auch moralische

Vergehen wie beispielsweise sexualpathologisches Verhalten, wurden ihm zur Last gelegt.[7] Molinos schwor allen Irrtümern ab und bekannte sich schuldig. Er wurde zu lebenslanger Haft in der Engelsburg verurteilt. Der Papst, der nicht nur dem Quietismus nahe stand, sondern sogar dessen Vertreter Pier Petrucci zum Kardinal ernannt hatte, hielt sich ein Jahr lang von den Gerichtsverhandlungen fern. Sowohl er als auch der neu ernannte Kardinal, dessen Bücher im Juni 1687 von der Inquisition verboten wurden, befanden sich in einer heiklen Lage.

Bezeichnenderweise wohnte auch Christina von Schweden nicht der Urteilsverkündung dessen bei, den sie lange Zeit »mein Molinos« genannt hatte. Viele kompromittierende Briefe kamen damals ans Tageslicht. Auf Veranlassung Azzolinos wurden etwa 200 Schreiben der schwedischen Königin an den spanischen Theologen vernichtet und blieben im Prozess unerwähnt. Malaval bat sie damals um ihre Fürsprache bei entscheidenden Persönlichkeiten des kirchlichen Lebens. Christina zögerte keine Minute und schrieb dem Erzbischof von Palermo, dem späteren Erzbischof von Sevilla. Sie bezeichnete zwar Molinos als einen »heiligen Mann«, fügte aber sogleich spitz hinzu, »obwohl ich nicht an die Heiligen glaube, die genüsslich essen.«[8] Die Monarchin musste letztlich zugeben, dass die Kritik der Inquisition berechtigt war, und pflichtete dem vernichtenden Urteil der Richter über Molinos' Mystik bei[9] und verwarf »all das Gerede von der Vollkommenheit«, die er vertrat. Für sie galten ganz pragmatisch nur die Frage: »Wer ist hier kein Sünder?« und die apodiktische Feststellung: »Vollkommenheit findet man auf Erden nicht.«[10] Auch dort, wo Molinos den »mystischen Tod« pries, erwiderte die nüchterne Schwedin: »Ich glaube, dass der mystische Tod eine reine

Chimäre ist.« Ebensowenig glaubte sie an einen völligen Frieden in diesem Leben: »Auf diesen Frieden, diese Unerschütterlichkeit, gebe ich nichts.« Molinos' gefährliche These, die Seele, die sich ihres Willens entäußere, sei den gewaltsamen Angriffen des Teufels und seiner verheerenden Macht besonders ausgesetzt und dadurch für ihre Sünden nicht verantwortlich, erweckte heftige Ablehnung bei der willensstarken Königin. Sie merkte dazu ironisch an: »Der arme Teufel trägt hier nicht die Schuld.«[11] Zu Molinos' Verteidigung der sexuellen Vergehen frommer Menschen sagte sie skeptisch: »Derartiges kommt nicht oft vor, und ich glaube hier nicht an die Angriffe des Teufels, sondern an etwas ganz Natürliches.«

Christinas Standpunkt war, obwohl sehr subjektiv, stets realistisch. Jede Mystifizierung kam ihr verdächtig vor. Sie vertraute ihrer eigenen Urteilskraft und vertrat unerschrocken die These, wer Gott wahrlich suche, brauche keinen Beichtvater oder sonstigen Berater. Trotz aller Vorbehalte gegenüber seinen theologischen Thesen hielt die schwedische Königin in den letzten Jahren »ihrem Molinos« menschlich die Treue und ließ sogar einflussreiche Würdenträger des Vatikans wissen, sie sei letztlich von seiner Unschuld überzeugt.[12] Regelmäßig erkundigte sie sich nach seinem Befinden und ließ dem Angeklagten Erfrischungen und Geschenke in den Kerker bringen. Der französische Kardinal d'Estrées bemerkte sarkastisch zu Christinas und Azzolinos Verhalten: »Man merkt, dass der Quietismus von den zwei rastlosesten Menschen dieses Hofes in Schutz genommen wird.«[13]

Die politischen Konflikte in Rom nahmen aber damals die Königin ebenso in Anspruch wie die theologischen. 1686 beschloss Innozenz XI., das Privileg der Extraterritorialität, das jedem in Rom weilenden Botschafter und selbstverständlich auch der schwedischen Königin zukam, zu beschneiden. Die so genannte »Quartiersfreiheit« hatte zu gefährlichen Übergriffen geführt: Im Schutze dieser Freiheit waren zunehmend Herde der Kriminalität und des Aufruhrs entstanden, die der Vatikan eindämmen wollte. Diese restriktive Maßnahme löste aus politischen Gründen Frankreichs und Spaniens Empörung aus, ebenso wie die Christinas von Schweden, die eines ihrer letzten Vorrechte schwinden sah. Ihre Beziehungen zu Papst Innozenz XI. waren von Konflikten gezeichnet. Dass dieser auch noch gewagt hatte, ihre Pension einzustellen, löste ihren offenen Widerstand aus. Sie konnte auch nicht vergessen, dass ihr die Tore des Vatikans auf päpstlichen Befehl hin zu Ostern 1685 verschlossen geblieben waren: »Die Königin Christina hat bey Ih. Päbstl. Heil. Audienz begehret, um ihr ein glückliches Osterfest zu wünschen, ist aber wegen des Papstes Indisposition nicht vorkommen, sondern auf eine bequemere Zeit solches zu verrichten getröstet worden.«[14] Für Christina war dies ein öffentlicher Affront, denn allen war klar, dass es sich nur um einen Vorwand handelte, um die Querulantin nicht empfangen zu müssen. Ihr Einfluss in Rom blieb aber nach wie vor groß, wie das von den Kardinälen zu befolgende Zeremoniell verrät: »Jeder neu ernannte Kardinal sollte das Heilige Kollegium und danach die schwedische Königin besuchen, die seit Jahren »die gesellschaftlichen Standards für Kontakte zwischen den Mitgliedern des Heiligen Kollegiums und europäischen königlichen Persönlichkeiten geschaffen hatte.«[15]

Das katholische Spanien zeigte sich nach seiner Empörung doch bereit, sich dem Papst zu unterwerfen und auf das Vorrecht der »Quartiersfreiheit« zu verzichten. Die damals Spanien zugewandte schwedische Königin ging darum auch auf den Wunsch des Vatikans ein, wie einem Zeitungsbericht zu entnehmen ist: »Aus Rom hatte man allhie nichts besonders, als dass auf des Papstes Begehren, dass in der Ambassadeuren Häuser die Delinquente keine Freyheit mehr haben möchten, sich dahin zu retiriren; die Königin Christina insonderheit mit einem sehr höfflichen und arthigen Schreiben einkommen und wegen ihres Palatii solcher Immunitäten sich von freyen Stücken begeben.«[16] Der Papst griff dieses Angebot sofort auf und ließ es in aller Öffentlichkeit verkünden, damit es als gutes Beispiel diene. Ludwig XIV. zürnte aber weiter und beharrte auf seinem Gewohnheitsrecht.

Kurze Zeit danach flammte der alte Konflikt zwischen Christina und dem Papst wieder auf: Die Wachen der schwedischen Königin befreiten einen des Zollbetrugs Angeklagten, der in der Kirche Regina Coeli alla Lungara, in Christinas Quartier also, Zuflucht vor der Polizei des Vatikans gesucht hatte. Die päpstlichen Sbirren standen in denkbar schlechtem Ruf aufgrund ihrer Brutalität und Skrupellosigkeit, was die Königin bewog, sich trotz ihres Verzichts auf »Quartiersfreiheit« für den Verfolgten einzusetzen.[17] Innozenz XI. ließ den Angeklagten in Abwesenheit zum Tode verurteilen. Empörung seitens Christinas, die dem Kämmerer des Papstes am 24. Juli 1687 einen Drohbrief schrieb: »Sie entehren sich und Ihren Herrn, das nennt sich heute Gerechtigkeit in ihrem Gerichtshof. Ich bemitleide Sie, werde Sie aber noch viel mehr bedauern, wenn Sie einmal Kardinal sind. Ich gebe Ihnen dennoch mein Wort, dass diejenigen, die Sie zu Tode verurteilt haben, leben werden, und falls sie eines anderen als natürlichen Todes sterben sollten, so werden sie nicht allein sterben.«[18] Zur gleichen Zeit inszenierte sie einen pompösen Auftritt in der Kirche der Jesuiten in Begleitung ihrer Garde. Die Entrüstung über die Missachtung ihrer königlichen Vorrechte war natürlich viel größer als die über das Unrecht, das dem Verfolgten widerfuhr.

Innozenz XI. soll das Verhalten der unbeugsamen Königin lapidar mit *È donna!* gerechtfertigt haben. Christina fühlte sich dadurch zutiefst gekränkt: Ihr Frausein war für sie schon immer problematisch, wenn nicht gar erniedrigend gewesen, und die einzige, wenn auch widerwillig von ihr akzeptierte Autorität war die des Papstes. Nun hatte sich die Situation geändert, und sie stellte den Papst höhnisch dar als »Hypokrit, der nur den Schein der Religion wahrt und einen maßlosen Stolz und ebenso maßlose Eitelkeit besitzt. Ein Hypochonder, ein Fanatiker, der den Heiligen spielt, ohne es zu sein, den Kühnen und den Ehrbaren, ohne es im Geringsten zu sein.«[19] Die Konvertitin äußerte unverhohlen ihren Ärger über die päpstliche Autorität, einem Besucher vertraute sie an: »Der Heilige Geist muss wohl die Kirche leiten, denn seitdem ich in Rom bin, habe ich vier Päpste erlebt, und ich versichere Ihnen, dass keiner von ihnen einen gesunden Menschenverstand besaß.«[20] Auch die laxe Haltung des Vatikans den Türken gegenüber erfüllte sie mit Empörung: »Wenn die Päpste sich mit so einem Eifer für den Ruin des osmanischen Reiches eingesetzt hätten, wie sie es bei ihren eigenen Angelegenheiten tun, wären sie gewiss erfolgreicher gewesen.«[21]

Am Ende ihres Lebens sagte aber Christina eher nachsichtig als verurteilend: »Nichts überzeugt mich so sehr der Echtheit der katholischen Wahrheiten als das Erbärmliche, was jetzt in Rom geschieht. Die Schwächen, die Verbrechen und Fehler der Päpste löschen nicht ihre Weihe aus und zerstören nicht ihre Autorität, die unsere Achtung verdient, obwohl ihre Personen sie nicht verdienen.«[22] Bis zum Schluss blieb die schwedische Königin der katholischen Kirche treu, auch wenn sie eine kritische Haltung einnahm. In ihrer Akademie unterstützte sie die Veröffentlichung wissenschaftlicher Werke unter der Bedingung, dass sie den katholischen Glauben nicht in Frage stellten. Der »gelehrte Freigeist« hatte sich in eine gefügige Katholikin verwandelt, die 1687 an den Kieler Wissenschaftler Matthias Wasmuth, dessen Schrift *Annales Coeli et Temporum* sie finanziell unterstützte, schrieb: »Geben Sie Acht, dass Ihr Werk kein einziges Wort gegen die Unfehlbarkeit des Papstes und der Römischen Kirche enthält, für die ich bereit bin, alles Blut in meinen Adern und tausend Leben, wenn ich sie hätte, hinzugeben. Ich versichere Ihnen, dass ich in diesem Kapitel äußerst empfindlich und unerbittlich bin.«[23]

Die Spannungen zwischen Innozenz XI. und den europäischen Botschaftern spitzten sich zu, als nach der Aufhebung der »Quartiersfreiheit« der Vatikan sich gegen den Quietismus aussprach und den Gallikanismus mit seinem wirtschaftlichen Hoheitsanspruch verurteilte. Die französischen Bischöfe legten ihrem König gegenüber ein Treuegelöbnis ab, und der einflussreiche Bossuet schrieb seine *Déclaration du clergé de France* (1682), in der er die römischen Forderungen mit den französischen Vorrechten zu verbinden suchte. Dies verschlimmerte die antifranzösische Stimmung in Rom. Der französische Botschafter Lavardin weigerte sich, auf die bisherigen französischen Vorrechte zu verzichten und bot öffentlich dem Papst die Stirn. Empört untersagte Innozenz XI. dem Botschafter, bei ihm vorzusprechen. Monsieur de Lavardin ließ sich indes nicht zurechtweisen und zog mit einer imposanten Armee in Rom ein. Kurz darauf wurde der Prahlsüchtige vom Papst exkommuniziert, was ihn aber nicht daran hinderte, an der Christmette in der französischen Nationalkirche Saint Louis teilzunehmen. Die Reaktion Ludwigs XIV. auf den Bann Lavardins war rigoros: er beschlagnahmte Avignon, den päpstlichen Sitz in Frankreich. Ein Schisma bahnte sich an.

Christina, die den Bann als unzulässiges Mittel der Politik empfand,[24] nahm Stellung für den Franzosen, empfing seine Gemahlin aufs herzlichste und wurde sogar die Patin ihres Sohnes. Kurz darauf verlangte der spanische Gesandte die gleichen Privilegien wie der französische: Die Fehde um die »Quartiersfreiheit« untergrub zunehmend die Autorität des Vatikans. Die unerbittliche Strenge des Papstes traf aber besonders die schwedische Königin, die in einem Brief an de Bremond, ihren Vertreter in Holland, bissig schrieb: »Ich befinde mich hier wie einst Cäsar in den Händen der Seeräuber, seinem Vorbild folgend, drohte ich ihnen, und sie fürchteten mich ... Er [der Papst] ist nicht dem Ende so nahe, wie Sie glauben. Er hat die Astrologen lügen lassen und ist zu sehr um seine eigene Person bekümmert, um sie nicht wieder oft lügen zu lassen. Gott sei Dank ist der Papst nicht unsterblich!«[25] Sogar die Zeitung *Der Nordische Mercurius* (Nr. 34, 1688) berichtete über Christinas Zorn und ihre tadelnde Bemerkung: »Der Papst thut mir bald die größte Gnade an, bald aber auch noch einmahl so grossen Verdruss.«[26]

Die schwedische Königin nahm leidenschaftlichen Anteil an den französisch-spanischen Zwistigkeiten in Rom und gab sich der Illusion hin, noch eine maßgebliche Rolle in der europäischen Politik zu spielen. Die Zeiten hatten sich aber geändert. Nicht nur der Papst wandte sich von ihr ab, der französische Botschafter machte sich sogar öffentlich lustig über ihre Abhängigkeit von Azzolino, der sie wie ein Geier umfliege, um sie zu verzaubern: »Er verfolgt sie und verliert sie nicht aus den Augen, und wenn er fortgeht, lässt er seinen Neffen bei ihr. Niemals hat der gierigste Geier mit einer solchen Wachsamkeit auf seine Beute aufgepasst. Er handelt eher mit der Begierde eines Gauners, denn mit der Würde eines Kardinals, der der Königin ergeben ist.«[27] Christina hatte sich zwar zunächst aus Angst über die Beschneidung ihrer »Quartiersfreiheit« Frankreich angeschlossen, erkannte aber, dass Ludwigs XIV. gewaltsame Aneignungen von Städten und Dörfern in Lothringen und im Elsass, die von französischen Sondergerichthöfen (den sog. Reunionskammern) aufgrund zweifelhafter historischer Ansprüche der Krone zugesprochen wurden, eine Gefährdung des europäischen Friedens und damit auch ihrer aus Schweden und Pommern stammenden Einkünfte bedeuteten.

Christinas Beziehung zum unnachgiebigen Papst war schwierig und unsicher, die politische zu Frankreich eher riskant. Darum wandte sie sich nun dem spanischen König Karl II. zu. Über ihren damaligen Beichtvater, Pater Guzman, knüpfte sie gleichzeitig Kontakte mit dem Vizekönig von Neapel. Zwar gab sie vor, der gemeinsamen europäischen Sache dienen zu wollen, ihr Brief vom 28. Mai 1686 klingt aber eher nach einer Bitte um Asyl: »Man bedrängt mich auf eine so barbarische und feindselige Art, dass ich fürchte, sie mache mir am Ende den Aufenthalt in Rom unerträglich. Ich glaube, man hat jede Achtung für mich verloren, und man will mich aufbringen. Darum bitte ich Sie, mir weiterhin zu helfen in Hinblick auf den Zufluchtsort, der nötig sein wird, wenn sich die Lage nicht verändert.[28]

Die schwedische Königin trug sich damals mit dem Gedanken, Rom zu verlassen und nach Hamburg umzusiedeln. Diplomatisch verbrämt schrieb sie ihrem Vertrauensmann, dem Marquis Del Monte: »Ich möchte nicht hier fortziehen wegen Bagatellen oder Chimären; schon der Gedanke, Rom zu verlassen zerreißt mir das Herz, aber wenn es darum geht, meiner Heimat und meinem Reich zu dienen, bin ich bereit, ihnen tausend Leben zu opfern.«[29] Die Liebe zum Vaterland war ein edler Vorwand, der aber ihr Unbehagen in Rom und die eigentlichen Gründe ihrer Abreise kaum verhehlen konnte. Als weitere Alternative bot sich damals die Übernahme der Herrschaft über das Herzogtum Bremen an: Christina verhandelte mit dem Kurfürsten von Brandenburg, ihrem Vetter, wegen eines Ruhesitzes in seinen Gebieten. Der Hohenzoller kam ihren Wünschen entgegen und schickte ihr sogar einen Gesandten, Baron Dobrzinski, der diese Fragen mit ihr vertraulich erörtern sollte. Doch Christina fühlte sich einer Trennung von Rom und Azzolino nicht gewachsen, wie ein Brief an den Kardinal verrät: »Heute ist für mich ein undenkbar unglücklicher Tag, da er mir nicht gestattet, Sie zu sehen. Was gedenken Sie zu tun, um mich für all das zu entschädigen, was das grausame Gesetz, das Sie mir auferlegen, für mich an Leiden mit sich bringt? (…) Mein Los ist es, nie andere als unvollkommene Freuden erleben zu dürfen. (…) Ich werde nie jemanden anderen lieben als Sie, und Sie sind dazu bestimmt, mich für ewig unglücklich zu machen. Leben Sie wohl!«[30] Rom zu verlassen, war für die Königin aus persönlichen Gründen nicht möglich, obwohl sie wusste, dass sie in Azzolinos Leben nicht die Rolle spielen konnte, von der sie so lange geträumt hatte. Auf politischem Gebiet musste sie sich auch mit der schmerzvollen Einsicht abfinden, dass ihr Ansehen und ihre Autorität allmählich nachließen.

Die alternde Christina von Schweden bezeichnete sich selbst als »ruhige Zuschauerin« des Welttheaters, die sich an der Komödie ergötze, die ihr die Welt biete. Zugleich fügte sie jedoch hinzu: »Wenn aber die Geigen mich auffordern, auf eine Weise zu tanzen, die meiner würdig ist, bin ich bereit zu springen, wie es sich gebührt.«[31] Ihre leidenschaftliche Anteilnahme an den politischen Ereignissen der Epoche blieb ungebrochen. Das galt verständlicherweise besonders für ihre schwedischen, d. h. finanziellen Angelegenheiten, wie der ständige Einsatz ihres Gesandten, Marquis Del Monte, am Stockholmer Hof belegt. Im übrigen europäischen Kontext meldete sich Christina auch ungebeten zu Wort. Sie äußerte sich kritisch zu der Apotheose des absolutistischen Ludwig XIV. in Frankreich[32] und schenkte England als künftiger Seemacht ihr Vertrauen. Der eifrigste Befürworter der antifranzösischen Politik, Wilhelm von Oranien, genoss ihre uneingeschränkte Sympathie: »Wenn dem Prinzen von Oranien sein Unternehmen gelingt, was ich glaube, werden England und Holland unter demselben Haupt vereinigt und unter einem solchen Haupt wie dem des Prinzen, der persönliches und außerordentliches Verdienst besitzt, eine furchtbare Macht bilden. Ich müsste mich sehr täuschen, oder er wird Frankreich viel zu schaffen machen und es den Fehler erkennen lassen, den es durch die grausame Verfolgung der Hugenotten begangen hat.«[33] Ihre Freude über die Siege des Oraniers wurde nur geschmälert durch die Befürchtung, sie könnten zur Unterdrückung des katholischen Glaubens in England führen. Auch bei ihm verwandte sie sich – wie früher beim französischen Herrscher für die Hugenotten – für die religiöse Minderheit der Katholiken: »Ich bitte um Gnade für alle Katholiken. Diese kleine Herde kann ihre Pläne nicht stören: sie werden glücklich sein, dass sie leben. Sie haben von ihrer Schwäche nichts zur fürchten. Alles ist Ihnen untertan …«[34]

Über ihre persönliche Verfassung schrieb damals die alternde Christina lakonisch und voller Selbstironie an Mademoiselle de Scudéry am 30. September 1687: »Lassen Sie sich gesagt sein, dass ich mich seit der Zeit, da Sie mich gesehen haben, keineswegs verschönert habe. Ich habe alle meine guten und bösen Eigenschaften ganz und gar behalten und bin trotz der Schmeichelei noch ebenso unzufrieden mit meiner Person, wie ich es immer gewesen bin. Ich beneide niemanden um sein Glück, noch seine Länder, noch seine Schätze, aber ich möchte mich gern durch Verdienst und Tugend über alle Sterblichen erheben; daher stammt meine Unzufriedenheit. (...) Ich habe einen heftigen Widerwillen gegen das Alter und weiß nicht, wie ich mich daran gewöhnen soll. Würde man mir die Wahl zwischen dem Alter und dem Tod geben, so würde ich ohne Zögern letzteren wählen. Da wir aber nicht gefragt werden, habe ich mich daran gewöhnt, mit Vergnügen zu leben. Der Tod, der nie seine Stunde verpasst, beunruhigt mich nicht. Ich warte auf ihn, ohne ihn herbeizuwünschen und ohne ihn zu fürchten.«[35]

Im gleichen Jahr, als Wilhelm von Oranien in England landete und die Glorreiche Revolution begann, warnte der Astrologe Johann Heinrich Vogt Christina von Schweden vor einem baldigen Ende. Er sagte voraus, die drei ersten Monate des Jahres könnten für sie mit »gefährlichen Attacken«[36] verbunden sein. Die Königin mokierte sich zunächst darüber, ebenso über den Brief des Sehers von Lyon, der sie bat, sich vor ihrem Tod all ihrer obszönen Gemälde und Skulpturen, die einen »Beitrag des Teufels zum Untergang der Seelen«[37] seien, zu entledigen. Trotz des ironischen Abwinkens blieb in ihr ein Stachel, vor allem als eine junge Alchemistin namens Julia der Königin auch noch voraussagte, das kostbare weißsilberne

Brokatkleid, das sie für den Neujahrstag hatte anfertigen lassen, diene ihr möglicherweise bald als Bestattungsrobe. Die Angst einflößende Wahrsagerin kündigte auch Azzolinos baldigen Tod voraus, wie den des Papstes Innozenz XI, der kurze Zeit später tatsächlich erfolgte. Die junge Frau wurde daraufhin vom Vatikan in ein Kloster verwiesen.[38]

In den letzten Monaten ihres Lebens soll Christina schweigsam und nachdenklich gewesen sein, wie einige Zeitgenossen, so Martin Tornhielm berichten, der sie 1688 im Rom besuchte: »Die Königin stellte sich neben mir ans Fenster, stützte sich mit einer Hand auf den Fensterrahmen und blieb so schweigend und in Gedanken versunken mit zu Boden gerichteten Augen. (...) Sie war in Schwarz gekleidet, das Haar ohne schmückendes Band in Wellen über dem Kopf, sie war ziemlich beleibt und im Gesicht füllig und nicht sonderlich groß von Gestalt.«[39] Diese melancholische Note widersprach aber nicht Christinas burschikoser Art, stets gehörten beide Facetten zu ihrem widersprüchlichen Wesen. Die Edelleute ihres Hofes hörten sie weiterhin ungezwungen fluchen und sahen sie ungeniert die Röcke heben, wenn sie sich am Kamin wärmte und dabei ihre auffallend verschmutzte Haut zum Vorschein kam – Reinlichkeit war in ihrem Jahrhundert eher eine Seltenheit.

Am 13. Februar 1689 erlitt Christina von Schweden einen Ohnmachtsanfall. Als Grund für ihr Unwohlsein nahm man eine Wundrose am rechten Bein an, ein Leiden, das sie seit Jahren immer wieder quälte. Nach einigen Tagen mit hohem Fieber und wiederholten Ohnmachtsanfällen schien es der Königin wieder besser zu gehen. Die unerwartete Genesung führte zu groß inszenierten Festen, an denen die von Christina geförderten

Künstler teilnahmen. In den Palästen wurde stürmisch gefeiert, in den römischen Kirchen das *Te Deum* gesungen.
Die ganze Stadt, besonders aber das einfache Volk des
Trastevere-Viertels, bekundete Freude und Dankbarkeit.
Ihrem schwedischen Gouverneur Olivenkrantz schrieb
die Königin: »Gott hat mich gegen meine Hoffnung den
Armen des Todes entrissen. (...) Die Kraft meines Tempe-
ramentes ist wiedergekehrt am Ende einer Krankheit,
die zwanzig Herkulesse hätten umbringen können.«[40]
Ihrem treuen Bankier Texeira teilte sie am 12. März eben-
falls mit: »Dank eines Wunders und dank der kräftigen
Konstitution, die Gott mir geschenkt hat, blieb ich am
Leben.«[41]

Am 1. März hatte sie schwedische Königin ihr Testament diktiert, in dem sie Kardinal Azzolino als ihren Universalerben einsetzte.[42] Für die Nachwelt rechtfertigte sie
ihre Entscheidung und schrieb über den geliebten
Freund: »Wegen seiner unvergleichlichen Fähigkeiten,
wegen seiner Verdienste und der Dienste, der er uns lange
Jahre hindurch erwiesen hat, sind wir ihm diesen Beweis
von Zuneigung, Achtung und Dankbarkeit schuldig.«[43]
Dazu kam jedoch als Auflage, er müsse ihre nicht unbe-
trächtlichen Schulden bezahlen. In diesem Schreiben beteuerte sie auch ihren Glauben an die allein seligma-
chende Kirche, in deren Schoß sie zu sterben entschlossen
sei, »trotz aller Widerreden, die die Hölle in mir erregt
hat.«[44] Der Papst, dem sie Berninis Erlöserstatue vermachte, wurde als Testamentsvollstrecker ernannt. Dies
behagte ihm aber keineswegs, denn Christina hatte in
ihrem Testament nichts für den schwedischen König vorgesehen, was unweigerlich zu neuen Konflikten zwischen
dem Vatikan und dem nordischen Monarchen führen
musste.

Die Besserung des Gesundheitszustands der Königin währte trotz anfänglicher Besserung nur kurz. Ein heftiger Rückfall Mitte April ließ einen baldigen Tod ahnen. Gerüchten zufolge soll Christina während eines Wutanfalls verschieden sein, den ein tragikomischer Vorfall in ihrem Palast hervorgerufen habe.[45] Unter den von ihr angestellten Sängerinnen befand sich die schöne, begabte Angelina Giorgini, die im Palazzo Riario genau über Christinas Schlafgemach wohnte. Die Mutter der strahlenden Schönheit versuchte sie vorteilhaft zu verkuppeln. Eine Abmachung bestand bereits mit dem berüchtigten Frauenhelden Abbé Vanini, einem Domherrn von Sankt Peter, der schon mehrere Damen im Dienste der Königin verführt hatte. Oberhalb des Gemachs der Kranken war von der skrupellosen Mutter die Liebesfalle bereitet worden. Das unwillige Opfer wehrte sich so heftig und laut, dass Christina den Kapitän ihrer Garde, einen vorbestraften Neapolitaner, hinaufschickte, um den Übeltäter zu fassen. Vanini war natürlich schon längst entschwunden, nachdem er das Mädchen geschändet hatte. Man berichtete der Leidenden, der Schurke sei erstochen worden. Die Königin erfuhr aber kurz darauf, dass man sie belogen hatte, denn der unzüchtige Geistliche weilte bei bestem Wohlbefinden in Subiaco. In ihrer Wut über die unverschämte Lüge soll Christina dem Kapitän mit einem Stock gedroht haben und dabei gestürzt sein.

Eine neue Krise folgte bald, diesmal verschlimmert durch eine Lungenentzündung. Christina fühlte ihr Ende nahen und bat den schwerkranken Papst, ihr wegen ihrer heftigen Ausfälle zu verzeihen und sich ihrer Dienerschaft anzunehmen.[46] Kardinal Pietro Ottoboni, der spätere Alexander VIII., brachte ihr den päpstlichen Segen. Ein böhmischer Vikar, Pater Slavata, und Kardinal Azzolino wichen nicht von ihrer Seite. Am 19. April 1689 hob sie die linke Hand zum Hals, gleichsam um einen Schmerz zu lindern; in demselben Augenblick verschied sie. Christina von Schweden starb im Alter von zweiundsechzig Jahren.

Vier Tage lang war Christinas Leichnam im Palazzo Riario aufgebahrt. Am Abend des 22. April 1689 wurde er beim Fackelschein auf einem offenen Wagen in die von Rubens 1606 reich geschmückte Kirche der Oratorianer Santa Maria in Vallicella (heute Chiesa Nuova) überführt. Die Jesuiten, die sich der Bekehrung der Schwedin rühmten, wollten sie in ihrer Kirche begraben. Der Papst befahl aber, die Königin im Petersdom mit allem Pomp beizusetzen, obwohl sie ausdrücklich darum gebeten hatte, schlicht und ohne Aufsehen beerdigt zu werden.[47] Die Konversion der schwedischen Königin war ein solcher Sieg für die katholische Kirche gewesen, dass sie bis zum Schluss verherrlicht werden musste. Ihre Totenfeier wurde mit all dem Prunk begangen, den sie selbst für feierliche Anlässe so hoch bewertet hatte. Der einbalsamierte Körper, in das weißsilberne Kleid gehüllt, das sie sich für den Neujahrstag hatte anfertigen lassen, wurde mit einer silbernen Maske und mit Krone und Zepter in den *Grotte vecchie* mitten unter Päpsten bestattet. Dieses Privileg war bisher nur Königin Charlotte von Zypern eingeräumt worden, die 1478 in Rom gestorben war. Die Inschrift des schmucklosen Grabes lautet: *Corpus Christinae Alexandrae, Gothorum Suecorum Vandalorumque Reginae. Obiit die XIX Aprilis MDCLXXXIX.*

1702 ließ Clemens XI., der Christina von Schweden stets zugetan gewesen war, ein prunkvolles Marmorgrabmal von Carlo Fontana errichten. Karl XI. von Schweden schrieb zum Tod der Königin einen Brief an alle europäi-

Carlo Fontana, *Grabmal für Christina von Schweden*;
Relief 1702 von Jean-Baptiste Théodon.
Rom, Petersdom

schen Herrscher, in dem er die Verdienste der Verstorbenen pries und alle aufforderte, »eine liebevolle Erinnerung an sie« zu behalten.[48] Liselotte von der Pfalz hingegen, die Schwägerin Ludwigs XIV., konnte sich bissiger Bemerkungen nicht enthalten. Sie ließ sogar durchblicken, Azzolino hätte möglicherweise die schwedische Königin umgebracht, um sie schneller zu beerben.[49]

Die europäische Geschichte ging ihren Weg weiter: Der französische König berief kurz nach Christinas Tod seinen Gesandten Lavardin aus Rom zurück. Bis zuletzt blieb der Konflikt der »Quartiersfreiheit« ungelöst. Erst unter Alexander VIII. fügte sich Ludwig XIV. den Forderungen des Papstes, da sich ganz Europa gegen ihn verbündete.

Anfang Juni 1689 erlag Decio Azzolino, der gerade begonnen hatte, Christinas Korrespondenz zu sichten und ihrem Wunsch gemäß zu vernichten, einer Herzbeutelwassersucht. Sein Vetter Pompeo Azzolino sollte sowohl seinen als auch Christinas Besitz erben. Dem Wunsch der Königin folgend, richtete er drei ständige Kaplaneien zum Gebet für ihre Seele im Petersdom ein. Seitens der Franzosen gab es wiederum nur bissige Bemerkungen über Kardinal Azzolino, der Christinas große platonische Liebe gewesen war: »Er beherrschte derart den Geist der Königin Christina, dass man nie die ersten Reaktionen dieser Prinzessin für endgültig nehmen konnte, denn kurz darauf gelang es ihm, ihre Verhaltensweise so zu beeinflussen, wie er es wollte«, schrieb Kardinal d'Estrées an den König und kritisierte bitter, Azzolino habe in seinem Testament kein Wort über die schwedische Königin verloren ...[50]

Christinas schillerndes, aufreizendes Wesen hat nicht nur zu ihren Lebzeiten, sondern auch in den folgenden

Jahrhunderten immer wieder für Kontroversen gesorgt. Stets war sie ein »schwer einzuordnendes Phänomen«. Keine Handlung der jungen Monarchin und später freiwillig »Entkrönten« blieb ohne europäische Resonanz. Vorbehaltlos wurden ihr Beitrag zum Westfälischen Frieden und ihre überragende Bildung gepriesen. Für die einen war sie »die Ehre ihres Geschlechtes«[51], für die anderen »ingenio supra sexum«[52]. Später wurde zeitweilig den Legenden, die sich um ihre Person rankten, größeres Gewicht beigemessen als den historischen Gegebenheiten, vermutlich weil sie die erotische und abenteuerliche Fantasie entzündeten. Das »kindlich-katzenartige Raubtier«, wie Strindberg sie bezeichnete, lieferte allerhand Stoff für fiktionale Exzesse. Heute zeugen die der Öffentlichkeit zugänglichen Schriften der eigenwilligen Königin von einer entwaffnenden Ehrlichkeit und fast zerstörerischen Klarsicht. »Man kann alle Menschen betrügen, aber nicht sich selbst«, schrieb sie in *L'Ouvrage du Loisir*. Diese Aufrichtigkeit hat sie selbst vorgelebt. Eine ihrer letzten *Maximen* der *Sentiments héroiques* fasst die Erfahrungen der Monarchin illusionslos zusammen: »Das Leben ist ein Handel, man kann darin keine großen Gewinne machen, ohne sich großen Verlusten auszusetzen.«

Anmerkungen

Einleitung

1 Renate Baader, *Metamorphosen einer Legende, Christina von Schweden und das literarische Frankreich von Descartes bis d'Alembert*. Antrittsvorlesung, Saarbrücken, 31. 10. 1984
2 Sven Stolpe, *Königin Christina von Schweden*. Frankfurt a. M. 1962, S. 412
3 Krzysztof Pomian, *Europa und seine Nationen*. Berlin 1990, S. 42 ff.
4 Johannes Arckenholtz, *Mémoires concernant Christine reine de Suède*, 4 Bände, Leipzig/Amsterdam 1751–1760, Band 1, S. 343
5 Johannes Arckenholtz, a. a. O., Band 4
6 Vgl. ebd., Band 1, S. 399
7 Vgl. Marie Louise Rodén, *Kurzbiographie*. Schwedisches Kulturinstitut, 1997, S. 35
8 Vgl. Renate Baader, a. a. O., S. 31
9 Renate Baader, a. a. O., S. 36
10 W. H. Grauert, *Christina, Königin von Schweden und ihr Hof*. Bonn 1837–1842, Band 2, S. 429

Ein Zeitalter voller Spannungen

1 Pierre Chaunu, *Europäische Kultur im Zeitalter des Barock*. München/Zürich 1968. S. 15
2 Paul Hazard, *Die Krise des europäischen Geistes*. Hamburg 1939, S. 520
3 Vgl. Krzysztof Pomian, a. a. O., S. 198
4 Vgl. Rosario Villari (Hg.), *Der Mensch des Barock*. Frankfurt 1997, S. 14
5 Vgl. Ernst Cassirer, *Descartes: Lehre – Persönlichkeit – Wirkung*. Stockholm 1939

Die letzte Wasa-Monarchin

1 Johannes Arckenholtz, a. a. O., Band 3, *Mémoires*, Kap. IV

2 Sven Stolpe, a. a. O., S. 32

3 Ebd., S. 33

4 Johannes Arckenholtz, a. a. O., Band 3, *Mémoires*, Kap. V

5 Vgl. Lieselotte von Reinken, *Deutsche Zeitungen über Königin Christine.* Münster 1966, S. 37

6 Johannes Arckenholtz, a. a. O., Band 3,. *Mémoires*, Kap. V

7 Ebd., Band 1, S. 18

8 Ebd., Band 1, S. 2

9 Ebd., Band 4, *Mémoires*, Kap. VIII

10 Elis Essen-Möller, *La reine Christine, Étude médicale et biologique.* Paris 1937, S. 21

11 Johannes Arckenholtz, a. a. O., Band 1

12 Sven Stolpe, a. a. O., S. 65

13 Essen-Möller, a. a. O., S. 34

14 Ebd., S. 47

15 Vgl. Sven Stolpe, a. a. O., S. 63

16 Am 13. April 1669

17 Johannes Arckenholtz, a. a. O., Band 4, *Mémoires*, Kap. VIII

18 Zitiert bei: Thomas Frisch, *Leben der weltberühmten Königin Christina von Schweden.* Leipzig 1705, S. 380

19 Johannes Arckenholtz, a. a. O., Band 3, *Mémoires*, Kap.IV

20 Ebd., Band 4, *Mémoires*, Kap. IX

21 Johannes Arckenholtz, a. a. O., Band 3, *Mémoires*, Kap. IV

22 Ebd., Band 3, S. 168

23 Vgl. Jörg-Peter Findeisen, *Christina von Schweden. Legende durch Jahrhunderte.* Frankfurt a. M. 1992, S. 12 f.

24 Johannes Arckenholtz, a. a. O., Band 4, *Mémoires*, Kap.VII

25 Ebd., Band 3

26 Ebd., Band 3, Frühes Fragment

27 Ebd., Band 1, S. 30 ff.

28 Zitiert bei: Günther Barudio, *Gustav Adolf der Große.* Frankfurt a. M. 1982, S. 624

29 Johannes Arckenholtz, a. a. O., Band 4, *Mémoires*, Kap. VII

30 Ebd., Band 4, *Mémoires*, Kap. VIII

31 Jörg-Peter Findeisen, a. a. O., S. 39

32 Johannes Arckenholtz, a. a. O., Band 4, *Mémoires*, Kap. IX

33 Ebd., Band 1, S. 20

34 Ebd., Band 4, *Mémoires*, Kap. VIII

35 Vgl. Historika Handlingar, T. 27, Stockholm 1924/25, S. 209–215

36 Vgl. Jörg-Peter Findeisen, a. a. O., S. 48

37 Vgl. L. Zahn., *Christine von Schweden, Königin des Barocks.* Berlin 1953, S. 58

38 Vgl. Johannes Arckenholtz, a. a. O., Band 1, S. 90

39 Brief an Mazarin vom 9. Februar 1647. Archive des französischen Außenministeriums

40 Sven Stolpe, a. a. O., S. 92 f.

41 Vgl. Jörg-Peter Findeisen, a. a. O., S. 137

42 Vgl. Georgina Masson, *Christina von Schweden, Königin zwischen Stolz und Tragik.* München 1983, S. 78

43 Vgl. Margareth Goldschmith, *Drottning Christina. En psykologisk biografi.* Stockholm 1933, S. 57

44 Vgl. Hanna Szass, in: Jörg-Peter Findeisen, a. a. O., S. 109

45 Vgl. Sven Stolpe, a. a. O., S. 73

46 Vgl. Jörg-Peter Findeisen, a. a. O., S. 113

47 Johannes Arckenholtz, a. a. O., Band 1, S. 528

48 Ebd., Band 1, S. 559

49 Vgl. Elis Essen-Möller, a. a. O., S. 41

50 Vgl. Sven Stolpe, a. a. O., S. 65

Die Minerva des Nordens

1 Vgl. Peter Englund, *Die Verwüstung Deutschlands. Eine Geschichte des Dreißigjährigen Krieges.* Stuttgart 1998, S. 394

2 Jörg-Peter Findeisen, a. a. O., S. 87

3 Vgl. Johannes Arckenholtz, a. a. O., Band 1, S. 112

4 4. September 1647, Johannes Arckenholtz, a. a. O., Band 1, S. 102

5 Vgl. Peter Englund, a. a. O., S. 518

6 Johannes Arckenholtz, a. a. O., Band 1, S. 170

7 Sven Stolpe, a. a. O., S. 137

8 Johannes Arckenholtz, a. a. O., Band 1

9 Vgl. Jean-François de Raymond, *Pierre Chanut, ami de Descartes.* Paris 1999

10 Vgl. Johannes Arckenholtz, a. a. O., Band 1, S. 425

11 P. Linage de Vauciennes, *Mémoires de Monsieur Chanut*. Paris 1675, Band 1, S. 240–246

12 Françoise Kermina, *Christine de Suède*, Paris 1995., S. 40

13 Vgl. Pierre-Hector Chanut, *Correspondance diplomatique Suède*, 1648

14 Johannes Arckenholtz, a. a. O., Band 1, S. 193 f.

15 Vgl. Pierre-Hector Chanut, a. a. O., 1644

16 Vgl. Johannes Arckenholtz, a. a. O., Band 1, S. 167

17 Ebd., Band 1, S. 197

18 Vgl. P. Linage de Vauciennes, a. a. O., Band 1, S. 240 ff.

19 Vgl. Jean-François de Raymond, a. a. O., S. 50

20 Brief vom 1. Dezember 1646

21 Brief vom 1. Dezember 1646; bei Jean-François de Raymond, a. a. O., S. 59

22 Brief vom 1. Dezember 1646; bei Jean-François de Raymond, a. a. O., S. 59

23 René Descartes, *Œuvres*, Band 4, S. 600–617, Brief vom 1. Februar 1647

24 Ebd.

25 Brief vom 11. Mai 1647; bei Jean-François de Raymond, a. a. O., S. 69

26 René Descartes, *Œuvres*, Band 5, S. 81 ff.

27 Vgl. Jean-François de Raymond, a. a. O., S. 94

28 Vgl. Brief Chanuts vom 27. März 1649

29 Vgl. Adrian Baillet, *La vie de Monsieur Descartes*. Paris 1691, Band 2, S. 386

30 Brief vom 6. November 1649; bei Jean-François de Raymond, a. a. O., S. 98

31 Vgl. Sven Stolpe, a. a. O., S. 114 und 138

32 Pierre-Hector Chanut, a. a. O., 8. Januar 1650

33 Ebd., 18. Dezember 1650

34 Ebd., 21. März 1648

35 Vgl. Sven Stolpe, a. a. O., S. 99

36 Vgl. Englund, a. a. O., S. 627

37 Vgl. Renate Baader, *Dames de lettres, Autorinnen des preziösen, hocharistokratischen und »modernen« Salons (1649–1698)*. Stuttgart 1986

38 Vgl. Sven Stolpe, a. a. O., S. 234

39 Sven Stolpe, a. a. O., S. 159 f.

40 Vgl. Lieselotte von Reinken, a. a. O., S. 53

41 Vgl. Sven Stolpe, a. a. O., S. 165

42 Ebd., S. 187

43 Vgl. ebd., S. 159

Abdankung und Konversion

1 Vgl. Johannes Arckenholtz, a. a. O., Band 4, S. 20

2 Ebd., Band 1, S. 198

3 Ebd., Band 1, S. 399

4 Vgl. Sven Stolpe, a. a. O., S. 197

5 Vgl. Johannes Arckenholtz, a. a. O., Band 1, S. 416

6 Vgl. Sven Stolpe, a. a. O., S. 196

7 Vgl. Jörg-Peter Findeisen, a. a. O., S. 166

8 Vgl. Françoise Kermina, a. a. O., S. 134

9 Vgl. Johannes Arckenholtz, a. a. O., Band 1, S. 407

10 Vgl. ebd., Band 1, S. 391

11 Ebd., Band 3, S. 168

12 Vgl. Kermina, a. a. O., S. 137

13 Vgl. Johannes Arckenholtz, a. a. O., Band 1, S. 413

14 Ebd., Band 1, S. 413

15 Ebd., Band 1, S. 417

16 Vgl. ebd., Band 1, S. 417

17 Ebd., Band 1, S. 439

18 Ebd., Band 1, S. 439

19 *Correspondance Diplomatique Hollande 1653*, Band 52, Fo. 60, Archives du Ministère des Affaires Etrangères

20 Johannes Arckenholtz, a. a. O., Band 1, S. 436

21 Ebd., Band 1, S. 396

22 Vgl. ebd., Band 1, S. 477

23 Marie Louise Rodén, a. a. O., S. 17

24 Vgl. Johannes Arckenholtz, a. a. O., Band 1, S. 421

25 Ebd., Band 1, S. 450

26 Sven Stolpe, a. a. O., S. 209

27 Johannes Arckenholtz, a. a. O., Band 1, S. 475

28 Ebd., Band 1, S. 437

29 Vgl. Françoise Kermina, a. a. O., S. 148

30 Brief an Graf Fiesque, bei Sven Stolpe, a. a. O., S. 215

31 Johannes Arckenholtz, a. a. O., Band 1, S. 475

32 Ebd., Band 1, S. 218

33 Johannes Arckenholtz, a. a. O., II, S. 192

34 Vgl. Marie Louise Rodén, *Christina von Schweden und der päpstliche Hof,* in: *Christina Königin von Schweden,* Katalog der Ausstellung im Kulturgeschichtlichen Museum Osnabrück 1997, S. 169

35 Johannes Arckenholtz, a. a. O., Band 4, S. 269

36 Vgl. Stefan Hanheide, in: *Christina Königin von Schweden,* Katalog der Ausstellung im Kulturgeschichtlichen Museum Osnabrück 1997, S. 200

37 Johannes Arckenholtz, a. a. O., Band 1, S. 493

38 Vgl. Françoise Kermina, a. a. O., S. 165

39 Vgl. ebd., S. 165

40 Vgl. ebd., S. 166

41 Vgl. ebd., S. 167

42 Vgl. ebd., S. 167

Die »ambulante« Königin

1 Vgl. Sforza Pallavicino, *Descrizione des primo viaggio fatto a Roma dalla Regina di Svezia Christina Maria.* Rom 1838

2 Vgl. Benedikt Erenz, DIE ZEIT, 14. April 1989

3 Vgl. Sven Stolpe, a. a. O., S. 235

4 Vgl. Jörg-Peter Findeisen, a. a. O., S. 193

5 Vgl. Sven Stolpe, a. a. O., S. 253

6 Johannes Arckenholtz, a. a. O., Band 3, S. 381

7 Madame de Sevigné an ihre Tochter, 5. Juni 1675

8 Vgl. Ernst Cassirer, a. a. O., S. 275

9 Jörg-Peter Findeisen, a. a. O., S. 201

10 Vgl. Jörg-Peter Findeisen, a. a. O., S. 202

11 Vgl. Françoise Kermina, a. a. O., S. 185

12 Vgl. F. U. Wrangel, *Première visite de Christine de Suède à la cour de France en 1656.* Paris 1930, S. 26

13 Archives Affaires Étrangères, Correspondance Suède, Band 22, S. 99

14 Vgl. Wrangel, a. a. O., S. 136

15 Johannes Arckenholtz, a. a. O., Band 1, S. 551, 575 ff.
16 F. U. Wrangel, a. a. O., S. 89, Archivi Segreti del Vaticano, Nunziatura, Savoia, Band 75
17 *Mémoires de Mademoiselle de Montpensier*, 1746, Band 3, S. 189 ff.
18 Vgl. Françoise Kermina, a. a. O., S. 195
19 Vgl. F. U. Wrangel, a. a. O., S. 234
20 30. Dezember 1656
21 30. Dezember 1656, bei Bildt, a. a. O., S. 58
22 Johannes Arckenholtz, a. a. O., Band 2, S. 636 ff.
23 Vgl. Roger Duchêne, *Ninon de Lenclos, La Courtisane du Grand Siècle.* Paris 1984, S. 171
24 Ebd., S. 212
25 Françoise Kermina, a. a. O., S. 207
26 Vgl. Françoise Kermina, a. a. O., S. 204
27 Archives Ministère Affaires Etrangères, Correspondance Suède, Band 22, S. 143
28 Archives Ministère Affaires Etrangères, Correspondance Suède, Band 22, S. 141
29 Vgl. Françoise Kermina, a. a. O., S. 207
30 Johannes Arckenholtz, a. a. O., Band 2, S. 15 f.
31 D'Alembert, *Mémoires et réflexions sur Christina Reine de Suède, 1770*
32 Vgl. Œuvres complètes, II, Genf 1967, S. 119–148
33 *Le nouveau Paris,* Mercure de France, 1994, S. 869 f.
34 Jörg-Peter Findeisen, a. a. O., S. 206
35 Ebd., S. 207
36 Ernst Cassirer, a. a. O., S. 278

Von Rom nach Hamburg

1 Vgl. Lieselotte von Reinken, a. a. O., S. 77 f.
2 Vgl. Jörg-Peter Findeisen, a. a. O., S. 221, 227
3 Vgl. W. H. Grauert, a. a. O., Band 2, S. 148
4 Vgl. Jörg-Peter Findeisen, a. a. O., S. 220
5 Vgl. Françoise Kermina, a. a. O., S. 219
6 *Relazioni de Governi e Stati delle Città Imperiali e Anseatiche di Colonia, Lubecca, Bremen e Amburgo.* Bologna 1674

7 Alfred Feilchenfeldt, *Die portugiesische Gemeinde,* in: Zeitschrift des Vereins für Hamburgische Geschichte, X, S. 199–240

8 Brief vom 1. März 1655, Archiv Azzolino

9 Vgl. de Bildt, a. a. O., S. 105 ff.

10 Vgl. Katalog *Vierhundert Jahre Juden in Hamburg,* Hamburg 1991, S. 154

11 Vgl. Lieselotte von Reinken, a. a. O., S. 92

12 Vgl. *Ordinari Wochenzeitung* Nr. XLIX von 1661

13 Vgl. Françoise Kermina, a. a. O., S. 301

14 Bildt, a. a. O., S. 108

15 Vgl. Brief an Azzolino, August 1662, bei Bildt, a. a. O., S. 118

16 Vgl. Françoise Kermina, a. a. O., S. 224

17 Vgl. Marie Louise Rodén, *Christina von Schweden und der päpstliche Hof,* a. a. O., S. 178

18 Vgl. Françoise Kermina, a. a. O., S. 225

19 Vgl. Jörg-Peter Findeisen, a. a. O., S. 228

20 Archivio di Stato, Rom, Actes du notaire Lorenzo Belli, 1689, I.; vgl. Bildt, a. a. O., XIII

21 Vgl. Carl de Bildt, a. a. O., S. XXV

22 Jörg-Peter Findeisen, a. a. O., S. 230

23 Carl de Bildt, a. a. O., S. 258

24 Ebd., S. 163

25 Ebd., S. 178

26 Ebd., S. 305

27 Ebd., S. 321

28 Vgl. Françoise Kermina, a. a. O., S. 232

29 Johannes Arckenholtz, a. a. O., Band 2, S. 117

30 Carl de Bildt, a. a. O., S. 381

31 Vgl. Lieselotte von Reinken, a. a. O., S. 113

32 Vgl. Jörg-Peter Findeisen, a. a. O., S. 235

33 Vgl. Carl de Bildt, a. a. O., S. 441 ff.

34 Vgl. ebd., S. 448

35 29. August 1668,; Carl de Bildt, a. a. O., S. 471

36 Vgl. Jörg-Peter Findeisen, a. a. O., S. 211

37 Carl de Bildt, a. a. O., S. 489

Die ungekrönte Herrscherin Roms

1 *Histoire des intrigues galantes de la Reine Christine de Suède et da sa cour, pendant son séjour à Rome.* Amsterdam 1697, S. 58
2 Johannes Arckenholtz, a. a. O., Band 4, S. 24
3 Vgl. Françoise Kermina, a. a. O., S. 262
4 Lieselotte von Reinken, *Deutsche Zeitungen über Königin Christine.* Münster 1966, S. 117
5 *Nordischer Mercurius,* Rom 13. April 1675, Vgl. Lieselotte von Reinken, a. a. O., S. 120
6 Lieselotte von Reinken, a. a. O., S. 122
7 Françoise Kermina, a. a. O., S. 283
8 Vgl. van Tuyll van Serooskerken, in: *Christina Königin von Schweden,* Katalog der Ausstellung im Kulturgeschichtlichen Museum Osnabrück 1997, S. 211
9 »Christina Queen of Sweden«, in: *The Burlington Magazine,* CVIII 1966, S. 494
10 Carl de Bildt, 1906, a. a. O., S. 25–32, zitiert nach Haskell, a. a. O., S. 148
11 Vgl. Françoise Kermina, a. a. O., S. 249
12 Johannes Arckenholtz, a. a. O., Band 4, S. 17
13 Vgl. Françoise Kermina, a. a. O., S. 252
14 Vgl. Sven Stolpe, a. a. O., S. 339
15 Vgl. Stefan Hanheide, in: *Christina Königin von Schweden,* Katalog der Ausstellung im Kulturgeschichtlichen Museum Osnabrück 1997, S. 206
16 Vgl. Françoise Kermina, a. a. O., S. 257
17 Vgl. Stefan Hanheide, a. a. O.,, S. 208
18 Vgl. Verena von der Heyden-Rynsch, *Europäische Salons,* München 1992, S. 48
19 Vgl. Jörg-Peter Findeisen, a. a. O., S. 253
20 »Mémoires de Hortense et Marie Mancini«,in: *Mercure de France,* Paris 1987, S. 143
21 Vgl. Goethe, Weimarer Ausgabe, Band 26, 8. Abteilung, S. 359
22 Vgl. Marie Louise Rodén, *Christina of Sweden,* Stockholm 1998, S. 28
23 Vgl. Johannes Arckenholtz, a. a. O., Band 2, S. 137
24 Vgl. Françoise Kermina, .a. a. O., S. 257

25 Vgl. Johannes Arckenholtz, a. a. O., Band 4, S. 45 ff.
26 Vgl. Catteau-Calleville, J. P., *Histoire de Christine, Reine de Suède*. Paris 1815, S. 147
27 Johannes Arckenholtz, a. a. O., Band 4, S. 28 ff.
28 Vgl. ebd., Band 2, S. 135
29 Vgl. Françoise Kermina, a. a. O., S. 261
30 Vgl. Sven Stolpe, a. a. O., S. 308
31 Carl de Bildt, a. a. O., Band 2, S. 89
32 Vgl. Marie Louise Rodén, *Queen Christina*, Svenska Institutet, Stockholm, 1988
33 Carl de Bildt, a. a. O., Band 2, S. 230
34 L. Zahn, *Christine von Schweden, Königin des Barocks*, Köln/Berlin 1953, S. 209
35 Vgl. Françoise Kermina, a. a. O., S. 279
36 Johannes Arckenholtz, a. a. O., Band 2, S. 261
37 Vgl. Marie Louise Rodén, a. a. O., S. 180
38 Lieselotte von Reinken, a. a. O., S. 121
39 Ebd.
40 Johannes Arckenholtz, a. a. O., Band 4, S. 124
41 Ebd., Band 4, S. 131
42 Ebd., Band 1, S. 130
43 Vgl. Françoise Kermina, a. a. O., S. 301

Christinas literarisches Erbe

1 Vgl. Zahn, a. a. O., S. 237
2 Vgl. Sven Stolpe, a. a. O., S. 399
3 Vgl. Eva Haettner Aurelius in: *Politics and Culture in the Age of Christina,* S. 55
4 Johannes Arckenholtz, a. a. O., Band 3
5 Ebd.
6 Ernst Cassirer, a. a. O., S. 254
7 Johannes Arckenholtz, a. a. O., Band 3
8 Ebd., Band 3, S. 23
9 Ebd., Band 3, S. 68
10 Vgl. Kari Elisabeth Boorresen in: *Politics and Culture in the Age of Christina*, Stockholm 1997, S. 46
11 Vgl. ebd., S. 47

12 *L'Ouvrage du Loisir* S. 636, 638
13 Johannes Arckenholtz, a. a. O., Band 3
14 Vgl. Jean-François de Raymond, a. a. O., S. 67
15 *L'Ouvrage du Loisir*, a. a. O., S. 400
16 Johannes Arckenholtz, a. a. O., Band 4
17 Vgl. Jean-François de Raymond, *Apologies*, Paris 1994, S. 60
18 Sven Stolpe, a. a. O., S. 353
19 Ebd., S. 354
20 Ebd., S. 357

Die letzten Jahre in Rom

 1 Sven Stolpe, a. a. O., S. 357
 2 *L'Ouvrage du Loisir*, in: Johannes Arckenholtz, a. a. O., Band 2
 3 Vgl. Sven Stolpe, a. a. O., S. 360
 4 Ebd., S. 363
 5 *L'Ouvrage du Loisir*, in: Johannes Arckenholtz, a. a. O., Band 2
 6 Vgl. Sven Stolpe, a. a. O., S. 365
 7 Ebd., S. 371
 8 Johannes Arckenholtz, a. a. O., Band 4, S. 36
 9 Vgl. Jörg-Peter Findeisen, a. a. O., S. 249
10 Sven Stolpe, a. a. O., S. 383
11 Ebd.
12 Ebd., S. 386
13 Archives diplomatiques, Ministère des Affaires étrangères, Rom, Nr. 127–332
14 *Ordinari-Postzeitung*, Frühlingsquartal XVII, 1685, vgl. Leopold von Ranke, *Geschichte der Päpste*, Band 3, Leipzig 1915, Neuauflage 1996, S. 123
15 Vgl. Marie Louise Rodén, a. a. O., S. 180
16 *Relation aus dem Parnasso* Nr. 25, 29. März 1687
17 Vgl. Johannes Arckenholtz, a. a. O., Band 2, S. 255
18 Ebd., Band 2, S. 256
19 Françoise Kermina, .a. a. O., S. 289
20 Johannes Arckenholtz, a. a. O., Band 1., S. 293
21 Carl de Bildt, a. a. O., Band 1, S. 234
22 Françoise Kermina, a. a. O., S. 295
23 Johannes Arckenholtz, a. a. O., Band 2, S. 270

24 Vgl. Leopold von Ranke, a. a. O., S. 130

25 Johannes Arckenholtz, a. a. O., Band 4, S. 153

26 Lieselotte von Reinken, a. a. O., S. 133

27 Archives diplomatiques. Ministère des Affaires étrangères, Rom, Nr. 127–332

28 Bibliothèque École de Médecine, Montpellier

29 Johannes Arckenholtz, a. a. O., Band 2, S. 289

30 Sven Stolpe, a. a. O., S. 308

31 Johannes Arckenholtz, a. a. O., Band 4, S. 148

32 Vgl. ebd., Band 4, S. 137

33 Ebd., Band 2, S. 295

34 Ebd., Band 4, S. 157

35 Ebd., Band 2, S. 272

36 Vgl. ebd., Band 4, S. 165

37 Sven Stolpe, a. a. O., S. 408

38 Vgl. Johannes Arckenholtz, a. a. O., Band 2, S. 309

39 Sven Stolpe, a. a. O., S. 402

40 Johannes Arckenholtz, a. a. O., Band 2, S. 305

41 Ebd., Band 4, S. 166

42 Ebd., Band 3, S. 478

43 Ebd., Band 2, S. 318

44 Ebd., Band 2, S. 315

45 Vgl. Sven Stolpe, a. a. O., S. 404

46 Vgl. Johannes Arckenholtz, a. a. O., Band 2, S. 306

47 Vgl. ebd., Band 2, S. 317 ff. (Testament)

48 Ebd., Band 4, S. 169

49 Vgl. Françoise Kermina, a. a. O., S. 306

50 Vgl. Archives diplomatiques, Ministère des Affaires étrangères, Rom, Nr. 127–332

51 Johannes Arckenholtz, a. a. O., Band 1, S. 256

52 Ebd., Band 1, S. 344

Literaturverzeichnis

AKERMAN, SUSANNA: *Queen Christina of Sweden and her Circle: the Transformation of a Seventeenth-Century Philosophical Libertine.* New York/Köln 1991

– :»Raimondo Montecuccoli and Queen Christina's Betrayal«, in: *Suecoromana* IV, Stockholm 1997

ALEMBERT, JEAN LE ROND D': »Mémoires et réflexions sur Christine reine de Suède«, in: *Mélanges de littérature, d'histoire et de philosophie.* Paris 1753–1767. Bd. 2, S. 229–300

– :»Dialogue de la Reine Christine et de Descartes«, in: *Éloges lus dans les séances publiques de l'Académie Française.* Paris 1779

ANDERSSON, INGVAR: *Sveriges historia.* Stockholm 1983

ARCKENHOLTZ, JOHANNES: *Mémoires concernant Christine, reine de Suède.* 4 Bde. Leipzig/Amsterdam 1751–1760

BAADER, RENATE: D*ames de lettres. Autorinnen des preziösen, hocharistokratischen und »modernen« Salons (1649–1698).* Stuttgart 1989

BARINE, ARVEDE: »Christine de Suède«, in: Revue des deux mondes, 1888, S. 783

BARUDIO, GÜNTHER: »Erziehung zur Verfassung«. Christinas Weg ins Königsamt, in: *Christina Königin von Schweden,* Katalog der Ausstellung im Kulturgeschichtlichen Museum Osnabrück 1997

BÉNICHOU, PAUL: *Morales du Grand Siècle.* Paris 1948

BILDT, CARL DE: *Christine de Suède et le Cardinal Azzolino. Lettres inédites 1666–1668.* Paris 1899

– :»*Christina de Suède et le conclave de Clemens X. 1669–1670.* Paris 1906

– :»*Christine de Suède et Paolo Giordano II. duc de Bracciano.* Archivio della Reale Società Romana di Storia patria. Rom 1908, Bd. 29

BJURSTRÖM, PER: »Christina's Collection of Drawings reconsidered«, in: *Suecoromana* IV, Stockholm 1997

BOERO, G.: *Conversione alle fede cattolica di Christina Regina di Svezia.* Modena 1874

BORDEAUX, HENRY: *La Reine Christine de Suède à l'Académie Française,* Paris 1927

BOORRESEN, KARI ELISABETH: »Christina's Discourse on God and Humanity«, in: *Suecoromana* IV, Stockholm 1997

BOUYER, CHRISTIAN: *La Grande Mademoiselle.* Paris 1984

BOYER, F.: *Les antiques de la reine de Suède à Rome.* Paris 1908

BRUMMER, HANS HENRIK: »Minerva of the North«, in: *Suecoromana* IV. Stockholm 1997

BÜLOW, W.V.: D*as Weiberregiment am Hofe der Königin Christina von Schweden.* 1900

CASSIRER, ERNST: »Descartes, Corneille, Christina von Schweden«, in: *Descartes: Lehre – Persönlichkeit – Wirkung.* Stockholm 1939. Kap. III, IV

CASTELNAU, JACQUES: *Christine de Suède.* Paris 1944

CATTEAU-CALLEVILLE, J.P.DE: *Histoire de Christine, reine de Suède.* Paris 1815

CAVALLI-BJÖRKMAN, GÖREL: »Christina Portraits«in: *Suecoromana* IV. Stockholm 1997

CHANTELAUZE, F. DE: *Le cardinal de Retz.* Paris 1879

CHANUT, PIERRE-HECTOR: *Correspondance diplomatique suède,* 1646–1651. Paris, Archives du Ministère des Affaires Étrangères

– : *Mémoires.* Paris 1675 (d.i. Linage de Vauciennes, P.: *Mèmoires de ce qui s'est passé en Suède…Tirez des dépêches de Mr. Chanut, Ambassadeur pour le Roy en Suède.* 3 Bde. Paris/Köln 1677

CHAUNU, PIERRE: *Europäische Kultur im Zeitalter des Barock.* München/Zürich 1968

CHRISTINA VON SCHWEDEN: *Memoiren, Aphorismen.* München 1967

– : *Maximes.* Vorwort von Chantal Thomas. Paris 1996

– : *Christina de Suecia en el Museo del Prado.* Katalog Madrid 1997

– : *Christina, Königin von Schweden.* Katalog der Ausstellung im Kulturgeschichtlichen Museum Osnabrück 1997

CROCE, BENEDETTO: Der Begriff des Barock. Die Gegenreformation. *Zürich/Leipzig/Stuttgart 1925*

COUSIN, VICTOR: *La Société française au dix-septième siècle.* Paris 1866

DEKKER, RUDOLF/VAN DE POL, LOTTE: *Frauen in Männerkleider. Weibliche Transvestiten und ihre Geschichte.* Berlin 1990

DESCARTES, RENÉ: Briefe 1629–1650, hg. v. Max Bense. *Köln 1949*

DILTHEY, WILHELM: *Die Funktion der Anthropologie in der Kultur des 16. und 17. Jahrhunderts* (Gesammelte Schriften II, S. 416 ff.)

DUBY, GEORGES/PERROT, MICHELLE: *Geschichte der Frauen.* Bd. 3, Frühe Neuzeit, hg. von Arlette Farge/Natalie Zemon Davis. Frankfurt 1994

DUCHÊNE, ROGER: *Ninon de Lenclos. La courtisane du Grand Siècle.* Paris 1984

ELIAS, NORBERT: *Die höfische Gesellschaft. Untersuchungen zur Soziologie des Königtums und der höfischen Aristokratie.* Darmstadt 1969

ENGLUND, PETER: *Die Verwüstung Deutschlands. Eine Geschichte des Dreißigjährigen Krieges.* Stuttgart 1998

ESSEN-MÖLLER, ELIS: *La reine Christine, étude médicale et biologique.* Paris 1937

FEILCHENFELDT, ALFRED: »Anfang und Blütezeit der Portugiesengemeinde«, in: *Zeitschrift des Vereins für Hamburgische Geschichte* X, S.199–240

FINDEISEN, JÖRG-PETER: *Christina von Schweden. Legende durch Jahrhunderte.* Frankfurt a. M. 1992

FRANKLIN, A.: *Christine de Suède et l'assassinat de Monaldeschi.* Paris1912

FRITSCH, THOMAS: *Leben der weltberühmten Königin Christina von Schweden.* Leipzig 1705

FOUCHER DE CAREIL, A.: *Descartes, La princesse Élisabeth et la reine Christine.* Paris/Amsterdam, 1879

GARSTEIN, OSKAR: *Rome and the Counter-Reformation in Scandinavia. The Age of Gustavus Adolphus and Queen Christina of Sweden 1622–1656.* Leiden 1992

GENTZKOW, LIANE V.: *Christina Wasa. Das Lebensbild einer nordischen Frau.* Berlin/Leipzig 1934

GIGLI, G: *Diario romano 1608–1670.* Rom 1958

GOLDSCHMITH, MARGARETH: *Drottning Christina. En psykologisk biografi.* Stockholm 1933

GOURNAY, MARIE LE JARS DE: *Zur Gleichheit von Frauen und Männern.* Freiburg/Basel 1977

GRANBERG, O.: *La Galérie des Tableaux de Christine de Suède.* Stockholm 1897

GRATE, PONTUS: Vorwort im Ausstellungskatalog *Conseil de l'Europe.* Stockholm 1966

Grauert, W. H.: *Christina, Königin von Schweden und ihr Hof.* 2 Bde. Bonn 1837–1842

GRIBBLE, FRANCIS: *The Court of Christina of Sweden. London 1913*

GRIMBERG, C.: Die wunderbaren Schicksale des schwedischen Volkes. *München 1938*

GUALDO, GRAF GALEAZZO: *Historia della sacra real majesta di Christina Alessandra regina di Svezia.* Rom 1656

HANHEIDE, STEFAN: »Christina und die zeitgenössische Musik«, in: *Christina Königin von Schweden*, Katalog der Ausstellung im Kulturgeschichtlichen Museum Osnabrück 1997

HART, GABRIELA: »Die Konversion der Königin Christina«, in: *Christina Königin von Schweden*, Katalog der Ausstellung im Kulturgeschichtlichen Museum Osnabrück 1997

HASKELL, FRANCIS: *Maler und Auftraggeber: Kunst und Gesellschaft im italienischen Barock.* Köln 1996

HAZARD, PAUL: *Die Krise des europäischen Geistes.* Hamburg 1939

HEYDEN-RYNSCH, VERENA VON DER: *Europäische Salons. Höhepunkte einer versunkenen weiblichen Kultur.* München 1992

HILLAIRET, JACQUES: *Les Mazarinettes.* Paris 1976

HOLBERG, B. DE: *Lettre de M. le Baron de Holberg qui contient quelques remarques sur les mémoires concernant la Reine Christina.* Leipzig 1752

KERMINA, FRANÇOISE: Christine de Suède. *Paris 1995*

LACOMBE, JEAN: *Geschichte der Königin Christina von Schweden.* Leipzig 1761

LA ROCHEFOUCAULD, FRANÇOIS VI., DUC DE : *Maximes,* hg. v. Jacques Truchet. Paris 1992

LAUTS, JAN: *Isabella d'Este, Fürstin der Renaissance.* Hamburg 1952

LINAGE DE VAUCIENNES, P.: *Mémoires de Chanut, Bd.III, Paris 1675*

LUZ, PIERRE DE: *Christine de Suède.* Paris 1971

MASSON, GEORGINA: *Christina von Schweden. Königin zwischen Stolz und Tragik.* München 1983

MORELLI, GIORGIO: *Storia degli intrighi galanti della regina Christina di Svezia e della sua corte durante il di lei soggiorno a Roma.* Rom 1967 (d.i. *Histoire des intrigues galantes de la reine Christine de Suède et de sa cour, pendant son séjour à Rome.* Amsterdam 1697, Übersetzung der ital. Ausgabe)

Mémoires et intrigues politiques et galantes de la reine Christine de Suède et de sa cour. Leiden 1710

MEYER, JEAN: *Frankreich im Zeitalter des Absolutismus, 1515–1789* (Geschichte Frankreichs, Bd. 3), Stuttgart 1990

MÖBIUS, HELGA: *Die Frau im Barock.* Leipzig 1982

MONTPENSIER, MLLE. DE: *Mémoires.* Paris 1858/59

MOTTEVILLE, MME DE: *Mémoires.* Paris 1855

MUCHEMBLED, ROBERT: *Die Erfindung des modernen Menschen.* Reinbek 1990

NAVENNE, F. DE: *Le premier séjour de Christine de Suède en Italie.* Paris 1904

NEUMANN, ALFRED: *Königin Christina von Schweden.* Leipzig/Wien 1936

OGIER, CHARLES: *Journal pendant son ambassade en Suède.* 1914

OLAUS, MAGNUS: *Historia om de Nordiska folken.* Malmö 1982

OLOFSSON, SVEN INGEMAR: *Drottning Christinas tronavsägelse och trosförändring.* Uppsala 1958

PAPINI, GIOVANNI: *Weltgericht.* München,1957

PALLAVICINO, KARDINAL SFORZA: *Descrizione del primo viaggio fatto a Roma dalla Regina di Svezia Christina Maria.* Rom 1838

PERROT, MARYVONNE: »Descartes, Saumaise et Christine de Suède«, in: *Les Études Philosophiques,* Januar–März 1984, S. 1–9

PFISTER, K.: *Königin Christine. Mensch, Staat und Kultur der Welt des Hochbarock.* München 1949

POMIAN, KRYSZTOF: *Collectionneurs, amateurs et curieux.* Paris 1987, Auszug: *Der Ursprung des Museums, vom Sammeln.* Berlin 1988

– : *Europa und seine Nationen.* Berlin 1990

PLATEN, MAGNUS VON: *Queen Christina of Sweden.* Stockholm 1966

PREVOT, JACQUES (Hg.): *Libertins du XVII. siècle.* Paris, 1998

PUFENDORF, SAMUEL VON: *Anecdotes sur la Suède.* Paris 1716

QUILLIET, BERNARD: *Christine de Suède, un roi exceptionnel.* Paris 1982

RABB, THEODOR K.: »Politicals and the Arts in the Age of Christina«, in: Marie Louise Rodén, *Suecoromana* IV, Stockholm 1997

RANKE, LEOPOLD VON: *Geschichte der Päpste,* Bd. 3. Leipzig, 1915. Neuauflage 1996

RAYMOND, JEAN-FRANÇOIS DE: *La reine et le philosophe, Descartes et Christine de Suède.* Paris 1993

– : *Christine reine de Suède. Apologies.* Paris 1994

– : *Pierre Chanut ami de Descartes.* Paris 1999

REINKEN, LIESELOTTE VON: *Deutsche Zeitungen über Königin Christine. 1626–1689.* München 1966

RENAN, ERNEST: »Valentine de Milan,Christine de Suède. Deux énigmes historiques«, in: *Les amis d'Édouard,* Nr. 48

RETZ, KARDINAL DE: *Mémoires,* in: *Œuvres.* Paris 1984

RODÉN, MARIE LOUISE: »Christina von Schweden. Eine Einführung« und »Christina von Schweden und der päpstliche Hof«, in: *Christina Königin von Schweden,* Katalog der Ausstellung im Kulturgeschichtlichen Museum Osnabrück 1997

– : *Cardinal Decio Azzolino, Queen Christina of Sweden and the Squadrone Volante.* Princeton 1992

– (Hg.): »Politics and Culture in the Age of Christina«, in: *Suecoromana.* Stockholm 1997

SABRAZÉS, J.: *Christine de Suède et le docteur Bourdelot.* Bordeaux 1936

SACKVILLE-WEST, VICTORIA: *Daughter of France. The Life of Anne Marie Louise d'Orléans, duchesse de Montpensier.* London 1959

STERN, ADOLF: *Der Musenhof der Königin Christine.* Leipzig 1893

STOLPE, SVEN: *Königin Christine von Schweden.* Frankfurt a. M. 1962

STRINDBERG, AUGUST: *Christina,* in: Gesammelte Schriften. München 1984

SZASS, HANNA: *Christine von Schweden.* Freiburg 1930

TALLEMANT DES RÉAUX: *Historiettes.* Paris 1960/61

TUYL VAN SEROOSKERKEN, CAREL VAN: »Königin Christina als Sammlerin und Mäzenatin«, in: *Christina Königin von Schweden,* Katalog der Ausstellung im Kulturgeschichtlichen Museum Osnabrück 1997

VILLA-URRUTIA, MARQUÉS DE: *Christina de Suecia.* Madrid, 1933

VILLARI, ROSARIO (Hg.): *Der Mensch des Barock.* Frankfurt a. M. 1997

VOLTAIRE: *Le siècle de Louis XIV.* Paris 1853

WEIBULL, CURT: *Drottning Christina och Sverige.* Stockholm, 1934

WERTHEIMER, OSCAR VON: *Christine von Schweden.* Zürich/Leipzig/Wien 1936

WHITELOCKE, BULSTRODE: *Journal of the Swedish Embassy*. London 1772

WIDL, ROBERT: *Königin Christine von Schweden. Eine Frau erobert den Vatikan*. Mühlacker 1989

WORTMANN, ANKE: »Das Bild der Königin Christina im zeitgenössischen Frankreich«, in: *Christina Königin von Schweden*, Katalog der Ausstellung im Kulturgeschichtlichen Museum Osnabrück 1997

WRANGEL, F.U.: *Première visite de Christine de Suède à la cour de France en 1656*. Paris 1930

WUNDER, HEIDE: *Er ist die Sonne, sie ist der Mond. Frauen in der Frühen Neuzeit*. München 1992

ZAHN, L.: *Christine von Schweden, Königin des Barocks*. Köln/Berlin 1953

Zeittafel

1618	Beginn des Dreißigjährigen Krieges.
1620	25. November: Heirat Gustav II. Adolfs von Schweden mit Maria Eleonora von Brandenburg.
1626	6. Dezember: Geburt Christinas im königlichen Schloss in Stockholm. Sie ist das dritte, einzig überlebende Kind des schwedischen Königspaares.
1630	26. Juni: Kriegseintritt Schwedens, Gustav II. Adolf landet mit seinem Heer auf Usedom in Pommern.
1631/32	Christina lebt unter der Obhut ihrer Tante Katharina von Pfalz-Zweibrücken auf Schloss Stegeberg, während ihre Mutter Maria Eleonora zu Gustav II. Adolf nach Deutschland nachgereist ist.
1632	Gustav II. Adolf besiegt Tilly auf dem Lechfeld. 16. November: Gustav II. Adolf fällt in der Schlacht bei Lützen, Wallenstein wird geschlagen; Kanzler Axel Oxenstierna übernimmt die Vormundschaftsregierung für Christina.
1633	15. März: Christina wird im Alter von sechs Jahren Königin der Schweden, Goten und Vandalen, Großfürstin von Finnland, Herzogin von Estland und Karelien sowie Herrin von Ingermanland; die Regierungsverantwortung liegt zunächst bei einer Vormundschaftsregierung. Rückkehr Maria Eleonoras aus Deutschland mit dem Leichnam Gustav II. Adolfs.
1634	22. Juni: Beisetzung Gustav II. Adolfs. 29. Juli: Festlegung der Regierungsmodalitäten während der Vormundschaftsregierung. 6. September: schwedische Niederlage bei Nördlingen
1635	Regelung der weltlichen und geistlichen Erziehung Christinas durch den Reichsrat. Die noch von Gustav II. Adolf ausgewählten Erzieher sind Axel Banér, Gustav Horn und der Theologe Johan Matthiae.

1636	Axel Oxenstierna kehrt aus Deutschland zurück und übernimmt die Leitung der Vormundschaftsregierung. Maria Eleonora wird Christinas Erziehung entzogen, sie zieht sich auf ihren Witwensitz Schloss Gripsholm zurück.
1638	Christinas Vetter Karl Gustav geht zum Heer nach Deutschland. 13. Dezember: Tod von Christinas Tante und Erzieherin Katharina von Pfalz-Zweibrücken.
1642	Christina nimmt erstmals an den Sitzungen des Reichsrats teil.
1644	8. Dezember: Christina wird volljährig und übernimmt die Regierungsgeschäfte. Im Dezember Beginn der Friedensverhandlungen in Westfalen.
1645	Enge Beziehungen Christinas zu Magnus de La Gardie. Ihr Vetter Karl Gustav kehrt aus Deutschland zurück. Pierre-Hector Chanut wird französischer Gesandter in Stockholm. Ebba Sparre kommt an den schwedischen Hof. 13. August: Friede vom Brömsebro
1647	Erste offene Auseinandersetzung Christinas mit Axel Oxenstierna. Beginn des Briefwechsel mit René Descartes. Christina wendet sich gegen das orthodoxe Luthertum in Schweden und tritt für Johan Matthiae und dessen Schrift *Idea boni ordinis in Ecclesia Christi* ein.
1648	Karl Gustav wird Oberbefehlshaber des schwedischen Heers in Deutschland. Bürgerkrieg in England. Kosakenaufstand in Polen. Aufstand der *Fronde* in Frankreich. Revolte Masaniellos in Neapel gegen die spanische Fremdherrschaft. 26. Juli: Schwedische Truppen erobern den Prager Hradschin; große Bestände an Kunstschätzen werden nach Schweden überführt. 24. Oktober: Der Westfälische Frieden beendet den Dreißigjährigen Krieg
1649	10. März: Christina bestimmt Karl Gustav zu ihrem Thronerben. Im Oktober kommt René Descartes nach Stockholm.

1650	11. Februar: Tod Descartes' in Stockholm.
	9. Oktober: Karl Gustav wird offiziell als Thronerbe bestätigt.
	20. Oktober: Krönung Christinas
1651	Christina entzieht Axel Oxenstierna die Leitung der Kanzlei und des Reichstags.
	März/April: Aufenthalt des Jesuiten Antonio Macedo in Stockholm.
	Mai: Christina teilt Karl Gustav ihre Abdankungsabsicht mit.
	8. August: Christina setzt Rat und Reichstag über ihre Rücktrittsabsichten in Kenntnis.
	Mitte November: Christina verzichtet unter Druck des Reichsrats auf die Abdankung.
1652	Geheime Kontakte der schwedischen Königin zu den Jesuiten Molinos und Casati.
	Februar: Pierre Bourdelot wird Christinas Leibarzt.
	Mai: Christina unterrichtet den Jesuitengeneral in Rom über ihre geplante Konversion. Der spanische Gesandte Don Antonio Pimentel ist am schwedischen Hof.
1653	Bulstrode Whitelocke wird englischer Gesandter in Stockholm. Magnus de La Gardie fällt in Ungnade und wird als Schatzkanzler abgesetzt.
	Mai: Christina informiert Philipp IV. von Spanien vertraulich über ihre Konversionsabsicht.
1654	Februar: Raimondo Montecuccoli wird kaiserlicher Gesandter in Stockholm.
	6. Juni: Christina dankt offiziell in Uppsala ab und verlässt Schweden. Aufenthalte in Hamburg und Antwerpen, von dort Weiterreise nach Brüssel.
	7. September: Tod Axel Oxenstiernas.
	24. Dezember: In Brüssel tritt Christina heimlich zum Katholizismus über.
1655	18. März: Tod Maria Eleonoras.
	3. November: Christina bekennt sich in Innsbruck öffentlich zu ihrer Konversion.
	20. Dezember: Ankunft Christinas in Rom
	20./23. Dezember: Offizielle Empfangsfeierlichkeiten, Beginn der Freundschaft mit Kardinal Decio Azzolino.

1656	Eröffnung einer Akademie in ihrer Residenz im Palazzo Farnese.
	20. Juli: Reise nach Frankreich. Geheime Verhandlungen mit Kardinal Mazarin über die Thronfolge in Neapel; geplant wird die Ablösung der spanischen Herrschaft in Neapel.
	22. September: Geheimvertrag mit Mazarin über die Thronfolge in Neapel.
	23. September: Rückkehr nach Italien (Pesaro)
1657	Juli: Zweite Frankreichreise und Vorbereitung auf den Feldzug gegen Neapel.
	6. November: Verrat Monaldescos und dessen Hinrichtung in Fontainebleau.
1658	Christina kehrt nach Rom zurück und zieht in den Palazzo Mazarin ein.
1659	Juli: Umzug Christinas in ihren endgültigen Wohnsitz, in den Palazzo Riario.
1660	3. Februar: Tod König Karls X. Gustav.
	Magnus de La Gardie übernimmt die Vormundschaftsregierung für den erst vierjährigen Thronfolger Karl XI.
	Juni: Christina reist von Rom über Hamburg (18. August) nach Stockholm (Ankunft am 12. Oktober).
1661	9. März: Tod Mazarins, Ludwig XIV. übernimmt die Regierung.
	Mai: Christina verlässt Schweden; Aufenthalt in Hamburg.
1662	20. Juni: Rückkehr nach Rom.
1666	Juni: Reise nach Schweden, erneuter Aufenthalt in Hamburg.
	22. Mai: Tod Papst Alexanders VII.
	5. Juni: Christina verlässt Schweden und geht zunächst nach Hamburg.
	20. Juni: Clemens IX. (Giulio Rospigliosi) wird zum Papst gewählt, Kardinal Decio Azzolino wird dessen Staatssekretär.
1667	28. April: Abreise Christinas von Hamburg über Dänemark nach Schweden.
	Ende Mai: Ankunft in Norrköping, wo ihr der Besuch eines katholischen Gottesdienstes untersagt wird.

	5. Juni: Abreise Christinas aus Schweden.
	10 Juni: Aufenthalt in Hamburg (bis Oktober 1668).
1668	Christinas Interessen werden vom schwedischen Reichstag behandelt. Sie hofft, vom Regentschaftsrat das Herzogtum Bremen zu erhalten.
	16. September: Abdankung von König Johann II. Kasimir Wasa von Polen. Christina bemüht sich mit der Unterstützung Azzolinos um die polnische Krone.
	November: Rückkehr nach Rom, triumphaler Empfang.
1669	9. Dezember: Tod von Papst Clemens IX.
1670	29. April: Clemens X. (Emilio Altieri) wird zum Papst gewählt.
	Judenvertreibung in Wien; Das ehemalige Gefängnis Tor di Nona wird unter Christinas Schirmherrschaft zum Theater ausgebaut.
1672	Karl XI. übernimmt die Regierung in Schweden.
1674	Christina gründet die Accademia Reale.
	Wahl von Johann III. Sobieski zum König von Polen
1676	22. Juli: Tod von Papst Clemens X.
	21. September: Innozenz XI. (Benedetto Odescalchi) wird zum Papst gewählt.
1680	28. November: Christina beginnt mit der Niederschrift ihrer Memoiren.
1683	Türkische Truppen vor Wien.
	12. September: Sieg über die Türken.
1685	18. Juli: Verhaftung von Pater Miguel Molinos durch die Inquisition.
	18. Oktober: Aufhebung des Edikts von Nantes, in Frankreich verlieren die Hugenotten das Recht der freien Religionsausübung.
1687	Auseinandersetzung mit dem Papst über die »Quartiersfreiheit«. Christina trägt sich mit dem Gedanken, Rom für immer zu verlassen und die Herrschaft über das Herzogtum Bremen zu übernehmen.
1689	19. April: Tod Christinas. Decio Azzolino wird als Alleinerbe eingesetzt.
	8. Juni: Tod Azzolinos.

Namenregister

Bildnachweis

AKG, Berlin: S. 21, 33, 45, 67, 95, 169, 219

Bildarchiv Preußischer Kulturbesitz, Berlin
    (Foto: Jörg P. Anders): S. 121

Musée national des Châteaux de Versailles et de Trianon,
    Foto RMN – Hervé Lewandowski: S. 79

Königliche Bibliothek Stockholm: S. 111